침묵, 삶을 바꾸다

침묵, 삶을 바꾸다

침묵이 우리에게 말하고 싶은 것들

그래엄 터너 지음 | 박은영 옮김

열대림

침묵, 삶을 바꾸다
침묵이 우리에게 말하고 싶은 것들

초판 1쇄 인쇄 2014년 1월 10일
초판 1쇄 발행 2014년 1월 15일

지은이 | 그래엄 터너
옮긴이 | 박은영
펴낸이 | 정차임
디자인 | 신성기획
펴낸곳 | 도서출판 열대림
출판등록 | 2003년 6월 4일 제313-2003-202호
주소 | 서울시 영등포구 양평동3가 66 삼호 1-2104
전화 | 332-1212
팩스 | 332-2111
이메일 | yoldaerim@naver.com

ISBN 978-89-90989-56-7 03100

머리말

이 책은 침묵을 가치 있게 여기는 세계 곳곳으로의 여정에 대한 기록이다. 나는 미지의 세상에 대한 새로운 발견을 기대하며 이 여정을 시작했다. 나를 발견으로 이끈 것은 풍요함이나 다양함이 아니었다. 여기서 '이끈'이라고 쓴 것은 말 그대로 세상이 나를 끌어당겼기 때문이다. 나의 여정이지만, 나 자신의 바람과 상관없이, 세상 스스로의 의지에 따라 진행해 나가는 과정처럼 느껴지기도 했다.

지나치며 마주치는 문들을 부지불식간에 일일이 다 두드리며, 방향을 가늠해 보려 애쓰며, 모종의 앎을 향해 길을 더듬어 나가는 여정은 마치 안개 속을 헤매는 것과도 같았다. 끊임없이 새로운 세상이, 새로운 시각이 내 앞에 열렸다.

글을 쓰며 살아온 적지 않은 경험에서 이처럼 나를 적극적으로 유혹하고 동시에 압도하는 주제는 처음이었다.

또한 침묵이 이렇게나 풍요롭고 중요하며 충족적인 것이리라고는, 이렇게나 그 유용함이 보편적인 것이리라고는 짐작도 하지 못했다. 어느 곳에 가든 우리가 처음 대하는 것은 소음과 콘서트 장과 극장이기 때문이다. 음악가들이나 배우들이나 한결같이 소리(또는 소음)의 가치에 대해 역설할 뿐이다.

이 책을 쓰기 위해 떠난 모험은, 때로 지치기도 했지만 놀라움의 연속이었다! 이집트 사막 은둔자의 눈으로 삶을 바라보는 기회를 얻기도 했고, 파리에서 미국인 선(禪) 지도자를 만나기도 했다. 심리치료사들이 인간 영혼의 고뇌를 어루만지는 데 침묵을 어떻게 이용하는지를 탐색했는가 하면, 스코틀랜드의 교도소에 수감된 살인자로부터는 묵상을 통해 무엇을 얻었는지에 대한 고백을 듣기도 했다.

그리고 인도에서, 어쩌면 세상에서 가장 소란하다고 해도 될 법한 이 나라에서 나는 고요한 문명을 발견했다. 그들은 온갖 아우성의 한가운데서, 영적인 삶의 바로 그 심장부를 우러르듯 침묵을 우러르고 있었다.

미국에서는 명상 수행을 기본으로 삼는 대학을 발견했다.

레바논에서는 고요한 명상을 통해 무언가를 얻을 수 있다고 믿는 일군의 사람들을 발견했다. 그들은 끊임없이 도움을 필요로 하는 모국의 위태로움에 일말의 힘이 되고자 하는 염원을 지니고 있었다.

어디서 누구를 만나든 침묵이 숱한 사람들에게 가져다준, 값을 매길 수 없는 축복들이 그들 모두에게서 발견되곤 했다. 어쩌면 침묵은, 인간이 지닌 모든 자원들 중 가장 활용되지 않았고 가장 저평가된 것이 아닐까? 그 한량없는 잠재력을 깨닫는 일에 헌신하는 이들의 삶 속에서만 겨우 찾아볼 수 있을 정도로 말이다.

내게 침묵의 의미에 대해 들려주느라 기꺼이 시간을 할애해 준 모든 분들에게 일일이 감사를 표하지 못한다. 그저 한 분 한 분 모두에게 감사하다고 쓸 수 있을 따름이다.

그러나 이집트의 사막 수도원에서 지극히 따뜻한 환대를 받을 수 있게 주선해 준 리처드 사르트르 영국 국교회 런던 대주교께는 특별한 감사를 드리지 않을 수 없다. 귀한 시간을 내어 배우 페넬로프 윌튼을 소개해 준 《가디언》지의 연극 평론가 마이클 빌링턴에게도 감사한다. 초월 명상법의 세계로 나를 이끌어준 리처드 존슨, 내가 유난히 취약한 신기술 부분을 지원하면서 끊임없이 오고 간 전자메일을 모두 관리해 준 내 친구 피터 리델도 마찬가지다. 피터는 유용한 정보들을 선별해 주고 무한한 인내를 요하는 내 여정을 낱낱이 관리해 주었다. 마지막으로 내 아내 진. 아내의 격려와 책에 대한 깊은 이해는 큰 힘이 되었으며, 그 덕에 이 책이 나올 수 있었다.

그래엄 터너

차례

머리말 _ 5

1장   침묵이라고? 사양할게! _ 11
2장   산의 침묵 _ 21
3장   사막의 신부들 _ 30
4장   어느 죄수의 이야기 _ 52
5장   무대 위의 침묵 _ 71
6장   침묵의 연주 _ 88
7장   쉿! 조용히 하세요! _ 102
8장   내면의 소리 _ 123
9장   선의 엄격함 _ 145
10장   인도, 침묵의 유전자 _ 176
11장   성자와 성녀 _ 204
12장   정적인 삶을 택하다 _ 223
13장   내려놓음 _ 243
14장   침묵의 나눔 _ 262
15장   총알보다 나은 _ 276
16장   침묵의 힘 _ 301

옮긴이의 말 _ 318

1
침묵이라고? 사양할게!

현대인들에게 침묵은 대단히 소름 끼치는 정도는 아니지만 왠지 낯설고 내키지 않는 일이다. 대개는 '우리가 바라는 것이 아닌 무언가를 깨닫게 되는 과정'쯤으로 침묵을 묘사한다. 그리고 불편하거나 난처하거나 당황스럽거나 불쾌하거나 얼어붙게 하는 것, 심상치 않은 분위기, 숨막히게 하는 것, 그리고 죽은 듯한 느낌 등으로 표현한다.

뉴멕시코 앨버커키의 한 비즈니스맨은 이렇게 말한다. "미국이라는 나라의 문화에서는 말과 이미지의 집중포화에 너무 익숙해져 있어서 침묵은 반(反)문화가 되어버렸어요. 더구나 내 주변의 아이들을 보면 침묵이라는 개념조차 없습니다. 이 아이들에게 침묵이란 오로지 텅 비어 있음, 끔찍한 공허함의 관념밖에는 없는 거지요. 조용히 있는다는 것을 어떻게 하는 건지도 모릅니다. 미국인 전체가 다 그런 건 아닐까 걱정될 정도예요."

"이 나라에서는 침묵이 큰 의미가 없다"고 그의 친구도 한 마디 거든다. "그저 슬플 때에나 어울리는 것이라고 생각하죠. 그래서 '나 오늘은 슬프고 싶지 않아'라는 식으로 물리쳐버립니다."

급기야는 침묵을 돈을 주고 실천해야 하는 지경에까지 이르렀다. 그저 모든 것으로부터 떨어져 나와 말없이 응시하는 일임에도 말이다. 초월 명상(Transcendental Meditation)을 실천하는 아이오와 주의 한 신경과학자는 이런 말을 했다. "우리 사회는 대단히 역동적이고 집단적이에요. 끊임없이 건설하고 만들어내야 하죠. 그러니 눈 감고 앉아 있는 걸 용납하지 않습니다. 그 시간이 다 돈으로 치환되니까요. 변호사 앞에서 몇 분 정도 눈을 감고 있는다고 해보세요. 바로 비용 청구에 들어갑니다. 50달러는 족히 되지요."

이런 식으로, 특히나 서구 사회에서는 대다수가 '말없이 있음'에 더 이상 매력을 느끼지 않는다. 즐겁고 유쾌한 침묵에 대해 이야기해 본 사람이 몇 명이나 되겠는가? 그저 사교를 방해하는 잠재적 악성 요소로만 여길 뿐이다. 디너파티에서 대화가 사라진다고 생각하는 것만으로도 그 즉시 주인이나 손님 모두 공포에 질릴 게 뻔한 것이다.

사실상 침묵은 무슨 수를 써서라도, 어떤 방법으로든, 불유쾌함을 가득 채워두었을 것이 분명한 구멍쯤으로 널리 인식되고 있다. 콤바인을 운전하는 이들은 누구나 차 안에 스테레오 시스템을 갖춰놓고 애지중지한다. 조깅하는 사람들은 ─ 환경보호론자의 입장을 지지하는 이들조차도 ─ 좀처럼 이어폰을 빼려 하지 않는다. 수억 명이 텍스트와 모바일로 글로벌 토론회에 참여한다. 모두가 트위터를 하며 쉼 없이 트윗을 올린다. 더, 더 많은 이들이 삶의 지루함과 공허함을 떨쳐내기 위해 위로가 되거나 기분을 띄워주는 소리의 데시벨을 높인다. 소음은 자동 실행 버튼이나 마찬가지가 되었고, 침묵은 한층 더 외계적인 개념이 되었다.

침묵은 전통도 전통이지만 종교와 관련된 것으로 여겨지기도 하는데, 이것이 상당수의 사람들에게 기피 대상이 되는 또 하나의 이유가 된다. 그렇다고 해서 교회에 다니는 사람들조차도 침묵으로 뭘 해야 할지 늘 아는 것은 아니다. 좀처럼 교회에 나가지 않는 친구 하나가 목사에게 잠시 침묵하라는 시간에 뭘 하면 되느냐고 물었더니, 무리에 있던 어느 독실한 신자가 이렇게 대답했다고 한다. "아, 그거요. 방금 고개를 숙였으니까, 20까지 센 다음 바로 앉으면 돼요." 이 정도는 애교로 봐줄 만하다.

서구에서는 종교적인 묵상을 수행하는 이들을 위험스러운 내향성을 띠고서 자기 배꼽이나 응시하는 사람들로 여기는 경향이 있다. 대다수의 사람들에게는 이들이나 번지점프를 즐기는 무리나 별나기는 마찬가지다. 심지어 독실한 신자들마저도, 말없이 있기를 유별나게 좋아하는 사람들에게는 뭔가 조금은 문제점이 있을 것이라고 생각한다.

친구 사이인 여자 둘에게 침묵에 대한 생각을 물었더니, 이들 역시 전혀 좋아하지 않는다는 똑같은 대답이 돌아왔다. 불안해 어쩔 줄 모를 정도는 아니더라도 불편한 느낌이라는 것이다. 이 중 농부의 아내는 이렇게까지 묘사했다. "나에게 침묵은 으스스하고 치명적인, 검은색이에요. 차라리 무슨 일이 일어나는 건 괜찮지만 정적이 계속되면 극도로 긴장하게 되더라고요." 다른 한 명은 은퇴한 교사였는데 역시나 침묵이 싫다고 했다. "정적이라는 건 어느 순간 갑자기 생각이라는 걸 해야 한다는 뜻이기도 해요. 대개는 무슨 생각이 몰려올지 두려워지게 되죠."

달리 말하면 그녀들의 내면에는 침묵에의 보호막이 없는 것이다. 이럴 때 우리는 쉽사리 두려움과 근심의 희생물이 되고 만다. 삐걱거리는 인간관계, 눌러놓는 편이 나은 나쁜 기억, 했어야 하는데 하지 못한 일들, 잊어버리고 싶은 질환들 등등. 침묵이 길어지면 일껏 활동과 소음으로 격리해 놓았던 이러한 근심의 어젠더가 열릴 것만 같은 느낌에 빠진다. 이렇듯 아이러니하게도 침묵은, 적어도 서구에서는, '마음의 평화'와 거의 정반대의 것으로 여겨지고 있다.

백만 부가 넘는 판매고를 기록한 책의 저자이기도 한 미국 성프란체스코 수도회의 사제 리처드 로어 신부는 이런 말을 했다. "침묵은 이 나라 사람들을 무의미한 느낌이 들게 만듭니다. 뭔가 똑똑한 말을 하고, 남을 절묘하게 깔아뭉개고, 무슨 말로든 그 순간순간들을 채워야 스스로 의미 있는 사람인 것처럼 여기는 거지요. 미국인들에게 침묵은 공허 속으로 발을 들여놓는 것과 같은 느낌입니다. 심리학적으로 보면 자기 자신과 맞닥뜨리는 것에 대한 두려움, 불가피하게 죄책감과 연루된 스스로를 깨닫는 두려움이라고도 할 수 있어요."

그러니 침묵에 관해서는 기대되는 전망 같은 건 거의 없으며, 심지어 본질적으로 좋은 성질이라고는 깃들어 있지 않아 보인다. 기왕의 외로움을 더 심화시키기나 할 뿐이며, 결국은 해소되지 않고 치유되지도 않는 후회와 갈망, 분노와 악전고투해야 하는 경기장의 역할까지 한다. 게다가 인간은 가장 무자비하고 몰인정한 방식으로 침묵을 이용할 줄 아는 동물이다. 한때 사랑했던 관계가 틀어지면 침묵이 상대에 대한 무기가 되기 일쑤이다. 뿐만 아니라 상대를 싸늘하게 얼려버리는 데 동원되기도 하고, 사회적 교류의 산소를 차단하는 역할도 한다.

또 말로 표현하기에는 너무 고통스러운 기억들 때문에 스스로에게 부과하는 침묵도 있다. 전쟁의 참화를 겪은 수천 만 명의 사람들, 홀로코스트의 생존자들, 고작 아홉 살 나이에 베르겐벨젠 포로수용소에 갇혔던 슬로바키아의 유대인 소년 토마스 라이헨탈의 침묵이 그렇다.

라이헨탈은 55년 동안 그 일에 대해 침묵했다고 한다. "결혼하고 나서 아내나 자식들에게도 수용소 일을 입 밖으로 꺼낸 적이 한 번도 없었습니다. 그곳은 그야말로 얼어붙은 곳이었어요.

우리는 굶주렸고, 수천 구의 시체가 옆에 나동그라져 있었죠. 그 악취를 어떻게 표현해야 할까요? 그때 이야기를 다시 꺼낸다는 것은 참을 수 없는 일입니다. 텔레비전 프로그램에서 그 주제를 다루기라도 하면 그냥 꺼버리곤 했어요. 그 시절이 내 안에서 무거운 짐이 되어 짓누르는 느낌이었습니다. 끔찍한 고통이었어요. 그 기억이 늘 가로막고 있었지만 난 어떻게든 비켜가려고 애쓰며 살았습니다."

라이헨탈은 자신의 손주가 다니는 학교 선생님이 아이들에게 그 시절의 말 못할 공포와 생지옥에 대해 들려줄 것을 부탁해 처음으로 입을 열었다. 그 일이 말로 되어 나오는 순간 눈물이 왈칵 쏟아졌음은 물론이다.

잉글랜드의 미들랜드에 사는 아네트도 홀로코스트로 대부분의 가족을 잃었으며, 지금까지도 그 일에 관한 악몽을 지니고 산다. 그녀 역시 남편에게조차 입을 열지 않았다. 잊는 게 최선이라고 생각하면서도 끔찍한 기억을 떨쳐내지는 못하는 것이다.

그러니 침묵에 무슨 긍정적이거나 쓸모 있는 부분이 있기는 할까? 아니면 침묵이란 단지 끔찍한 기억들을 잔뜩 쟁여 넣어둔 정신의 다락방에 지나지 않는 걸까? 그도 아니면 타협을 해서 우리 삶에 필요한 어떤 것으로든 맞바꾸어야 할 일련의 지긋지긋한 지루함에 불과한 걸까?

모두가 그런 것은 아니지만 종교적인 사람들은 침묵을 양심(또는 신)이나 초월적 자아의 소리를 들을 수 있는 공간으로 여긴다.

더 나은 자신의 재발견, 존재의 정수와 이어지는 접점(힌두교에서), 또는 깨우침의 경지를 얻는 지점(불교에서)으로 침묵을 우러르는 것이다. 이들의 믿음은 그리 놀라운 일이 아니다. 이들에게는 영광을 바쳐야 할 전통, 지켜야 할 교리가 있으므로. 그러나 일부 '믿는 이들'보다 도리를 더 잘 깨닫고 실천하는 비종교적, 반종교적인 이들은 어떻게 된 것일까? 종교적 교리를 불합리하거나 대단히 별난 것으로만 치부하는 이들조차 침묵을 우러르는 건 무슨 까닭일까? 도대체 침묵에는 어떤 힘이 있는 걸까?

내가 알아낸 바로는 침묵을 귀중히 여기는 것은 종교적인 사람들만이 아니다. 심리치료사들은 환자에게서 침묵을 끌어내지 못하면 치료가 대단히 힘들어진다는 사실을 알고 있다. 배우들은 드라마에서 침묵이 대사 못지않게 중요하다고 주장하며, 음악가들은 여백이 음표와 똑같이 필수불가결한 요소라고 역설한다. 대영박물관 관장인 닐 맥그레고 경은 침묵이 예술의 이해에서 절대적인 시네콰논(sine qua non, 필수불가결한 요소 - 옮긴이)이라고까지 말했다.

그런가 하면 훨씬 더 놀라운 사람들까지도 침묵에 가치를 두거나 우러른다. 영국인으로서 최초로 산소통 없이 혼자서 에베레스트 정상에 오른 스티븐 베너블즈는 이렇게 말했다.

"큰 산에서 소음은 곧 위험을 뜻합니다. 발밑의 얼음이 한밤중에 권총 총탄처럼 발사될 수도 있어요. 절벽이 무너지면서 무시무시한 굉음을 내죠. 바위가 깨져 나가고, 눈사태가 일어나고,

거대한 덩어리들이 기온과 중력의 변화에 굴복하고 맙니다. 누구라도 그 아우성 속에 있고 싶지는 않을 것입니다. 이와 대조적으로, 고요는 모든 것이 제자리에 있고 안전하다는 의미예요. 그래서 나는 침묵을 사랑합니다. 아무리 혼자 있어도 고요함이 근심을 증폭시키는 법은 없습니다."

베너블즈가 1981년 에베레스트 정상에 이르렀을 때는 늦은 오후였고 막 눈이 내리기 시작했다고 한다. 그러나 바람이 일지 않아서 일종의 담요 효과(blanketing effect, 대기 중의 복사 에너지가 원자 및 분자의 흡수선 때문에 밖으로 빠져나가지 않아 내부의 온도가 높아지는 덮개 효과 - 옮긴이) 같은 상태가 되었고, 고요함이 절정의 위력을 발휘했다. 그 상황은 어쩌면 매우 위험할지도 몰랐다. 오륙십억 명의 사람들을 저 아래에 둔 채 철저히 혼자였을 테니까. 그 어떤 일렁임도 없는 완전한 정적이었지만 그 순간이 자신에게는 축복 같은 느낌이었다고 한다.

이언 플레이어는 오랫동안 수천 명의 사람들을 이끌고 남아프리카 야생을 트레일했는데, 이때도 침묵이 축복만큼이나 필요 불가결한 것이었다고 했다. 2마일 밖에서 사람의 목소리를 듣는 동물도 있기 때문에 한 걸음 한 걸음이 완전한 침묵 속에서 이루어져야 했으며, 새가 우는 소리의 변화를 감지하면 주변에 코뿔소나 하마가 있다는 걸 미리 알 수 있기 때문에 늘 귀를 열어놓는 것이 필수적인 안전조치였다.

그로서는 이 야생 트레일의 모든 것이 늘 도전이었지만 그 중에서도 가장 힘든 부분은 트레킹 기간 내내 사람들을 조용히 있게 하는 일이었다. 입을 다물고 귀를 기울이게 하는 데 꼬박 사흘이 걸린 적도 있었다.

"첫 이틀 동안은 질색들을 했습니다. 참을 수 없어하더군요. 소음의 홍수 속에서 살던 사람들이니 그럴 만도 하지요. 지금 사람들은 침묵이라는 걸 무조건 두려워하기 때문에 나로서는 끊임없이 입을 다물라고 할 수밖에 없었습니다. 사람들이 한시도 쉬지 않고 말을 했기 때문에 정말로 '입 다물어!'라고 했다니까요. 미국인과 독일인이 가장 심해요."

그런데 마지막에는 대부분의 사람들이 침묵의 깊은 효과에 감화를 받게 된다고 그는 전한다. 결국, 움폴로지 보호구역 같은 곳에 간다는 건 거의 25만 년을 거슬러 휴대폰, 시계, 컴퓨터 같은 것이 없는 자기 자신의 원시성과 마주하는 것이나 마찬가지이기 때문이다. 여정의 막바지에 이르면 동행한 이들 모두가 원시세계에 대해 어느 정도의 동경을 지니게 되며, 떠날 때는 남자든 여자든 많은 사람들이 감동의 눈물을 흘린다고 한다.

나는 스위스 알프스, 로키 산맥, 이집트 사막 등 깊은 고요가 아직 힘을 발휘하는 여러 곳에서 이와 똑같은 원시세계에 대한 동경을 발견했다. 이 책은 이런 곳들에서 침묵을 가치 있는 동반자, 영감의 원천으로 여기는 사람들의 세상을 탐험한 기록이다. 이어지는 장들에서, 침묵 속에 공허가 아닌 풍요가 깃들었음을 알아낸 이들을 만나보고, 이 풍요를 회피하는 이들이 놓치는 것들을 찾아볼 것이다.

배우, 음악가, 심리치료사들에게 침묵의 정확한 의미는 무엇일까? 여러 해를 창살 뒤에 갇혀 지내는 수감자들에게도 침묵이 소용이 될까? 침묵을 통해 다시 태어난 이들, 그리고 기독교인들처럼 침묵을 '신의 사랑을 구하고 신과 만나는 공간'으로 삼는 이들을 만나보면, 이들의 열정 속에서 침묵이 텅 빈 지루함이 아니라 대단히 유익한 것임을 발견할 수 있을 것이다.

왜 그토록 많은 사람들이 침묵을 피해 달아나는지를 이해하기는 아주 쉽다. 그러나 결국 침묵은 우리 각자가 지닌 작은 세상이며, 언제나 함께하는 내면의 공간이다. 실은 우리가 침묵을 이처럼 등한히 하고, 그 잠재적 가치를 알아보지 못하는 것이 이상할 정도이다. 마치 50년 전에 모두가 지구 환경에 대해 무감각했던 것과 마찬가지 형국이다. 자신의 행성이 주는 혜택이 무엇인지 알아보는 것이 무가치한 일일까?

오늘날, 현대인들 대부분에게 침묵은 그저 광활한 미지에 지나지 않는다. 침묵 앞에서 뒷걸음질 치지 않고, 그 속에서 대다수의 우리가 보지 못하는 그 무엇을 발견할 수 있다면, 우리의 행성이 우리에게 주는 혜택만큼이나 우리의 삶도 더욱 풍요로워지지 않을까?

2
산의 침묵

내가 스위스 엥가딘을 찾은 것은 순전히 휴가를 위해서였다. 책을 쓰는 것과 무관하게, 그저 긴장을 풀고, 멋진 스위스 호텔이 제공하는 맛있는 음식을 만끽하겠다는 생각만으로 그곳으로 향했다. 그런데 거기 도착하니 너무나 놀랍게도 예전 로키 산에서 강렬하게 느꼈던 산의 침묵을 다시 마주한 기분이 들었다.

엥가딘에서의 몇 주 동안 나는 주로 혼자 산길을 걸으며 시간을 보냈다. 그 시간은 내게 침묵의 범상치 않은 속성에 대해 경험하고 숙고해 볼 수 있는 소중한 기회가 되었다.

독일의 소설가이자 시인인 헤르만 헤세는 엥가딘을 가리켜 "지상의 파라다이스"라고 불렀는데, 과장이 아니었다. 엥가딘은 가히 세상에서 가장 아름다운 곳으로 손꼽을 만했다. 생모리츠에서 남쪽으로 내려가면 눈 덮인 산마루 아래로 푸르게 빛나는 '호수의 땅'으로 들어서게 되는데, 그곳에 유럽에서 가장 멋진 산행길이 있다.

어느 날 아침, 프랑스 인들이 그랑보(grand beau, 대단히 맑게 갠 날씨 - 옮긴이)라고 부르는 날씨에, 퍼트셀라스에서 케이블카를 타고 뾰족하고 돌이 많은 소로를 거쳐 바서백까지 올라갔다. 아주 길고 완만하게 굽은 바위투성이의 노두(광맥 등의 노출부 - 옮긴이)들과 깊은 계곡을 가로지르는 이 산길에는 여섯 개나 되는 알프스 호수가 숨어 있다.

거기서 보낸 시간 동안 내 곁에는 깊고도 넓은 침묵과 고요만이 함께했다. 현대적인 삶의 소리는 감히 끼어들지도 못했다. 문명과 말(言)이, 마치 처음부터 있지도 않았던 것처럼 아득히 멀어졌고, 인간이라는 존재의 하찮음을 절감했다.

경관의 장엄함이 하늘로 치솟은 회색의 봉우리들과 어울려 거대한 규모로 압도했으며, 장구한 세월 동안 변치 않는 영원을 느끼게 했다. 선 자리에 붙박이듯 굳은 채로, 나라는 사람이 얼마나 작고 보잘것없는지, 내가 지닌 근심거리들이 얼마나 사소한지를 온몸으로 느꼈다.

"저 위에서는 당신이 누구인지는 상관없어요. 누구라도 하등 다를 게 없으니까요." 이 산에서 30년 동안 가이드를 해온 세실 지아바놀리의 말이다. "자기가 중요한 인물이거나 잘났다고 생각하는 사람들도 여기선 그럴 수 없습니다. 실제로 그렇지가 않으니까요."

산에서는 자신이 얼마나 왜소한지를 느끼지 않을 수가 없다. 그것이 우리에 관한 진실이다. 산 위에서는 제아무리 '나는 대단한 사람이야'라고 생각하려 해도, 스스로가 자신에 대해 거짓말을 한다는 걸 외면할 수 없다. 그 장엄한 자연 앞에서 교만은 사실상 우스갯거리가 되어버린다. 엥가딘에 올 때는 헬리콥터를 타고 오는 사람도 있고 화려한 생활수준을 드러내는 옷차림의 사람도 있지만, 어느덧 사람들과의 차이는 없어져버리고 세상에서 버텨나가기 위해 덧씌워 놓았던 저마다의 가면도 마찬가지로 제 기능을 하지 못한다. 기교와 허세는 빠져나가고 자기 자신의 본질로 한 걸음 다가서게 되는 것이다.

산을 오르는 전 과정을 거치다 보면 자신의 육체가 얼마나 쉬다칠 수 있는지 깨닫게 되며, 이 느낌은 내적 평온에 대한 환기로 이어진다. 더구나 침묵은 그 깊이나 포용력이 너무 커서, 존재 그 자체로 느껴지기도 한다. 최소한 산에서만큼은 침묵을 무시해서는 안 된다. 주의를 기울이고 경의를 표해야 한다. 자신이 침묵의 영토를 여행하고 있음을 잊어서는 안 된다.

산의 침묵은 숲길이나 호숫가의 침묵과는 또 다르다. 이곳의 침묵은 경계가 없이 무한하며, 끝없이 되울린다. 경관의 꾸밈없는 엄격함과 장엄함이 침묵의 깊이를 더한다. 평상시의 기분전환 같은 것은 통용되지 않는다. 이 산에서 나는 이어폰을 낀 사람을 단 한 번도 본 적이 없다.

세실 지아바놀리는, 자신은 전혀 종교적인 사람이 아니며 침묵에서 특별한 무언가가 전해질 거라고 기대하지도 않았지만, 그것이 분명 단순히 '아무 것도 없음(nothing)'은 아니라고 확신했다. 묘사하거나 설명하기는 힘들지만 침묵의 '없음'은 어느 의미로 그녀를 더 개방시켜 주고, 더 존재감을 느끼게 하며, 더 깨어 있게 해준다고 했다.

"이 산에서는 자신을 둘러싼 것들에 대해 더 예민한 감각을 지니게 됩니다. 동물, 꽃 같은 것들에 대해서도 느낌이 훨씬 강렬해지죠. 아마 다른 사람이나 다른 소리의 영향을 받지 않아서일 거예요. 가족, 인간관계, 쇼핑, 일상적인 의무, 자질구레한 일거리들, 반복되는 일상의 짐들을 모두 내려놓고, 날씨에 맞는 옷차림에 지도 한 장만 들고 나서는 거죠. 그런 채로 혼자 산을 오르다 보면 진정한 자신에게 조금씩 더 가까워질 수 있습니다."

이처럼 높고 외로운 곳의 침묵에는 심신을 상쾌하게 하면서 동시에 이완시키는 무언가가 있다. 어쩌면 그것은 크고 가늠할 수 없는 것과의 맞닥뜨림에서 오는 외경 때문일 수도 있을 것이다. 그것은 곧 창조자를 향한 외경이다. 그저 거기 서 있는 것만으로도 새로운 기운이 솟구치고, 인생을 아주 단순하게, 덜 쫓기고, 덜 소란스럽게 살아볼 수 있는 가능성이 열리는 것 같다.

산의 침묵 속에서는 감각이 예리해지고, 마음이 맑아지며, 영혼이 자유로워진다. 갑자기 정신의 공간이 대단히 커진 듯하고, 그 속에서 마음이 마치 새처럼 높이 날아올라 무한한 해방감을 맛볼 수 있을 것 같다. 그리고 무엇이든 할 수 있을 것 같은 자신감이 생긴다. 세속적인 성공에 얽매이지 않고 새로이 자신을 열고 세상을 받아들일 수 있을 것 같은 기분이 된다.

다시 계곡 아래로 내려갈 때는 기운도 완전히 소진된 상태이고 무릎도 떨리지만 매번 몸 안에서 뭔가 묶인 것이 풀어진 느낌이 된다. 너무나 많은 것을 이끌어내 준 침묵에 대해 저절로 고마운 마음도 우러난다.

물론 이런 산에서조차 침묵이 고통스럽게 파열될 때가 없지는 않다. 하루는 생모리츠에서 케이블카를 타고 코르빌리아까지 가서 산의 어깨를 가로질러 실바플라나로 향하는 긴 산행을 하게 되었다. 도시의 빌딩이 먼 시야에 들어오는 그곳의 침묵은 바서벡에서만큼 완벽하지는 않았다. 그러나 그 속에 푹 빠져들 정도로는 충분히 고요했다.

그런데 갑자기 어디선가 음악 소리가 들렸다. 살펴보니 15미터 간격으로 설치된 확성기 세 대가 눈에 띄었다. 길 옆의 키 큰 풀에 반쯤 가려진, 케이블로 연결된 확성기에서 모차르트 4중주곡의 라디오 방송이 흘러나오고 있었다. 대개 예기치 않게 모차르트가 들리면 곡이 무엇이든 장소가 어디든 희열에 차서 귀를 기울이는 것이 정상이겠지만 그곳에서는 도저히 그럴 수가 없었다. 정말이지 "여기서 이러시면 안 됩니다!" 라는 말이 절로 튀어나왔다.

나는 이유 불문, 그곳의 침묵을 침해하고 오염시키기에 딱 좋은 행위를 한 그 사람에게 공격당한 기분, 모욕감, 그리고 분노를 느꼈다. 내게는 그것이 신성 모독이요, 용서할 수 없을 만큼 품위 없는 침입 행위였다. 도대체 그 일의 책임자가 누구인지, 그렇게 해서 뭘 얻고자 한 것인지 알아보지도 않았다. 내가 아는 건 오로지 내 인생에서 단 한 번, 모차르트를 저 뒤에 남겨두고 싶은 때가 바로 그때였다는 것이다.

걷다 보니 어느새 거대한 수브레타 알프스의 기슭에 이르렀다. 무너져 내린 바위 조각들이 보이는 산 사면 위로 여름의 환한 구름이 정상에 걸려 있었다. 그제야 침묵이 회복되었고, 뿌리 깊은 위로가 찾아왔다. 지극히 편안하고도 상쾌한 기분이었다.

그러면서 처음으로 깨달았다. 사람이 만들어내는 소리는, 설사 그것이 모차르트의 곡처럼 아름다운 음악일지라도, 그런 곳에서의 침묵이 자아내는 우아함과는 결코 같을 수 없다는 것을. 고통스러운 대비가, 산의 침묵에 깊이 감사하기 시작하면서 더욱 통렬히 느껴졌다.

실스마리아에서 묵었던 호텔 발트하우스 근처에는 계곡이 둘 있었다. 그 중 펙스 계곡은 여행객들의 꿈이다. 호텔과 레스토랑이 즐비하고, 진짜 말이 끄는 마차도 탈 수 있으며, 알아보기 쉽고, 나무가 잘 우거진 숲길에다 우르릉대며 튀어오르는 급류 하천도 있다. 놀랄 만큼 아름답고, 가기도 쉽고, 심신을 다 만족시킬 수 있는 모든 것이 구비된 곳이다. 그 결과 그곳의 길들은 엄청나게 왕래가 많은 길이 되었다.

두 번째 페도즈 계곡은 훨씬 더 남쪽이며, 이런저런 자랑할 거리들이 하나도 없다. 사람으로 치면 수수하고 소극적이라고 할 수 있다. 인근에 시원한 음료 한잔 할 호텔도 없고, 눈 덮인 산정도 그리 장대하지 않고, 남쪽 측면의 산행길도 두드러져 보이지 않아서 사람들의 왕래가 지극히 드물다는 것을 짐작하게 한다. 산행하는 사람들 대다수가 그냥 지나치며, 어쩌다 들어간 사람들은 노골적으로 지루해한다.

발트하우스 호텔은 이전에도 지나쳤던 곳인데, 한 번도 가본적은 없었다. 다니면서 입구만 열두 번쯤 지나쳤던 것 같다. 뭔가 특별한 것이 있을 성싶지도 않아서 더 큰 즐거움을 찾아 걸음을 옮기곤 했던 것이다.

그런데 이번에는 내가 침묵에 관심이 있다는 걸 알아차린 세실이 그곳에 가보라고 권해서 그녀의 권유를 받아들이기로 했다. 하루 날을 잡아 페도즈의 측면을 따라 산길을 오르기 시작했다. 마침 그 즈음에 가장 친했던 친구와의 사이에 문제가 생겼고, 둘 사이가 회복되지 못할 것이라는 생각으로 우울하던 참이어서 유난히 마음이 무거운 시기였다. 페도즈 계곡에는 내 기분을 누그러뜨려줄 만한 멋진 풍경은 없었다. 그곳에는 인간의 완전한 부재에서 오는 고독, 그리고 평화롭고 깊은 침묵이 있을 뿐이었다.

이따금 제비가 쏜살같이 지나가고, 마멋이 동료들에게 낯선 존재의 출현을 알리는 경고의 휘파람 소리를 내곤 했다. 그것을 제외하고는 두 시간 동안 다른 소리는 일절 들리지 않았다.

그런데 그 특출할 것 없는 계곡을 걷는 동안 내 기분은 천천히 바뀌기 시작했다. 무슨 극적인 계시가 있는 것도 아니었고, 엄청난 기적이 일어난 것도 아니었다. 사실 거기 그럴 일이 무엇이 있겠는가. 다만 친구처럼 곁에 있던 침묵 속에서 마음의 짐이 조금씩 덜어지기 시작한 것이다. 태양이 내 얼굴에 미소를 비춰주었고, 거친 풀과 바위로 된 황무지 가운데 난초처럼 생긴 소박한 노란 꽃이 눈에 들어왔는데, 어쩐지 빛과 희망의 상징인 것처럼 느껴졌을 뿐이다.

그 침묵 속에, 마치 내 슬픔을 이해하면서도 나를 판단하지 않는 마음 맞는 누군가가 있는 것 같았다. 겸손하고 젠체하지 않는 계곡처럼 나도 나를 열고, 받아들일 줄 알며, 까다롭게 굴지 않고, 기꺼이 맞이하는 사람이 되고 싶다는 욕망이 솟아올랐다.

나는 다른 사람이 되어 페도즈에서 내려왔다. 딱히 어떻게 변했다고 하기는 애매하지만 무엇보다 진정으로 감사하는 마음을 지니게 된 것이다. 엥가딘으로 돌아갈 때도 호텔과 구운 감자전이 나오는 식당이 있는 화려하고 편한 펙스 쪽이 아니라 인적이 드물고 조용한 페도즈 쪽을 택했다.

생모리츠에는 상점가로 연결되는 아치 모양의 길이 하나 있는데, 거기 대단히 솔직한 의도를 드러내는 글이 한 줄 적혀 있었다. "행복은 비쌉니다." 미안하지만 페도즈에서는 완전히 무료다.

엥가딘의 산에서도 침묵이 예전 같지는 않다고 한다. 아흔 살이 넘은 마르셀라 마이어는 "모든 것이 마차에 의존하던 때"를 기억하고 있다. 1925년까지는 차량이 전혀 들어올 수 없었다. 그녀의 눈에는 두 마리 말이 끄는 썰매 50대가 작은 방울들을 일제히 울리며, 생모리츠 기차역에 도착하는 여행객들을 기다리던 광경이 아직도 눈에 선하다. 그렇기는 하지만, 아직도 진짜 침묵을 느껴볼 수 있는 장소와 작은 계곡들은 많다고 그녀는 말한다. 그리고 그녀에게 침묵은 "건강하게 살기 위해 절대적으로 필요한 것"이다.

침묵 속에서는 누구든 자기 자신에게로 돌아가고 자연의 일부분이 되는 느낌을 가질 수 있다. 자신이 얼마나 나약한 존재인지를 고통스럽게 깨닫기 때문에 산에서는 자만심을 갖기가 힘들다. 산은 온갖 역사와 깊은 침묵을 안고 언제까지나 그곳에 있다. 산의 침묵 속에서 우리는 자신을 다시 찾을 수 있다.

3

사막의 신부들

1,600년도 더 전에 세워진 성 마카리우스 수도원은 육중한 성벽과 망루 때문에 언뜻 보면 교도소나 요새로 착각하기 쉽다. 카이로에서 알렉산드리아를 잇는 고속도로에서 불과 몇 마일 거리의 교외에 있는데, 겉보기에는 종교적 헌신의 장소라기보다는 침입자를 물리치기 위한 성채 같다.

거대한 원형의 성벽에는 작은 창이 많이 나 있지만, 방문객을 맞아들이는 문은 겸손하게도 단 한 군데뿐이다. 그 너머에는 웨스턴 사막의 모래언덕들이 리비아 국경까지 뻗어 있다. 우리가 도착했을 때는 한 남자가 문 앞에 끊임없이 쌓이는 모래를 쓸고 있었다.

일단 안으로 들어가니 기대했던 대로 손님맞이는 친절했다.

카이로 영국 국교회에서 나온 미국인 신부가 우리를 태워다주고 소개도 시켜주었다. 콥트 기독교(Coptic Church, 예수가 신성과 인간성의 완전하고 단일한 결합체라고 하는 그리스도 단성설을 신봉하는 이집트 기독교의 한 파. 성 마카리우스 수도원이 콥트 기독교 수도원이다 - 옮긴이)의 수도사들은 과하리만치 쾌활했으며, 모두들 대단히 인상적인 검정색 로브와 두건 차림을 하고 있었다.

두건에는 열세 개의 황금색 십자가가 직조되어 있었는데, 각각 여섯 개씩의 황금 십자가가 정수리 쪽으로 뻗은 금색 띠의 양쪽에, 열세 번째 십자가는 뒤쪽에 있었다. 금색 띠는, 나중에 들은 바로는, 4세기에 최초로 이집트의 사막에 수도원을 세운 성 안토니가 악마의 유혹에 맞서 싸우면서 머리가 갈가리 찢기는 고통을 받은 것을 상징하는 것이라고 한다.

열두 개의 십자가는 열두 제자를 나타내며, 열세 번째 십자가는 그리스도 자신이다. 모두가 사막의 신부들을 일체의 삿된 생각으로부터 보호하기 위한 장치다. 두건에는 끈도 하나 달려 있는데, 두건을 쓴 이가 세상을 뒤로 하고 떠나와 있음을 의미하는 것이다. 로브 아래에 세 개의 십자가가 새겨진 가죽 벨트를 맨 것은 정절을 지킬 수 있게 돕는 역할을 한다.

내가 묵게 될 숙소는 가슴 깊이 회개할 곳을 찾는 사람이라면 딱 좋아할 만한 곳이었다. 2층의 길고 다소 먼지가 낀 복도의 맨 끝, 문에 '0'이라고 쓰여 있는 방이었다. 꼭 나 자신의 허탈감을 상징하는 듯했다. 게다가 그 방에는 꽤 여럿 됨직한 굶주린 모기들이 먼저 자리를 차지하고 있었다.

식사는 손님 접대와는 거리가 좀 있었다. 우선 식탁이 지저분했으며, 어둡고 음침한 구석에 놓여 있었다. 접시나 날붙이 또는 도자기라 이름 붙일 만한 도구들도 전혀 없었다. 음식은 그날그날 여러 단으로 된 철가방에 담겨 방으로 배달되었다. 예를 들어 첫날의 메뉴는 삶은 계란 세 개, 아무 맛도 없는 요구르트 약간, 기가 막힐 정도로 짠 홈메이드 치즈였다. 나는 늘 혼자서, 오로지 모기들만을 벗하여 식사를 했다.

비록 열악한 상황이었지만 이후의 며칠은 내 인생에서 가장 풍요로운 날들이 되었다. 나는 그 수도원과 수사들을 사랑하게 되었으며, 그곳의 경험 전체가 잊히지 않는 기억으로 남았다.

다소 갈피를 잡을 수 없는 저녁을 먹고 나자 내가 머무는 동안 안내와 조언을 맡은 수사 한 명이 찾아왔다. 그의 이름은 아부나 파더 메르쿠리우스(Abouna-Father-Mercurius)였다. 우리는 쉽사리 친구가 되었고, 저녁의 어스름 속에서 모기들을 상대로 대규모의 헛된 전투를 벌이며 이야기를 나누었다.

우리는 큰 소리로 웃으며, 각자 저 교활한 피조물들을 얼마나 처리할 수 있을지 내기를 했다. 전투는 모기의 낙승이었다. 우리가 해치운 적은 각각 한 마리씩이었다.

메르쿠리우스는 39세였고, 15년 전 수사가 되기 전까지는 건축가로 일했다. 그는 다 버리고 떠날 수 있어서 너무 행복했지만, 양친은 아들의 결심을 전해 듣고는 비통한 눈물을 흘렸다.

지금 노부부는 아들을 보러 일 년에 세 차례 수도원을 방문하는데, 여전히 외동아들을 잃어버린 것 같은 슬픔을 떨치지는 못한 상태다.

메르쿠리우스는 그렇게까지 해서 들어온 수도원에서의 생활이 행복할까? "아주, 아주 행복합니다"라고 그는 대답했다. 그건 그가 착한 사람이어서가 아닐까? "아닙니다. 나는 좋은 사람이 못 돼요. 그냥 이곳이 나한테 잘 맞을 뿐입니다." 조금은 진부한 대답이었다. 마치 이솝 우화 속 햇볕에 쉽게 굴복한 나그네처럼, 이러쿵저러쿵 말하기보다는 그저 받아들인다는 태도였다.

메르쿠리우스가 사막의 신부가 되기로 결심한 것은 이곳에서 신과 함께하기를 바랐기 때문이다. 이집트의 성자들 중 80퍼센트가 사막의 수도사들이다. 사막은 가슴을 정화하고 신과 함께 조용히 보내기에 아주 좋은 장소다. 성 마카리우스 수도원에 있는 130명의 수사들 모두가 이 같은 생각을 할 것이라고 그는 확신했다. 그들은 신을 만날 수 있는 공간으로서의 사막을 경험한 사람들이므로.

신부들은 이곳에 들어온 첫날부터 아주 긴 시간 동안 침묵을 실천해야 한다. 예외인 때는 들에 나가 함께 일할 때뿐이다. 말을 하면서 일을 해야 하기 때문이다. 그들 사이에는 이런 말이 있다고 한다. "입을 다물고 가슴이 말하게 하라. 그런 후에는 가슴을 닫고 신께서 말씀하게 하라." 즉 입술, 가슴, 신으로 나아가는 것이다. 만약 가슴 속에서 신과 대화하지 않으면 침묵은 아무 것도 아닌 것이 된다.

메르쿠리우스나 다른 수사들은 정말로 신이 침묵 속에서 자신들과 일종의 소통을 하는 것으로 믿고 있을까? "물론입니다. 매일 우리 가슴 속에, 모든 기도 속에, 성경을 읽는 매순간에 계시는 걸요"라고 그는, 무슨 그런 바보 같은 질문이 있느냐는 듯이 대답했다.

"내 경험으로는 그런 순간에 무한한 평화가 느껴집니다. 가슴 속이 사랑으로 충만해지죠. 그리고 드물기는 하지만 언어의 형태로 말씀이 전해지기도 합니다. 사람이 하는 말과는 다르고 가슴 속으로 곧장 들어와요. '이것을 하고, 저것을 하며, 이 사람을 돌보아주고, 저 상황을 살펴라'라고 말입니다. 그건 우리 내부에서 우러나는 것이라기보다는 다른 어딘가에서 전해지는 생각 같은 거예요."

메르쿠리우스는 예를 들어 설명해 주었다. 수도원에 딸린 바나나와 망고 농장은 아주 바쁘게 돌아가며, 그는 매일 완전히 지친 상태로 셀(cell, 수도원의 독실 - 옮긴이)로 돌아오곤 했다. 셀에는 내부끼리만 연결되는 전화가 있는데, 별도의 비용을 내지 않고 자유롭게 쓸 수 있었다. 그는 피곤함을 무릅쓰고 저녁마다 여기저기 전화해서 다음날의 일을 의논했다. 그러던 어느 날 침묵 시간에 아주 분명한 목소리가 들렸다. "이 모든 티끌들에 대해 너무 걱정하지 마라. 네가 왜 여기 왔는가를 기억해라!" 농장일이 좋은 일이기는 하지만 그것을 영적인 삶보다 우선시하지는 말라는 의미의 말이었다.

메르쿠리우스는 그분의 말씀이 들린 건 "충격적인 일"이었다고 말했다. 말씀을 들려주기를 기대한 적이 없었는데, 갑자기 예상치 못한 '말씀'이 온 것이었다. 티끌을 내버려두고, 이 삶으로 온 이유를 생각하라는 '말씀'이.

그는 자신이 왜 수도사가 되었는지에 대해 다시금 자문해 보았다. 들에서 하는 일이 그처럼 걱정해야 할 일인가도 생각해 보았다. 일주일을 곰곰이 생각한 끝에 그는 들에서 보내는 시간을 줄이기로 결심했다. 그리고 전화도 더 이상 하지 않게 되었다.

그 사건이 이곳에서의 생활을 바꾸는 전환점이 되었다. 그는 그 '말씀'이 자신에게서 나온 것이 아니라고 확신했다. 왜냐하면 자신이 농장일에 대해 그렇게 신경을 많이 쓰고 있다고는 생각하지 않았기 때문이다. 다만 문제는 그가 농장일에 너무 깊이 몰두한다는 것이었다.

그가 다른 어딘가로부터 온 것으로 여겨지는 매우 분명한 목소리를 들은 것은 이 외에도 몇 차례 더 있었다. 그는 들일을 할 때 기술과 힘이 좋은 어느 남자와 함께 작업하기를 바랐는데, 신께 의견을 여쭈었더니, "이 남자에게 함께 일하자고 청하지 마라"는 분명한 생각이 왔다고 한다. 그는 말씀에 복종했다.

사나흘 후, 그는 말씀에 따르지 않았으면 여러 가지 문제가 생겼을 것임을 깨닫게 되었다. 내게 자세한 내막은 이야기하지 않았지만 당시 그는 온 마음으로 신께 감사를 올렸다고 했다.

성 마카리우스 수도원은 3,000에이커 정도의 부동산을 소유하고 있으며, 그 중 60퍼센트가 경작지다. 수도사들이 직접 올리브, 대추야자, 오렌지, 바나나, 망고 등의 과실과 수도원에서 소비되는 거의 모든 채소를 기른다. 뿐만 아니라 양계장, 소를 기르는 목장 두 곳, 양어장도 있다. 수입은 수도원 운영비로 충당되고 남은 돈은 상 이집트로부터 온 가난한 가족들을 돕는 데 쓰인다. 이 빈곤자들 중 다수가 여름 동안 수도원에서 고용하는 약 800명의 일꾼 자리에 충원된다.

수도원의 사유지 인근에는 네다섯 명의 은둔자들이 있는데, 이들은 전 생애를 거의 완전한 침묵 속에서 살아간다. 몇몇은 수도원에서 삼사 킬로미터 떨어진 곳에서 지내며, 들일을 하지 않는다. 그들은 휴대폰도 지니고 있지 않으며(대개의 다른 수도사와 달리), 하루 온종일을 침묵 수행으로 보낸다. 한 달에 두 번 정도는 미사에 참석하지만, 기도에서 어떤 역할을 맡거나 식사를 함께 하는 법은 없다. 또한 그들의 은신처에는 어떤 전자기기도 없다. 나는 그들 중 한 명을 만나볼 수 있겠느냐고 메르쿠리우스에게 물어보았다. 그는 한참 동안 아무 말이 없더니 이윽고 생각해 보겠다고 대답했다.

우리는 모기와의 전쟁에서 물러나기로 했다. 메르쿠리우스는 내 방에서 나가기 전에 한 마디 덧붙였다. "상황이 여의치 않아도 사막으로 걸어나가지 마십시오. 독사와 늑대들이 있어요. 위험합니다."

이튿날 아침, 나는 환한 햇살을 받으며 수도원에서 가축 농장으로 이어지는 길을 따라 산책을 했다. 아주 건강해 보이는 한 다스의 육우들을 구경한 뒤, 돌아오는 길에 길 한쪽에 앉아 있는 나이 든 사막 신부 한 분을 만나 이야기를 나누게 되었다. 그는 수도사가 된 지 39년이 흘렀으며, 처음 성 마카리우스로 들어온 것은 약학 석사학위를 이수하던 중이었다고 했다.

"학업을 중단하고 수도원에 들어와 몇 년째 생활하고 있던 어느 날, 심한 피로감과 영혼의 무거움으로 아주 고통스러운 순간이 있었습니다. 그런데 갑자기 예수님의 말씀이 들렸어요. '네가 나와 더불어 견뎌내기를 원치 않느냐?' 그 말씀을 듣자마자 피로가 사라졌습니다. 아주 편안하고 행복해졌지요."

그는 당시의 상황이 기적과도 같았다고 말했다. "그분의 목소리는 아주 달콤하고 영혼을 편안케 해주었습니다. 다른 어떤 목소리와도 비교할 수가 없어요. 다만 자주 말씀하시지는 않습니다. 언제 말씀하실지는 전적으로 그분께 달려 있지요."

그는 또 한 번의 멋진 경험을 들려주었다. "아주 잠깐, 눈 깜짝할 새였지만 신의 왕국을 본 적이 있습니다. 너무나 아름답고 찬란하고 평화가 충만한 곳이었지요. 나는 크나큰 죄인으로서 오로지 소망하는 건 예수 그리스도의 보혈로 정화되는 것뿐이지만 당신의 독자들에게도 알려주기를 바랍니다. 신의 왕국은 지금 여기 실재한다는 것을 말이오. 그런 경험을 할 수 있었던 건 전 생애와 맞먹는 축복이라고 생각합니다."

나이 든 수도사는 마타 엘 메스킨(Matta-el-Meskeen, 가난한 마태라는 뜻) 신부에 대한 이야기도 들려주었다. 마타 신부는 1969년 콥트 교황의 분부에 따라 붕괴 직전에 이른 수도원을 복원하는 임무를 맡았던 인물이다. 그는 대단히 열악한 상황에서 모든 건물을 재건했으며 ─ 당시 수도원에는 나이 든 수도사 여섯 명밖에 남지 않았다 ─ 이후 30년에 걸쳐 그곳을 완전히 바꾸어놓았다고 한다.

나이 든 수도사와 헤어져 수도원으로 돌아오니 메르쿠리우스가 기다리고 있었다. 은둔자 중 기꺼이 나에게 말을 해줄 사람이 있을지 모르겠지만 일단 가서 물어보기는 하자고 했다.

우리는 수도원 소유지의 먼지투성이 길을 걸어 내려가기 시작했다. 몹시 더운 날이었다. 나는 메르쿠리우스에게 노엘 카우어드(영국의 극작가이자 배우이자 작곡가 - 옮긴이)의 노래 〈미친 개와 영국 사람〉(노엘 카우어드가 1931년에 발표한, 미친 개와 영국인만이 한낮의 태양 아래 밖으로 나간다는 내용의 풍자적인 노래 - 옮긴이)에 대해 들려주었고, 그는 소리 내어 웃더니 이렇게 말했다. "그러면 이제 미친 개가 두 마리네요. 당신과 나."

우리가 처음 찾아간 곳은 모래언덕의 그림자 밑에 돌로 지어진 소박한 암자였다. 메르쿠리우스가 먼저 은둔자의 의사를 타진해 보기 위해 앞으로 나섰다. 나는 울타리 뒤에 숨어서, 그 가련한 은자가 내 얼굴을 보고 지레 겁을 먹어 만나지 않겠다고 할 것에 대비했다.

아니나 다를까, 필리부스 신부는 밖으로 나와 따뜻하게 맞아 주었지만, 아쉽게도 내 질문에 답을 해줄 수는 없겠다고 했다. 충분히 이해할 수 있는 반응이었다. 실제로 나는 그의 심오한 침묵을 방해하고 있었던 것이다. 우리는 반 마일 남짓 떨어진 다른 암자로 걸음을 옮겼다.

이번에는 긍정적인 대답이 돌아왔다. 메리쿠리우스에 따르면 D신부는 꽤 흔쾌하게 내가 묻는 모든 질문에 대답을 해주겠지만, 단 이름을 밝히지는 말아달라고 부탁했다. 이 사막의 신부가 여전히 "전투를 치르는 중"이기 때문이라고 했다.

그런데 내가 만난 D신부에게서 전투의 기미는 엿보이지 않았다. 완벽히 평화로워 보이기만 했다. 그는 활력적이고 쾌활한 39세의, 검은 수염과 검은 눈의 남자였다. 그는 햇살이 가득한 암자로 우리를 맞아들였는데, 놀랍게도 암자 안에는 조그만 거실과 침실, 화장실과 간이부엌이 있었다. 일반적인 사막 신부들의 거처에 견주면 호화로운 수준이었지만 그래도 기본적으로는 소박했다. 거실에는 조그만 카펫과 한 쌍의 의자가 놓여 있었으며, 벽에는 그리스도, 동정녀 마리아, 대천사 미카엘과 성 안토니, 성 바울의 초상화가 걸려 있었다.

함께 이야기를 나누기 시작하자마자 나는 D신부의 대답들이 침묵의 깊은 우물로부터 길어 올려진 것임을 알 수 있었다. 그의 대답은 인간적인 접촉을 거의 단절하다시피 하고 오로지 스스로의 깊은 내면을 들여다보면서, 자신을 창조하고 거두어들이는 신 앞에 발가벗고 선 남자의 음성이었다. 그만큼 그의 대답에는 조금의 가식도 없었으며, 나에게 잘 보이려 하거나 설득하려는 욕망이 단 한 점도 깃들어 있지 않았다.

D신부는 원래 벽돌 공장 ― 지금은 그의 동생이 물려받아 운영하고 있다 ― 의 사장이었는데, 2000년에 수사가 되었고, 2008년에 동료 수사들에게 부탁해 반대하는 원로 수도사들을 설득함으로써 지금과 같은 침묵과 고독의 생활을 시작할 수 있었다. 그 과정은 어떤 면에서는 전투가 틀림없었지만, 결국은 자유라고 믿는 것을 얻고자 하는 D신부의 열정과 소망이 모두를 감동시킨 것이었다.

지금 그는 다른 사람과 만나는 시간이 일주일에 고작 15분 정도에 불과한 생활을 하고 있다. 동료 수사들이 돌아가며 먹을 것과 마실 것을 가져다줄 때이다. 그리고 한 달에 한 번, 수도원에서 열리는 미사에 참석하는데, 그럴 때는 전날 미리 가서 하루를 묵기도 한다.

나는 그가 왜 이런 고독하고 고요하며 깊고 도저한 사막의 침묵을 삶의 동반자로 선택했는지 궁금하지 않을 수 없었다. "신께 더 가까이 다가가기 위해서"라고 그는 대답했다. "그리고 깊은 명상의 시간을 갖고 싶었습니다. 아내를 사랑하는 남자는 남은 인생을 그녀 곁에서 보내고 싶어 하지 않습니까? 허니문 동안에는 아내와 둘이서만 조용한 곳에서 보내고 싶어 하지요." 자신과 그리스도의 관계도 마찬가지라는 것이다.

그에게 하루를 어떻게 보내는지 물어보았다. "예수님과 함께, 어떤 제약도 없어요. 운동 삼아 30분 정도를 걷기는 합니다. 그러나 외따로 사는 수도사들은 한 발 한 발 더 깊은 기도 속으로 나아가고자 하기 때문에 밤새 기도를 하는 때가 많습니다. 사막의 선조들이 그렇게 했고, 나도 마찬가지예요. 저녁 여덟 시에 잠자리에 들었다가 새벽 한 시에 일어나서 그때부터 해가 뜰 때까지 꼬박 기도합니다." 그렇다고는 해도 거의 밤을 새우다시피한 사람치고 그에게서는 피곤한 기색이 거의 보이지 않았다.

"침묵의 위대한 미덕 중 하나는, 판단을 흐리게 하는 외피를 걷어내고 사물을 있는 그대로 바라볼 수 있게 도와준다는 것입니다. 바깥세상에서 내 마음을 사로잡던 것들이 그 휘황찬란함에도 불구하고 갑자기 거짓으로 보이기 시작합니다. 예수님과 함께하면 절대적인 평화, 절대적인 고요와 절대적인 기쁨이 찾아옵니다. 그분과 함께 있을 때는 두 본성 사이의 부딪힘이 전혀 느껴지지 않아요."

D신부는 종교적 경건함을 완전히 배제한 채 지극히 평범한 어조로 이 모든 말을 했다. 그에게는 그것이 예수와 개인적으로 유대관계를 맺는 것이 얼마나 복된 일인지를 아는 사람의, 매일의 경험에서 얻어진 단순한 진술일 뿐이었다. 다른 수백만의 기독교도들도 간절히 구하지만 결코 발견하지 못할 따름이었다. 행복하냐고 물어보는 것은 그야말로 부질없는 질문일 것이다. 그는 단순한 행복 너머의 무언가를 경험하고 있음이 분명해 보였다.

그래도 외로울 때는 있지 않을까? D신부는 "신과의 관계가 약할 때 인간은 외롭게 마련"이라며, 자신의 경우에는 외로울 때가 거의 없었지만 이따금 신이 자신을 다시 겸허하게 되돌리기 위해 그런 시간을 주기도 한다고 했다. "신으로부터 떨어져 있는 사람들의 느낌을 경험해 봄으로써 진심으로 그들을 위한 기도를 올릴 수 있게 됩니다."

독실한 기독교 신앙을 지닌 사람들 중에 D신부처럼 신께 온전한 삶을 바쳐야 한다고 생각하여 세속을 벗어난 이들은, 어떤 의미로 나머지 사람들을 등에 짊어진 셈이다. 기독교에서 말하는 '하늘의 영광된 옥좌' 앞에서 우리의 옹호자로 나서는 것이다. 그러나 한번 세속을 벗어났다가 그런 삶이 완전히 시간 낭비라고 믿어 다시 세상 속으로 돌아오는 이들도 적지 않다. 그들은 유익한 인생을 새로 시작하며, 대개는 선하고 품위 있게 살아간다. 나는 이 문제에 대한 그의 생각이 궁금했다.

D신부는 어떤 식으로도 방어적인 태도를 보이지 않았다. "여기처럼 멀리 떨어진 곳에 머물며 오로지 기도만 하는 것에는 아주 많은 이점들이 있어요. 무엇보다 우리는 자신을 위해서만이 아니라 모든 사람을 위해 기도를 올립니다."

신은 분명히, 도시 안에 열 명의 의인만 있어도, 모든 잘못에도 불구하고 도시를 용서하겠다고 했으므로(창세기에서 아브라함이 여호와에게 소돔의 운명에 대해 묻는 장면 - 옮긴이) 그는 소수의 의인이 되고자 했다. 따라서 혼자 생활하면서도 그는 자기가 동떨어져 있다는 느낌을 전혀 갖지 않았다. 오히려 세상 속에서 사는 사람들의 고통을 더욱 깊이 느꼈다.

사실은 다소 틀에 박힌 듯한 대답이기는 했다. 합리적인 마인드의 소유자라면 그런 논리—그것이 논리하고 한다면—에 전적으로 수긍하지는 않을 것이다. 그러나 D신부처럼 대다수의 우리와 다른 시선을 지닌 사람에 대해 어느 누가 잘잘못을 판단할 수 있겠는가?

그에게 물어보았다. 그는 인생을 철저한 침묵 속에서 보내겠다고 선택한 사람이지만, 침묵이 그렇게 좋은 것이라면 왜 수많은 사람들이 본능적으로 침묵 앞에서 움츠러드는 것일까? D신부는 단호한 어조로 대답했다.

"침묵 속에 혼자 있고 싶어 하지 않게 되는 건 죄 때문입니다. 죄가, 침묵만 아니면 뭐든지 하게 만드는 거예요. 침묵은 모든 것을 벗겨내니까요. 사탄은 사람이 침묵만 제외하면 무엇이든 하기를 원합니다. 좋은 일을 많이 하지만 어떤 대가를 치르고라도 침묵만은 피하려는 사람들이 있는데, 역시 마찬가지예요. 그런 사람들에게는 침묵이 아주 위험한 것처럼 느껴집니다. 그러나 가끔은 그들의 마음에도 분명한 속삭임이 다가갈 때가 있어요. 그러면 그것으로 몇 초 정도의 침묵이 시작될 수 있습니다. 다음번에는 그 시간이 몇 분으로 늘어나고, 결국에는 침묵의 기쁨을 맛볼 수 있게 됩니다. 사막에서 며칠을 지내고 나면 진정한 침묵의 기쁨을 느낄 수 있어요. 코나 입이 아닌 가슴 속에서 말이지요. 그 기쁨이 사람들을 거듭거듭 침묵 속으로 들어갈 수 있게 북돋워줍니다."

충분히 대화를 나눈 후 암자를 나서자 D신부는 일부러 따라 나와 잠깐 함께 걸으면서 배웅해 주었다. 걷는 동안 내가 메리쿠리우스에게 노엘 카우어드의 노래 이야기를 이 은둔자에게도 들려주면 어떻겠느냐고 했더니, 메리쿠리우스는 대단히 특별한 시간을 보낸 후에 하는 이야기로는 적절하지 않은 것 아니냐며 좀 주저하는 듯하다가 이내 마음을 돌렸다.

D신부는 몸을 흔들어가며 웃었다. "그럼 이제는 미친 개가 세 마리인 거네요!" 그는 말 그대로 고독한 삶을 선택해 살아가고 있었지만 지나친 심각 증세에 빠지지도, 자신을 가치 있는 사람이라고 여기는 죄에 빠지지도 않았다.

D신부와의 만남은 성 마카리우스에서 이루어진, 기억할 만한 여러 만남 중 하나에 지나지 않았다. 이후 며칠 동안 일고여덟 명의 수사들이 사막에서 겪은 자신들의 경험과 풍요로운 침묵의 결실에 대해 들려주는 호의를 베풀었던 것이다.

내게 비친 그들의 모습은 하나같이 고요한 기쁨과 평화로 가득 차 있었다. 거기에는 경건에의 게으름도, 거듭났다고 외치는 호기로움도 없었으며, 단지 깊은 수준의 겸허, 그리고 지금의 상태에 이르기까지 숱한 고통과 고난이 따랐음을 인정하는 정직함만이 있을 뿐이었다. 그들은 가슴속의 평화를 얻는 대가로 자신을 포기하는 망아(忘我)라는 값을 치렀다. 그들 모두 고통스러운 수도의 불길로 단련된 사람들이었다.

시쇼이 신부는 과거에 측량사였으며, 10년 동안 은거한 후, 열네 명의 수련사들을 맡아달라는 요청 때문에 마지못해 다시 수도원으로 들어온 사람이다. 처음으로 혼자 지내기 위해 사막으로 떠나던 날, 몇 미터를 걸어간 뒤 땅을 박차고 날아오르고 싶은 기분이었다고 한다. 심장이 터질 것 같은 환희가 느껴졌고, 도저히 참을 수가 없어서 크게 환성을 질렀다. 이제 '자유다!'라고 생각한 것이다.

역시나 초기에는 사막의 나날이 그저 좋기만 했다. 때로는 정말로 펄쩍펄쩍 뛰어오르기도 했을 만큼 기뻤다. 그러나 곧이어 힘든 시간이 찾아왔다. 그의 표현에 따르면 "꼭 악마와 싸우는 것 같았다"고 했다. 때로는 외로움이, 또 때로는 마음의 동요가 찾아왔고, 수시로 의기소침, 낙담, 좌절이 가슴을 눌렀다. 종종, 꽤 자주, 그런 것들에 굴복하기도 했다. 그러나 시쇼이 신부는 절대로 포기하고 싶지는 않았다.

그런 어두운 시간은 몇 분 정도로 끝나기도 했지만, 때로는 몇 시간, 심지어 며칠씩 계속되었다. 사실은 10년 내내 그런 유혹이 이어졌다고 해야 할 것이다. 그러나 그는 성령이 자신을 이끌고 있다는 것을 잊지 않았다.

"신은 그 모든 나날, 내게 말씀하고 계셨습니다. 나는 영혼 속에서 그분의 음성의 힘을 느꼈어요. 시험에 들 때면 왜 내게 이런 시험을 내리시는지 까닭을 알려주십사 기도를 올리곤 했는데,

어느 날 뚜렷한 말이 들렸습니다. '두려워하지 마라. 내가 너의 곁에 있다.' 그때는 큰 시험의 순간이기도 했지만 그만큼 큰 기쁨이기도 했습니다."

그런 10년의 세월이 준 결실은 무엇이었을까? "신의 은혜로움이지요." 그가 대답했다. 지금도 마찬가지일까? "당연합니다. 지금은 수도원에 있지만 이따금 성령이 내게 임하심을 느낄 수가 있어요. 그럴 때면 기쁨과 감사의 외침이 절로 터져나옵니다. 그런 순간에는 셀의 문과 창문을 다 닫습니다. 이웃의 동료들에게 내가 일으키는 소란이 폐가 될까봐서요. 한번은 때마침 비둘기 한 마리가 창으로 날아들어와 지저귀기에 부디 내 소리보다 더 큰 소리로 울어주기를 바랐던 적도 있어요."

메르쿠리우스의 안내로 만나게 된 또 한 명의 은둔자는 아자리아스 신부였다. 이집트 군의 장교였던 그는 수도사가 되기 전, 1967년과 1973년의 전쟁에 참여했었다. 내가 찾아갔을 무렵 그는 20년째 은둔생활을 하고 있었다. 그는 전 인류를 대신해 신께 더 가까이 가기 위해, 그리고 이슬람 세계를 위한 기도를 올리기 위해 이곳에 왔다고 했다.

그는 모래언덕 속의 동굴에서 지극히 소박한 생활을 하고 있었다. 침상은 콘크리트 위에 겨우 판지 한 장을 깐 것이 전부였다. 그럼에도 그는 아주 깊고 평온한 잠을 자며 진심으로 이 세상의 어느 왕들보다 더 편안하고 만족스럽게 지낸다고 했다.

그러나 가진 게 아무 것도 없지 않느냐는 나의 말에, 그는 미소를 지었다. 아주 부드럽고 아름다운 미소였다. "대신에 나는 천국을 가졌습니다." 아자리아스 신부가 수도원에서 몇 년 지낸 뒤에 은둔자가 될 수 있게 도와준 사람은 마타 신부였다. 특히 사막 생활 초반에 직접 만나거나 편지를 주고받으면서 계속 지켜봐주고 도움을 주었다고 했다. 마타 신부 자신은 은둔 생활을 할 때 아자리아스 신부보다도 훨씬 더 소박하게 살았다.

마타 신부와 그 동료들은 낙타 몰이꾼이 석 달에 한 번 가져다주는 음식으로 살았으며, 그 사이에는 약초를 길러 연명했는데, 그에 비하면 성 마카리우스에서는 토마토와 오이도 먹을 수 있고 조리를 할 수도 있으니 훨씬 편안한 생활이 아니냐고 아자리아스 신부는 말했다.

요나하 신부는 수도원의 장로 중 한 명으로 1948년부터 마타 신부를 알고 지냈다. 그에 따르면 마타는 콥트 주교가 되기 전 30년 동안 사막에서 은둔 생활을 했으며, 자신은 성 마카리우스 수도원의 재건을 도와달라는 마타의 요청을 받고 이곳에 왔다고 했다. 요나하 신부는 크고 친절한 얼굴에 상냥함이 넘치는 눈을 지니고 있었으며, 크나큰 온화함과 내적 평화를 온몸으로 풍겼다.

"마타는 수도자의 삶에 대해 굳건한 확신을 지니고 있었습니다. 그에게 수도사가 된다는 것은 말하지 않고 신이 보여주는 대로만 사람들과 유대를 맺는다는 의미였어요. 오로지 그리스도를 위해 살며, 자신의 감각과 포부와 감정을 모두 예수님에게 맡기는 거지요."

요나하 신부는 마타 신부를 따라 아주 먼 사막에서 몇 년을 보냈다. 그 중 3년은 동료들로부터도 멀리 떨어진 동굴에서 혼자 지냈는데, 그 시간이 가장 좋았다고 회상한다. 무엇보다도 그곳에는 완전한 침묵이 존재했기 때문이다. 어떤 전자기기도, 현대적인 장비도 없었고, 심지어 물도 땅에서 솟는 것을 그대로 마셨다. 정말로 예수와 한층 가까워진 느낌이었다.

물론 요나하도 처음에는 많이 힘들었다. 그는 약사였는데, 필요한 것은 얼마든지 쉽게 구할 수 있는 도시에서 살았다. 그런데 정신을 차려 보니 자기가 땅바닥에 누워 자고 있었다. 그는 결국 모든 물질적 필요들이 하늘로부터 충족되고 있었다는 사실을 깨닫게 되었다.

"이 모든 것에서 침묵은 대단히 중요합니다. 그 속에서 신의 소리를 들을 수 있으니까요. 우리 시대는 사람들이 너무 바쁘고, 분주함에 시간을 쏟아붓는 게 낫다고들 생각합니다. 그래야 자기 자신으로부터 달아날 수 있기 때문이지요."

요나하에 따르면, 누구든 생활을 바꿀 의향이 있다면 시간에 대한 태도를 고쳐 생각할 일이다. 그런 다음에야 일종의 '기브앤테이크'가 따르기 때문이다. 침묵과 기도에 시간을 들여야 보상으로 '영원'이 주어지는 것이다.

성 마카리우스 수도원에서 만난 수사들 중 누구도 종교적인 교리에 대해서는 한 마디도 언급하지 않았다. 언제나 침묵, 침묵, 신에게로 가는 길은 오로지 침묵이었다. 어떤 수사는, 종교적인 사람들까지도 '쉴 새 없이 말하는 것'이 기도라고 여김으로써 스스로를 신격화하는 우를 범한다고 말했다. 기도는 독백을 하라는 것이 아니라 침묵하면서 신의 응답에 가슴으로 귀 기울이는 것이라고, 그들은 하나같이 입을 모았다.

어느 오후, 나는 모래언덕을 지나 2006년에 타계한 마타 신부의 무덤가에 앉아 있었다. 아무리 생각해도 이 세상의 모든 기쁨과 소유를 남김없이 버린 이 남자들이 그처럼 환희에 찬 모습, 그처럼 맑고 접힌 데 없는 얼굴을 하고 있는 것이 신기하기만 했다. 세상의 기쁨을 다 누린 이들이 종종 초췌하고 심지어 황폐해 보이는 것과는 대조적으로!

세상의 온갖 즐거움을 스스로 거부하고 사막에서의 엄혹한 삶을 선택한, 내가 만난 수도사들은 저마다 얽매임, 오만, 탐닉, 자아의 두터운 보호막 등 세상이 우리에게 덮어씌운 겹겹의 가리개들을 다 벗어버리고 지금은 누가 뭐라 해도 빛나는 광채를 발하고 있었다. 내가 조금만 덜 행복했더라도 기꺼이 용기를 내어 모기와 음식에 맞서가며 그들의 삶을 다시금 공유했을 텐데 하는 생각이 들었다.

이집트의 사막에는 수도원과 수녀원이 많다. 내가 다녀온 성 마카리우스를 비롯해 성 비쇼이 수도원 등지에는 한때 의사거나 엔지니어였던 이들 175명이 수도사의 새로운 삶을 살아가고 있다. 엔지니어였던 사람 중 한 명은 십수 년 전 대성당을 새로 건축할 때 중요한 역할을 맡기도 했다.

세계에서 가장 오래된 수도원이라고 하는 성 안토니 수도원도 마찬가지다. 이집트 이스턴 사막에 있는 사우스갈랄라 산맥 기슭에 자리한 이 수도원에는 120명의 수도사들이 있으며 매년 다섯 명 정도가 추가된다.

나일 강 근처에서 살았던 성 안토니는 330년 무렵 지금의 수도원 자리로 이주해 와 70년을 머물렀다. 평상시에는 1,000피트 높이의 산 위 동굴에서 살았으며, 안내를 맡았던 루와이스 신부에 따르면, 이따금씩 내려와 다른 수도사들과 시간을 보내기도 했다고 한다.

1,200걸음 정도 위로 올라가면 성 안토니가 은둔했던 동굴이 있는데, 올라가기가 심히 만만치 않았다. 다행히 나는 평화로움과 완전한 침묵 속에서 혼자 그곳에 올라가 볼 수 있었다. 동굴에 가까워질수록 평상시 생각했던 '영원의 침묵'이라고 하는 것에 점점 다가가는 기분이었다. 한 발 한 발 올라갈수록 먼 아래쪽으로 이스턴 사막의 거대한 공허가 내려다보였다.

결국 마지막 한 발까지 다 올라가자 널따랗고 평평한 곳이 나왔고, 그 너머에 틈이 깊게 팬 그야말로 바위 하나가 있었다. 바로 성 안토니가 숱한 세월을 홀로 보낸 동굴이었다. 입구에는 마치 두드려 맞은 듯 낡은 카펫이 깔려 있었다. 나는 최대한 몸을 움츠려 바위 틈 안으로 들어갔다. 몇 계단을 내려가니 탁자 하나와 그리스도, 성 안토니의 초상화가 걸린 작은 방이 나왔다. 지금도 수도사들이 그곳에서 정기적으로 미사를 올린다고 한다.

매우 간소하고 외로운 곳이었다.

수도원으로 돌아와 조세마 신부를 만났다. 40대의 조세마 신부는 이전에 이집트 텔레비전의 아트디렉터였다. 그는 단 한 번신의 목소리를 들었다고 했다. 그 이야기를 하는 동안 그는 거의울 것처럼 감정이 격해져 말을 꺼내기 힘들어했다.

"일 년 전쯤, 대단히 힘든 시기가 있었습니다. 정신이 거의 붕괴되는 느낌이었죠. 이곳으로 들어올 때 신께서 나와 함께 하겠다고 약속하셨는데, 그러면 절대로 외롭지 않아야 할 텐데도 정작 나는 외로웠습니다. 나는 왜 그런지를 여쭈었어요. 그리고 신께 다가가려고 안간힘을 썼지만 아무런 응답도 해주시지 않더군요. 나는 고통스러워하며 방금 당신이 한 것처럼 산으로 올라갔어요."

그런데 어느 순간 그에게 신의 음성이 들렸다고 한다. 단지 한마디였다. "내가 약속하였다!" 그는 두리번거리며 어디서 난 소리인지를 찾아보았다. 왼쪽, 오른쪽, 위, 아래 중 어디서 난 소리였을까? 혹시 자기가 잘못 들은 것이 아닐까? 그러나 환청이라고하기에는 너무도 또렷한 소리였다. 그 소리를 듣고 나자 그는 말할 수 없는 평화로움을 느꼈다. 그것이 바로, 침묵 속에서만 들리는 목소리, 절대적인 고요 속에서 얻은 값진 열매였다.

4

어느 죄수의 이야기

교도소에서 침묵을 찾기란 하늘의 별 따기라는 말은 수감자라면 누구나 공감하는 얘기일 것이다. 밖에서도 소음은 성가시고 괴로운 것이지만, 비좁고 밀실공포마저 일으키는 공간에 갇혀 하루 열아홉 시간을 감방에서 보내야 하는 죄수들에게는 그 정도가 아니라 소음이 마치 끊임없이 칙칙거리는 압력밥솥처럼 정말로 사람을 미치게 한다.

"침묵이 사라지면 그곳은 지옥이 됩니다." 자유로운 몸일 때 침묵을 위한 피정(避靜, 일상생활에서 잠시 벗어나 묵상과 침묵기도를 하는 종교적 수련 - 옮긴이)을 다니곤 했던 수감자 존의 말이다. 교도소는 사방이 벽돌로 막혀 있어 소곤거리는 소리조차 메아리처럼 울리고 증폭된다. 이곳에서는 부드러운 것이라고는 찾아볼 수가 없다. 쇠창살로 된 감방 문이 철컹철컹 열렸다 닫히고, 교도관들이 큰소리로 명령을 내리고, 무전기에서는 쉴 새 없이 지지직하는 소리가 새어나온다. 텔레비전, 라디오, CD 소리가 무방비로 복도를 따라 울리고, 알람 소리도 끊임없이 울려댄다.

가장 민폐인 건 댄스뮤직이라고, 살인죄로 스코틀랜드의 교도소에서 종신형을 살고 있는 이언 서덜랜드가 말했다. "붐! 붐! 붐! 여섯 시간 동안 쉬지 않고 두 칸 너머에서 쿵쾅거리더라고요. 그뿐인가요. 문이 쾅 닫히고, 열쇠가 쩔렁거리고, 교도관들이 목청껏 사람들의 이름을 불러대고, 싸움이라도 벌어지면 경고 벨이 요란하게 울립니다. 지하통로에서 어린아이들이 사방으로 깡통을 차 대며 쉬지 않고 소리 지르는 걸 상상하시면 돼요. 딱 그래요. 심지어 새벽 두 시가 돼도 한밤의 흔한 침묵조차 찾아볼 수가 없습니다."

이런 불협화음으로도 충분치 않다는 듯, 이번에는 각 방에서 수감자들이 자신의 죄와 불행에 대해 뭐라뭐라 하는 절규들이 홍수처럼 쏟아져 나온다. 미국의 한 교도소에서 만났던 젊은 영국인 수감자는 이런 말을 했다. "죄가 있든 없든, 절규를 하게 돼요. 누구를 붙잡기만 하면 그 즉시 자기들에게 뒤집어씌워진 온갖 죄에 대해 억울함을 쏟아놓습니다. 절대로 그치지를 않아요. 자기가 피해자로 비춰지기를 바라는 것입니다."

수감자들 중 많은 이들이 상대가 이야기를 듣고 동정적인 표정이 되어 자기가 만든 버전의 스토리를 받아들이는 것 같아야 만족한다. 만약 상대가 뭔가 미심쩍어하는 표정이면, 다음엔 자신이 교도소의 다른 수감자들만큼 악질적이지는 않다는 것만이라도 어떻게든 보여주고 싶어 한다. "음, 난 적어도 ……하진 않았어요"라든가 "최소한 난 ……는 아니오" 같은 말을 하는 것이다. 실제로 죄가 있든 결백하든 상관없이 교도소라는 곳은 끊임없이 말을 하게 만드는 곳이다.

그렇다면 이렇게 끊임없는 소음의 홍수 속에서 수감자들이 침묵의 혜택을 누릴 기회는 아예 없는 것일까? 브리튼에 있는 프리즌 피닉스 트러스트(Prison Phoenix Trust) 같은 훌륭한 단체들에서는 정기적으로 수감자들과 왕래하면서 명상과 요가 수행을 시켜주고 있다. 왁자지껄한 소란으로부터 벗어나 휴식을 취하게 하는 한편, 더 나아가 그들이 영적으로 성장할 수 있게 독려하는 것이다. 그러나 환경이 그렇다 보니 얼마나 실효성이 있는지는 의문이다.

트러스트의 자체 집계에 따르면 약 4,000명의 수감자들이 명상이나 요가 중 한 가지, 또는 두 가지 모두를 신청하여 수련을 하고 있으며, 많은 경우 자격증을 소지한 강사들이 지도를 맡고 있다. 4,000명 중 일부는, 겉보기에는, 세상에서 가장 명상이나 요가를 할 것 같지 않은 사람들이지만, 만나서 이야기를 들어보고 때에 따라 그들이 쓴 일기를 읽어보면 침묵 명상이 대단히 놀라운 방식으로 그들의 속박된 삶을 변화시켜 왔다는 사실을 부인할 수가 없다.

중앙 스코틀랜드의 황량하고 메마른 곳에 자리잡고 있는 글렌 노칠 교도소에서 40세의 수감자, 이언 서덜랜드를 처음 만났다. 그를 만나는 과정은 쉽지 않았다. 허가가 나지 않아서 피닉스 트러스트까지 나서서 교도소 소장을 설득한 끝에 겨우 한 차례의 방문권을 얻어낼 수 있었다.

교도소에 발을 들여놓자, 내가 일체의 자유를 제거한 장소로 들어가고 있다는 느낌이 확연하게 들었다. 교도소 안으로는 현금밖에 가지고 들어갈 수 없다는 주의사항을 들었는데도 나는 별 생각 없이 종이 한 장을 가지고 들어가면 안 되느냐는 바보 같은 질문을 하고 말았다. 서덜랜드에게 질문할 내용을 적은 종이를 가져가고 싶었을 뿐 다른 뜻이 없었는데도 의혹의 눈초리가 쏟아졌고 그들의 대답은 단호한 거절이었다.

경비원 한 명이 무슨 이유로 왔는지를 물었다. 나를 들여보내는 것이 절대로 허용되지 않을 분위기였다. 그러나 비장의 문서 ― 소장의 편지 ― 덕분에 나는 결국 하루를 날리지 않고 다른 면회객들 사이에 섞일 수 있었다.

그날 오후의 면회객은 60~70명 정도였다. 우리는 널찍한 면회실로 안내되었다. 면회 시간이 되자 수감자들이 들어왔는데, 모두 붉은 셔츠와 파란 바지 차림이었다. 서덜랜드는 초면인데도 나를 정확히 짚어냈고, 먼저 악수를 청했다. 초췌한 얼굴에 긴장한 기색이 역력했지만 미소를 짓고 있었다.

이미 내게 편지로 알려준 것처럼 그는 친구를 죽인 사람이었다. 뿐만 아니라 살해 후 작은 톱으로 시체를 토막 내어 처리하려고 했다. 막상 그를 마주하고 있으니까, 그처럼 끔찍한 사건을 저지른 사람이라는 생각을 하지 않으려 해도 잘 되지 않았다. 살면서 '그런 류의 사람'을 만나본 적이 한 번도 없었기 때문이다.

정말로 어떤 질문이든 해도 되는 걸까? "무엇이든지요"라고 그가 대답했다. 그가 아무 것도 숨기지 않는 사람이라는 느낌이 들었다. 그는 사람을 죽인 것을 부인하려 들지 않았고, 한술 더 떠서 자기가 한 일들을 감안하면 200년 형을 받았어야 할 것이라고 덧붙이기까지 했다.

그러나 자신이 과실치사가 아니라 살인으로 기소된 것은 잘못된 것이라고 했다. 왜냐하면 그 '친구'가 동성애적인 성추행을 하려고 해서, 잔뜩 취한데다 약물까지 복용한 상태에서 우발적으로 죽이게 되었기 때문이라는 것이다. 그는 스코틀랜드 상소법원에 사건의 재심을 청구해 놓은 상태였다.

서덜랜드는 과거의 행적에 대해 전혀 숨기지 않고 솔직하게 털어놓았다. 그는 자신이 철저한 향락주의자로 살았으며, 모든 것이 '과도'했다고 한다. 과도한 섹스, 과도한 약물, 과도한 음주. 열여섯 살 때부터 20년을 그렇게 살았다고 했다.

그는 어머니가 재혼해서 낳은 외동아들로서 한 번도 자신이 필요한 존재라는 느낌을 가져보지 못했다. 부모는 기본적인 의무만 다했을 뿐, 그것으로 끝이었다. 어린 시절 두 번 사고를 당했는데, 한 번은 다리가 부러지는 큰 사고였다. 다시 학교에 갔을 때는 아이들과 동떨어진 느낌이었고, '답답'했다. 그래서 학교에 가지 않았다.

부모의 통제가 듣지 않자, 그는 보육원에 보내졌다. 보육원에서는 종종 가혹한 처벌이 가해졌고, 그 때문에 그는 야뇨증에 시달렸다. 그러다 보육원의 직원 하나가 그의 머리를 벽에 마구 찧어댄 날 이후부터 그는 절대로 이불을 적시지 않게 되었다.

그런 나날들이 이어지는 동안, 그의 기억으로, 부모는 그를 한 번도 찾아오지 않았다. 아버지는 그가 열두 살 되던 해 집을 나갔고, 이후 28년 동안 아버지를 만난 것은 단 세 번이었다. 내가 글레노칠 교도소에 찾아갔을 때도 그는 누가 면회를 올 것이라는 기대를 전혀 하지 않고 있었다. 그는 "이런 곳을 찾아오는 것은 누구한테든 즐거운 일이 아니기 때문"에 자신은 상관없다고 힘주어 말했다.

그가 가장 행복했던 때는 18개월에서 세 살 때까지였다고 한다. 그는 자조적으로 덧붙였다. "나한테 작은 트랙터가 있었어요. 엄마, 아빠가 그걸 팔아버리고 나서는 그 시절이 다시는 돌아오지 않았어요."

스무 살이 될 때까지 서덜랜드는 거듭거듭 법을 위반했다. 치안방해, 폭행, 강간 등 점점 더 심각한 범죄를 저질렀다. 어느덧 그는 스코틀랜드 교도소를 일주하는 관광객처럼 여기저기를 떠도는 신세가 되어 있었다. 에든버러, 덤프리스, 피터헤드를 거쳐 글레노칠에 수감된 것이 2010년이었다.

그러나 덤프리스의 교도소에서부터 서덜랜드의 인생은 서서히 다른 방향을 향해 움직이기 시작했다. 2005년 우연히 집어든 책 한 권 때문이었다. 《우리는 모두 수감자다(We're All Doing Time)》라는 책이었다. "책 속에 붓다라는 사람이 계속 등장하더군요. 진정한 자기를 찾는 것에 대해 이야기한 사람이라면서요. 뭔가 머릿속에서 종이 울리는 느낌이 들었습니다."

서덜랜드는 어릴 때 가톨릭교회에 다녔는데 마치 종교재판소처럼 엄격한 분위기가 싫었다고 한다. 그들의 접근법은 "아무 것도 묻지 말고, 그냥 믿어!"였는데, 자기 생각이란 게 생기는 나이가 되면서부터는 아예 신경을 꺼버렸다. 그의 철학은 '살아 있고, 언젠가 죽을 거니까 그 동안은 즐기자'였다.

그런데 《우리는 모두 수감자다》를 접하고 나자 서덜랜드는 조금씩 호기심이 생기기 시작했다. 그가 이해한 바에 따르면 붓다는 이런 충고를 해주는 것 같았다. "내가 말하는 것을 믿지 마라. 종교나 영적 스승도 믿지 마라. 모두가 어딘가에서 쓴 글들일 뿐이니 믿을 필요가 없다. 단, 믿지는 않되 잘 살펴서 이로운 것들을 찾아내고 그대로 살기 위해 최선을 다하면 된다."

서덜랜드는 책을 읽으며 이런 생각이 들었다고 한다. "이 사람이 종교 이야기를 하는 것이라면 다른 종교는 왜 한결같이 '너는 하게 될 것이며, 네가 하게 될 것이니, 네가 하게 될 것이다'라고 하는 걸까?" 그가 생각하기에 붓다에게는 교리라는 게 없어 보였다. 그래서 호기심이 생겼다. 그가 아는 종교는 규칙과 규율

덩어리였는데, 그 책에는 "규칙, 규율, 교리는 없다. 그냥 살펴보라"는 한 남자가 있을 뿐이었다. 서덜랜드는, 붓다가 자유롭게 결정하도록 내버려둔다는 점에 끌렸다고 한다. 누군가 뭔가를 찾아내면 환상적인 거고, 아니면 대단한 드라마는 없다는 것일 뿐. 게다가 붓다는 천국이냐 지옥이냐 중에서 무조건 하나를 골라야 한다고 윽박지르지도 않았다.

서덜랜드는 교육 부서에 찾아가 붓다에 관한 다른 책이 있는지 물어보았다. 당시에는 그 사람들 눈에 자기가 다른 사람으로 거듭나고 어쩌고 하는 '종교쟁이'가 된 걸로 비칠까봐 좀 창피했고, 실제로도 교육 담당자의 눈빛에는 가소로움이 담겨 있었다고 한다.

"그후 수강하고 있던 영어 수업 시간에, 붓다에 관한 이 조그만 책 이야기가 나왔어요. 영어 선생인 캐럴이 큰소리로 묻는 거예요. '붓다에 대해 물은 사람이 있다면서요?'라고요. 꽤나 창피했죠. 그런데 그녀가 '여기서 가까운 곳에 불교 공동체가 있어요. 삼예링이라는 곳인데, 주소를 가르쳐줄게요'라고 하는 거예요."

그 무렵 서덜랜드는 여전히 담배를 피우고 약물을 복용하고 있었다. 교도소 안에는 그런 것들이 넘쳐났기 때문이다. 헤로인, 마리화나 등등. 그러니까 약물이며 담배며, 바깥세상의 생활이 그대로 이어지고 있었던 것이다. 자신에게 일어난 일에 대한 책임이 모든 사람들에게 있다고 생각했기 때문에 그는 세상에 대해 대단히 화가 나 있었다.

아무튼 그렇게 여정이 시작되었다. 수많은 회의, 망설임, 뒷걸음질이 있었지만 그 여정은 한 남자에게, 이전에는 가져보지 못한 새로운 희망과 목표를 부여했다.

교도소의 그칠 줄 모르는 소란 속에서 서덜랜드는 다른 삶의 방식을 찾아나섰다. 명상을 통해 내적인 고요함, 즉 내면의 평화를 발견하기 시작하자 수십 년 동안 이어져왔던 자기 파괴적인 생활이 점차 뒤로 물러났다. 그것은 그의 말대로, 살면서 행한 가장 용감한 시도였다.

그는 삼예링의 티베트 불교도들에게 편지를 썼다. 막스라는 독일인이 그를 보러 와서 함께 명상에 대해 이야기를 나누었고, 그때부터 서덜랜드는 하루 20분씩 명상을 하기로 마음먹었다. 한 달이 채 지나지 않아 그는 담배와 마약을 끊었다. 또 그 자신도 정확히 왜 그러겠다고 했는지 모르겠지만 다시는 침을 뱉거나 욕을 하지 않겠다고 맹세했다.

동시에 그의 내면에서는 진짜 싸움이 벌어지고 있었다. 마음 한 쪽에서는 '집어치워. 다 시간 낭비일 뿐이야'라고 외쳤고, 다른 쪽에서는 '끝까지 밀고 나가야 해'라는 소리가 들렸다.

처음 몇 달 간은 계속해서 자기 자신에게 묻고 또 물었다. 그가 기대한 것은 평화와 고요함, 천국의 문이 열리는 것이었는데, 그 중 어느 것도 실현되지 않았다. 그러다 어느 날 아침에 다 그만두겠다고 마음먹고 있었는데, 십 분 후 또다시 명상을 시작하고 있는 자신을 발견했다. 내면에서 상냥한 목소리가 '이것이 너에게 필요한 것이다'라고 말하는 것 같았다.

문제는 또 있었다. 침묵 속에서 명상을 시작하려는데, 갑자기 온갖 소리들이 심하게 거슬리기 시작한 때가 있었던 것이다. 처음 교도소에 들어갔을 때는 소음에 전혀 신경 쓰지 않았었다. 그때만 해도 영적인 부분이 아예 없었으니까 소란해도 아무렇지 않았던 것이다. 그런데 이제 소리가 훨씬 더 폭력적으로 들리기 시작했다. 쉴 새 없이 문이 쾅쾅 닫히고 사람들이 고래고래 소리를 지르는 것이었다.

"물론 그건 잘못된 것이었어요. 외형적인 고요함 속에서 평온을 찾는 것 말입니다. 그런 침묵은 교도소 안에서는 있을 수 없는 거니까요. 지금도 마음을 충분히 닦지 않아서 소리가 계속 방해가 돼요. 좋은 수련자가 아닌 거죠. 훨씬 뒤에, 피터헤드로 이송되고 나서는 다들 자는 새벽 네 시에 일어나 조용히 명상을 해 보려고 했습니다. 그런데 하필 창 밖이 갈매기의 짝짓기 장소더군요. 수천 마리가 짝짓기를 하면서 내는 소리는 그야말로 정신 없을 정도로 요란했어요."

그 일로 그는 자신이 힘겹게 물살을 거슬러 헤엄쳐 오르고 있다는 걸 더욱 절실히 느끼게 되었다.

그렇게 몇 달 동안 명상을 할 수 있는 방법을 찾아보려고 시도한 ― 또한 실패한 ― 후, 그는 예상치 못한 인물을 만나게 되었다.

'거룩한 메리'로 불리며 존경받는 노령의 스코틀랜드인 여승이 덤프리스에 수감된 서덜랜드를 찾아와 용기와 격려를 전해주기 시작한 것이다. 노 여승은 노란 띠를 두른 포도주색 승복을 입고 일 년에 일곱 차례 정도 서덜랜드를 방문했다.

서덜랜드는 메리에게, 지난 삶의 여러 사건들을 되돌아보고 앞으로 어떻게 살아야 할지 계획을 세우다 보니 마음이 고요해지기는커녕 더 혼란스럽고 바빠진다고 불평을 늘어놓았다. 메리는 조금도 꾸짖는 기색 없이, 그건 마음의 작용을 더 잘 감지하게 되었다는 표시로서 아주 좋은 현상이라고 얘기해 주었다. 그럴 때일수록 명상을 게을리 하지 말라고 격려도 해주었다. 너무나 많은 사람들이 일정 수준에 이르기 시작할 때 불교를 저버리는 것이 안타깝다고 그녀는 말했다. 서덜랜드가 명상을 그만두지 않은 이유 중에는 자기를 찾아와주는 메리를 실망시키고 싶지 않은 것도 있었다.

그 무렵 서덜랜드는 자기 안에서 뭔가 긍정적인 기운이 생겨나고 있다는 것을 인식하기 시작했다. "자아(ego)는 강합니다"라고 그는 말했다. "그렇지만 불교에서 말하는 '내적인 나(self)'가 서서히 표면으로 떠오르기 시작했다는 걸 알 수 있었어요. 창문으로 비처드는 빛처럼 말입니다. 이런 환경이 형성되면 자아는 엄청나게 위축됩니다. 심리적 갈등은 우리에게 무시무시한 속임수를 쓰곤 해요. 고민이나 걱정을 생겨나게 하고, 실제로는 아무렇지도 않은데 심각한 병에 걸렸다고 상상하게 하죠. 나는 다른 사람들을 새로운 시선으로 바라보기 시작했지만, 여전히 내 자아는 '지금 네가 하는 것들은 다 멍청한 짓이야'라는 속삭임을 멈추지 않았어요."

서덜랜드에게 '내적인 나'란 늘 옳은 일을 하는 능력이었다. 자기 자신뿐 아니라 타인에게도 똑같이 이로운 고결한 선택을 하는 것이다. 물론 쉬운 일이 아니었다.

"침묵 명상 속에서 내가 무엇을 하는지 최대한 잘 설명해 드릴게요. 내적인 나, 즉 진정한 자신은 태양과 같습니다. 언제나 빛나고 있죠. 그런데 해가 구름에 가려질 때가 있잖아요. 명상은 구름을 치워낼 수 있게 도와주는 역할을 합니다. 구름을 다 걷어버리고 나면 진정한 자신과 다시 만날 수 있게 됩니다."

예전에 영국 국교회 사제 중 한 사람이 이렇게 말한 적이 있다. 진정한 자신을 찾으려면 무시무시한 경험을 해야 한다고. 그 말은 결국 과거의 자신을 다른 시선으로 받아들이라는 말일 것이다. 서덜랜드에게도 마찬가지였다.

"전쟁이 계속되는 거나 마찬가지입니다. 지금도 싸움은 계속되고 있어요. 매일이 전투죠. 때로는 자아가 이기고, 때로는 '내적인 나'가 이겨요. 승패가 순간순간 교차해요. 그냥 타월을 던지고 나가버리고 싶은 적도 많습니다."

서덜랜드는 사람들을 대하는 태도를 바꾸려고 부단히 노력했다. 그럼에도 사람들을 대하는 일은 날이 갈수록 더 어려워졌다. 이때쯤부터 서덜랜드의 동료 수감자들은 그를 '붓다'라는 별명으로 부르고 있었다.

서덜랜드가 벌인 매일의 분투는 글레노칠로 이감된 날부터 쓰기 시작한 일기에 상세히 적혀 있다. 그의 일기는 한 남자가 교도소 생활의 온갖 고초, 그리고 자유를 상실한 데 따르는 고통에 맞서 싸운 전투일지나 마찬가지다. 일기 속의 그는 때로는 절망의 심연으로 빠져들기도 했지만 언제나, 어떻게 해서든 물 위로 다시 떠올랐다. 자신이 한 맹세를 지키려 애쓰면서, 좌절에 대해 혹독한 자기비판을 해가면서, 가까스로 찾아낸 새로운 삶의 방식을 악착같이 붙잡고서.

2010년 12월 1일 : 나는 보통 사람들이 일생 동안 겪고도 남을 만큼의 폭력 속에서 살았다. 그래서 5년 전 붓다의 가르침을 공부하기 시작하면서, 다시는 누군가를 다치게 하지 않겠다고 맹세했다. 이런 곳에서 그 다짐을 지켜나가기란 아주 어려운 일이지만 지금껏 잘 지켜왔다. 다만 입과 마음을 충분히 자제하지 못한 것은 많이 아쉽다.

12월 2일 : 세상이 눈으로 덮였다. 나는 눈이 참 좋다. 아마 내 안의 어린아이가 눈을 좋아하는 모양이다. 좀 더 바르게 살았더라면, 지금쯤 미린과 밖에 나가 눈싸움을 할 수 있었을지 모르겠다. 열두 살이 되었을 내 딸. 정말이지 언젠가는 그 아이를 꼭 한 번 만날 수 있기를 간절히 바란다. 마지막으로 본 게 8년 전이다.

12월 6일 : 나는 누구든 내 기준으로 판단하지 않는다. 그의 과거가 어떻든 내 앞에 있는 사람에게 최선을 다한다. 밤중에 문이 쾅하고 닫히고 난 후 자신의 회한과 마주하는 것은 대단히 큰 과제이다. 가장 용서하기 힘든 상대는 다름 아닌 내 자신임을 나는 깨달았다.

그렇게나 끝없는 기복을 겪으면서도 침묵의 명상을 계속해야 할 가치가 있는 것일까? 서덜랜드는 이렇게 대답했다. "첫째는 내 인생에서 일어난 일들을 다른 누가 아닌 나의 것으로 받아들이게 되었다는 것입니다. 그 일들이 내 통제를 벗어난 일들이라 해도요. 지금 일어나는 일들은 과거 나의 행동 또는 전생에서 내가 저지른 일이 원인이 된 것들이니까요."

그에게는 침묵 명상이 무엇보다 큰 위로가 되었다. 전에는 모두 다른 사람의 잘못이라고 생각했다. 엄마가 충분히 사랑해 주지 않아 불행했고 어쩌고 하는 것들 말이다. 대개의 우리가 그러듯 그도 늘 다른 사람들을 탓했었다. 그러나 자신이 잘못된 것이 세상 탓이 아니라는 걸 알고 나면 화를 낼 필요가 없어진다. '화'라고 하는 영혼의 불안요소를 짊어지지 않아도 되는 것이다. 얼마나 다행인가. 늘 타인을 지적하고 비난하며 화를 내는 것은 엄청난 기운 낭비니까 말이다.

"두 번째는 이제 내 인생에 목적이 있다는 걸 안다는 것입니다. 바로, 할 수 있는 한 열린 인간이 되는 것과 나 자신에게 하고 싶은 것과 똑같이 다른 사람들을 대하는 것이죠. 세 번째는 교도소 문으로 걸어 들어왔던 사람과 지금의 내가 완전히 다른 사람이라는 겁니다. 어떤 면에서는 교도소 승려가 됐다고나 할까요? 아직 형편없는 불교 수행자이기는 하지만 한결같이, 최선을 다하고 있으니까요. 내 인생에서 유일하게 포기하지 않은 일이기도 해요. 다 던져버리고 싶은 때가 적지는 않았지만 그때마다 뭔가가 나를 다시 당겨주었습니다. 그게 무엇인지는 말하기 어렵네요."

그렇다고는 해도 어떻게 그 많은 것들과 맞서면서 명상을 계속할 수 있었는지는 여전히 의문이다. "처음에는 그냥 힘든 것들을 마음 뒤쪽으로 밀어넣기만 했습니다. 그러다가 불교의 도움을 얻게 되었어요. 불가에서는 지나간 것은 지나가 버렸다고 해요. 집착하지 말라고 하죠. 그러나 무덤덤한 태도로 그 일이 별것 아니었다고 하고 싶지는 않습니다. 당연히 그렇지 않으니까요. 정말 끔찍한 일이었어요. 게다가 앨런은 친구였어요. 20년간의 거친 삶이 나의 마음을 그런 상태로 몰고간 거예요. 그야말로 일촉즉발 상태에서 불이 붙은 거죠. 나는 화약고나 마찬가지였어요. 내가 앨런에게 한 일은 어제 일처럼 뚜렷하게 뇌리에 남아 있습니다. 영원히 그럴 거예요. 한때 나한테 지극히 다정했던 사람의 시체가 보이는 거죠. 아주 낱낱이요. 나를 겁탈하려고 해서 해쳤습니다."

그렇다. 그 사건은 서덜랜드에게 지워진 짐이었다. 그러나 티베트 불교에서는 죄라는 말이 없다. 대신에 참회에 대해 이야기한다. 참회의 미덕은 풀어냄, 즉 스스로를 용서할 수 있게 되는 것이며, 용서는 치유가 되어 고통을 덜어준다.

서덜랜드에게 그 사건은 결코 잊어버리거나 심드렁해지는 성질의 것이 아니었다. 그가 그 사건을 기억하는 것은 왜 그런 일이 일어났는지 살피고 다시는 같은 일을 반복하지 않겠다고 하는 다짐의 의미였다. 그는 단지 꼭 같은 행위를 반복하지 않겠다는 다짐에 그치지 않고 고기 또는 살아 있는 것들을 먹지 않겠다고 결심하기에 이르렀으며, 벌써 6년째 채식만 해오고 있다.

"운동 시간에 바깥에 나가 있을 때 비가 오면 작은 벌레들이 사방에서 기어나옵니다. 사람들은 자기도 모르게 그것들을 짓밟아요. 그러나 나는 지난 날 내가 어떻게 했는지 알기 때문에, 침묵의 명상이 내게 가르쳐준 것을 떠올리며 그것들을 집어 다른 쪽에 놓아줍니다. 살아 있는 것들은, 그것이 아무리 작은 생명이라도 해를 끼치지 않기 위해 최선을 다해요. 이것이 참회, 용서, 치유입니다."

서덜랜드는 자신에게 일어난 일 때문에 가능한 한 최선의 인간이 되려고 노력하게 되었고, 용서를 알게 되었다. 그러나 교도소는 영적인 삶을 수련하기에 가장 어려운 곳 중 하나이다. 둔감하고 성난 사람들의 끊임없는 일제사격에 맞서야 한다. 에베레스트를 오르는 과정과도 같다. 아무리 올라가도 더 힘들어질 뿐인 과정이다.

그는 사람들한테 여전히 화가 나 있는 자신을, 여전히 정욕과 증오와 질투와 오만으로 가득 차 있는 자신을 발견하면 명상이 자신에게 무슨 이득이 되는 것인가 하는 갈등도 했다. 그렇지만 마찬가지로 평화, 이해, 넉넉함의 아름다운 순간들이 있었기 때문에 견딜 수 있었다. 그의 인생에서 처음으로 이런 것들을 받아들이게 된 것이다. 그 동안은 늘 거짓말을 하며 살았지만 지금은 정직해지기 위해 공부를 하고 있고, 작은 불씨였던 것들이 이제는 불꽃이 되었다. 그 불꽃은 점점 커져갈 뿐 절대로 꺼지지 않을 것이다.

서덜랜드는 불교도인 스승과 정기적인 접촉을 하지 못해 좀 외롭기는 하지만 자신의 상황과 형편에 맞는 구루(Guru, 힌두교나 불교 등에서 일컫는 정신적 지도자 또는 스승 - 옮긴이)가 되기 위해 노력하고 있다. 매일은 아니어도 가급적 하루 한 시간씩 명상을 하고, 그 시간 동안에는 만트라(집중할 때 구심점 역할을 하는 신성한 말 - 옮긴이)를 이용해 선 명상에 집중한다. 마음의 작용을 멈추고, 모든 생각을 끊고, 신 또는 위대한 영 또는 붓다와 하나가 되는 것이다. 그것이 가능한 이유는 침묵에서 평화, 사랑, 이해가 비롯된다고 믿고 있기 때문이다.

서덜랜드는 이렇게 말했다. "붓다는, 지상의 우리 모두는 집으로 돌아가려고 노력한다고 말합니다. 집은 천국, 열반, 낙원과 같은 거예요. 또한 우리 안에 있는 씨앗과도 같습니다. 우리가 할 일은 그 씨앗을 심고, 물을 주고, 때로는 주변에 울타리를 쳐주는 것입니다. 그 외에는 오로지 '자비'에 맡겨야 해요. 자비를 찾을 수 있게 도와주는 것이 바로 명상이지요. 아시겠지만 교도소는 벽돌과 시멘트, 잠긴 문으로 지어진 게 아닙니다. 사람들의 가슴과 마음에 지어져 있는 거죠. 우리 모두가 자유를 찾을 수 있는 장소도 바로 이곳입니다. 나의 징역은 교도소에 들어온 순간에 끝났습니다. 바깥에서 더 나쁘게 살았으니까요. 만약 내가 임종의 순간을 맞이했는데 달라이 라마가 와서 '이 불교도는 쓸데가 없는 허섭스레기구나'라고 말한다면 내가 어떻게 할 것 같아요? '괜찮아요. 살아서 한 행동 중에 최고 잘한 일이 이것입니다!'라고 말할 거예요."

교도소에 다녀온 이후로도 몇 달 동안 나는 서덜랜드와 정기적으로 편지를 주고받았다. 그의 편지는 늘 솔직했고, 그러면서도 절대로, 단 한 번도 의기소침하지 않았다. 오히려, 2021년까지는 가석방 신청을 할 수 없는 상황인데도 늘 활기찬 기운이 담겨 있었다.

편지에는 그가 얼마나 책을 많이 읽는지가 확연히 보였다. 그는 예수와 붓다는 물론 토머스 머튼 같은 저자들의 글을 자유롭게 인용했고, 내게 도움이 될 만한 책들을 권하기도 했다. 또 머튼의 글을 써넣어 직접 만든 기분 좋은 크리스마스 카드도 보내주었다. "그러므로 고요히 머물며 그분에게 모든 것을 맡기세요. 이것이 기쁨과 소유뿐 아니라 자기 자신까지 버린다는 뜻입니다."

어느 날의 편지에서 그는 자기 어머니에게, 자기가 교도소에서 생을 마감하게 된 것은 그녀와 전혀 상관없는 일이며, 그녀 나름대로 최선을 다했음을 알고 있다는 내용의 편지를 썼다고 했다. 여전히 어머니가 자기를 보러 오지는 않았지만 편지를 쓸 수 있어서 "끝내주게 좋았다"고 덧붙이며.

여전히 그의 '작은 불씨'는 꺼지지 않고 살아 있다. 그는 편지에 이렇게 썼다. "언젠가 여기서 나갈 수 있게 되면, 판지를 둘러쓰고 뼛속까지 가난하게 사는 한이 있어도 진정한 나를 찾는 노력을 게을리 하지 않을 것입니다. 그리고 '집'으로 가는 길을 향해 묵묵히 걸어갈 것입니다."

5

무대 위의 침묵

이전에도 이렇게 긴, 혹은 감동적인 침묵을 무대에서 본 적이 있었던가? 1970년대 초반에 데이비드 스토리(David Storey, 영국의 극작가 - 옮긴이)의 연극 〈홈(Home)〉을 관람하다가 극 말미에 든 의문이었다.

이 연극은 정신병원을 무대로 하여 입원 중인 환자들 사이에 오가는 종잡을 수 없는 대화로 진행된다. 환자들 중 여자 등장인물 둘은 목소리가 거칠고 행동이 상스러운 캐릭터이고, 남자 등장인물인 해리와 잭은 상대적으로 관객의 공감을 자아내는 캐릭터이다. 해리와 잭은 다 해지다시피 한 너덜너덜한 정체성에 매달려, 온갖 싫은 진실들을 외면하려 애쓰면서, 과거 삶에서의 사회적 지위에 필사적으로 매달리는 인물들이다. 이들의 대사는 단속적이며 유머로 가득 차 있지만 깊은 통한을 담고 있다.

연극의 끝부분에서 해리와 잭 ― 존 길거드와 랠프 리처드슨이 연기함 ― 은 무대의 둥글게 튀어나온 에이프런 쪽으로 나와서 관객들을 죽 훑어보았다. 대사는 어느덧 끝난 상태였고, 두 사람은 한 마디도 하지 않았다. 해리는 이미 울고 있었고, 잭도 뒤이어 눈물을 훔쳤다.

두 사람이 그렇게 서 있는 동안 내가 극장에서 봐왔던 어떤 장면보다 더 강렬한 침묵이 흘렀다. 몇 분 정도의 시간이 흐르는 사이 그들의 슬픔은 관객 모두를 휩쓸었다. 함께 눈물을 훔치는 이들도 있었다. 두 남자가 서 있는 무대의 조명이 서서히 꺼질 때는 차라리 안도감이 들 지경이었다.

관객 중 누구도 움직이거나 기척을 내지 않았다. 마치 관객 모두 두 남자가 연기한 삶의 페이소스에 사로잡힌 것만 같았다. 그들의 침묵은 그 어떤 말보다 더 강력했다.

그 침묵은, 어떤 의미에서는 그날 저녁 내내 배우들과 관객들 사이에 오고 갔던 대화의 정점이나 마찬가지였다. 물론 여기서의 대화는 관객이 연극이나 뮤지컬을 보러, 혹은 가수나 코미디언의 공연을 보러 극장에 갈 때마다 이루어지는 교감을 말한다. 어떤 배우에게 물어도 침묵을 연기하는 것이 대사를 하는 것 못지않게 중요하다고 대답하는 것은, 대사와 침묵 두 가지가 모두 이러한 대화의 한 부분이기 때문이다. 랠프 리처드슨이 "대사에서 가장 귀중한 것은 쉬는 지점"이라는 말을 자주 한 것도 같은 맥락이다.

40년이 넘는 세월 동안 무대에 섰으며, 최근 텔레비전 시리즈 '다운튼 애비(Downton Abbey)'에도 출연한 배우 페넬로프 윌튼은 이렇게 말했다. "극장에서는 관객이 공연의 절반을 차지합니다. 배우는 말뿐 아니라 침묵으로도 소통해야 합니다. 예를 들어, 내가 이런 식으로 머리를 뒤로 넘기면 관객은 '저건 무슨 뜻이지?'라고 생각할 거예요. 수백만 가지의 메시지가 그들의 뇌리를 오고 갈 거란 말이죠. 나는 그걸 다 듣고 있어요. 한 순간도 놓치지 않고요. 늘 한쪽 귀를 열어두는 거지요. 세상에서 가장 큰 극장 발코니 석의 제일 윗줄 구석에서 희미한 기침 소리가 나도 나는 그걸 듣고 있어요. 반응을 보이지 않을 뿐이죠."

관객과의 대화에 꼭 말이 필요한 것은 아니다. 예전에 나는 로열코트 극장에서 〈클레이본 파크(Claybourne Park)〉라는 연극을 본 적이 있다. 한 남자가 완전한 정적 속에 앉아서 아이스크림을 먹는 장면이 있었는데, 그야말로 대사 한 마디 없이도 그의 깊은 우울이 전해졌다. 알고 보니 아들이 한국에서 슬픈 일을 당했는데, 극중 인물은 그 사실을 안 상황이었고, 관객은 아직 모르는 상황이었다. 나중에 밝혀질 일이기는 했지만 그는 아무런 말도 없이 뭔가 대단히 나쁜 일이 생겼다는 것을 분위기만으로 전달했던 것이다.

페넬로프는 어린 소녀가 등장하는 연극 한 편을 예로 들었다. "어머니를 잃어버린 소녀가 어린 시절을 기억하고 있었는데 내가 그 애를 위로해 주려고 애쓰는 장면이었어요. '기억나는 걸 그림으로 그려볼래?' 내가 맡은 캐릭터가 소녀에게 이렇게 묻습니다. 소녀는 '아뇨, 그림 그리는 거 질색이에요!'라고 대답해요. 그런 뒤 잠시 침묵이 이어집니다. 내가 '이 소녀의 기분을 달래 줄 방법이 달리 없는 건가?'라고 생각하는 순간이죠. 관객 역시 내 생각을 읽습니다. '그럼 이 시점에서 나더러 어떡하라고?' 식으로 약간씩 변형될 수는 있겠지요. 아무튼 관객은 내가 뭘 해야 할지 갈피를 못 잡는다는 걸 알아차리는데, 나는 말이 아니라 침묵으로 그것을 보여줍니다."

배우는 머릿속에서 여행을 하면서 관객을 그 여정으로 이끌 수 있어야 한다. 이때 침묵이 관객을 여정으로 이끄는 데 아주 중요한 역할을 담당한다. 침묵이 관객을 가까이 부르고, 함께 생각하게 하며, 곁에 머물게 해주는 것이다.

코미디언의 경우도 이와 흡사하다. 잭 베니(Jack Benny, 바이올린 연주 실력이 수준급이었던 만담 코미디언. 라디오와 텔레비전의 '잭 베니 쇼'로도 유명하다 - 옮긴이)는 런던 팔라디움 극장에서 무대 위를 걸어 등장하는 동안 한 마디도 하지 않았다. 그런 다음 역시나 아무 말 없이 관객을 죽 훑어보았는데, 그것만으로도 웃음의 물결이 극장 전체를 휩쓸었다.

잭 베니는 개그 도중에 한 번씩 뚝 멈추기를 즐겨 했다. 이를 테면 자기가 총을 들고 "돈을 내놓을래, 목숨을 내놓을래" 하는 노상강도의 공격을 받았다는 말을 하고는 갑자기 한참 동안 가만히 있는다. 관객에게 각자 생각할 시간을 주는 것이다. 그러다 알맞은 순간에 "아직도 뭘 고를지 고민 중입니다"라는 말을 툭 던진다. 멈춘 시간이 길수록 관객의 웃음은 더 커진다.

어떤 무대에서든 침묵은 관객으로 하여금 공연에 깊이 몰입하고 유머를 음미하고 미묘한 차이를 감지하며 의미를 되새기고 페이소스로 마음을 움직이게 한다. 각양각색의 방법으로 드라마를 공유하게 하는 것이다.

로열연극아카데미에서 20년간 학생들을 가르쳐온 캐나다인 에이프릴 피에로는 침묵을 "마치 공연에서의 평형추와 같다"고 말한다. "제대로 표현된 침묵에는 어마어마한 의미가 들어 있어요. 관객이 배우의 생각과 감정 속으로 들어갈 수 있는 가장 깊은 지점에 침묵이 존재합니다. 관객이 그 깊이에 상응하는 반향과 반응을 보여주지 않으면 그 공연은 피상적인 것으로 끝나기가 쉽습니다."

그에 따르면, 배우의 연기는 생각과 감정, 행위의 혼합물이다. 관객은 이러한 배우의 연기 속으로 환영받으며 입장해야 하고, 연기에 침묵이 자연스럽게 녹아 있으면 그 속으로도 이끌려 들어갈 수 있게 된다. 만약 이 중 어느 한 요소라도, 특히 침묵이 누락되면 관객은 가장 깊은 수준에서의 응답을 하지 않는다.

결국 침묵이 배역에 대해 대단히 많은 이야기를 들려주는 것이다. 최근 많은 드라마에서 오로지 에고와 정서 위주로 인물만 부각시키고 침묵을 상대적으로 가볍게 취급하는 경향이 있는

데, 정말 좋은 드라마는 그런 식으로 진행되지 않는다. 이면에서 무슨 일이 일어나고 있는지를 잠시도 놓치지 않게 해야 하는 것이다.

에이프릴 피에로는 이렇게 말한다. "관객은 이면에서 벌어지는 진짜 일들을 보고 싶어 합니다. 그러려면 침묵이 스스로의 목소리를 낼 수 있게 배우가 침묵을 풀어놓을 줄 알아야 해요. 퍼스낼리티만 신경 쓰면 좋은 배우로 성장하기가 어렵습니다."

물론 무대에서 침묵을 사용하는 것에는 큰 위험도 따른다. 그래서 흔히 타이밍이 중요하다고 하는 것이다. 40년 넘게 배우로 살아온 팀 피고트 스미스는, 셰익스피어 연극에서 의미 있는 침묵을 선보이고 싶으면 무대에 등장해 있는 전원이 일사불란하게 참여해야 한다고 말한다. 그래야 대사를 일시 중지시키고 관객을 몰입하게 하는 강력한 힘을 발휘할 수 있기 때문이다. 그런데 다른 배우들이 동조해 주지 않으면 관객은 정적이 어느 정도 길어질지 가늠할 수 없게 되고 침묵은 말 그대로 엉망이 되어버린다. 그래서 침묵이 위험하다는 것이다. 거꾸로 말하면 배우가 침묵을 작동시키고, 관객이 그 의미를 이해하기만 한다면 대단히 강력해질 수 있다는 뜻이기도 하다. 예를 들어 율리우스 카이사르의 살해 장면은 배우들이 모두 침묵했기 때문에 성공적일 수 있었고, 이후에도 모두의 시선을 대단히 효과적으로 집중시킬 수 있었다.

이안 홈과 에스텔 쾰러가 열연한 〈로미오와 줄리엣〉의 환상적인 한 장면이 있다. 이안은 몸집이 작고 발코니는 아주 높아서 그는 담장 위에 올라서고 에스텔은 발코니 바닥에 엎드린 자세였다. 에스텔이 손을 뻗자 이안은 가까스로 그녀의 손끝을 잡았다. 그런 채로 둘은 대사를 주고받았고, 그 뒤 한동안 정적이 이어졌다. 정말 잊을 수 없을 만큼 멋진 순간이었다. 한 마디로 응집, 통합, 집중 그 자체였다.

그 정도로 침묵은 연극에서 대단히 중요한 도구이다. 적절히 사용하기만 하면 다른 어떤 것보다 더 강력하다. 전문 용어로 말하자면 가만히 있지 못하는 관객을 꼼짝 못하게 붙들어 매는 방법이다. 팀 피고트 스미스는 이렇게 말했다. "잔기침을 하거나 쉴 새 없이 움직거리는 관객을 압도해 보려고 더 큰 목소리를 내면 십중팔구 실패합니다. 그보다는 오히려 목소리를 낮추는 편이 주의를 끄는 데 더 효과적이며, 문장 중간에 대사를 딱 멈추는 것이 차라리 더 낫지요. 배우가 대사를 멈추면 관객들도 자신들이 소란하다는 걸 인식하고 다시 무대의 배우에게 집중하게 되니까요. 배우는 직관적으로 이런 지점을 포착해 낼 수 있어야 합니다."

스미스도 젊은 시절에는 커다란 소음을 즐겨 이용했는데 효과가 없었다고 한다. 오죽하면 리어 왕 역을 맡았던 이안 맥켈런이 "최대한 조용한 가운데 모든 대사를 다 마칠 수 있으면 정말 행복할 것"이라고 말했을까.

스미스가 연극 〈리타 길들이기〉를 할 때였다. "리타가 무대에서 물러나는 마지막 순간에 내가 입고 있던 재킷을 벗는 장면이 있습니다. 그 뒤에는 불이 꺼지고 극의 에너지가 소멸되는 것이 일반적인데, 우리는 희미한 조명을 남기고 내가 책상 쪽으로 움직여 가요. 관객은 그것이 내가 리타를 가르치는 방법이란 걸 알기 때문에 집중을 하죠. 모든 것이 완전한 침묵 속에서 이루어지지만 이 침묵이 강한 힘을 발휘하는 것은, 우리가 극의 에너지를 유지해 나가고 관객이 열렬히 지켜보기 때문입니다."

로열연극아카데미에서 교육받는 남녀 배우들은 3년에 걸쳐 대사와 침묵을 사용하는 법을 배우는데, 침묵이 논의의 대상에서 제외되는 일은 없다. 그곳에서 19년 동안 학생을 가르쳐온 윌리 리처즈는, 배우는 대사뿐 아니라 침묵도 함께 다룰 줄 알아야 한다고 말한다. "막이 오르는 순간부터 배우는 말과 침묵에 맞추어 자신을 조율할 줄 알아야 합니다. 그래서 우리는 학생들에게 무대 위에서 아무 것도 하지 않고 아무 말도 하지 않는 법을 습득시키는 데 대단히 많은 시간을 들입니다."

셰익스피어의 희곡에는 침묵에 대한 무대 지시가 없다. 침묵이 있기는 하지만 딱 떨어지는 행위의 형태로 제시되기 때문에 무대에서 어떤 식으로 표현할 것인지는 감각 있는 감독의 재량에 맡겨진다.

리어왕이 막내딸 코델리어에게, 아버지에 대한 사랑을 표현한 언니들의 발언에 무엇이든 더 보태서 이야기해 보라고 했을 때 "아무 것도 없습니다"라고 대답하고, 이에 대해 리어가 "아무 것도 없으면 아무 것도 얻을 수 없다"고 되받아치는 대목이 그런 예이다. 이때 침묵은 심상치 않은 느낌, 뒤에 올 온갖 불길한 일들의 전조 역할을 할 수 있다. 또 햄릿의 독백 "사느냐, 죽느냐"는 그가 자살을 생각하며 하는 말이기 때문에 필연적으로 머뭇거림, 일시 중단, 침묵이 포함되어 있다.

《겨울 이야기》에서는 레온테스의 아내 헤르미오네가 부정을 저질렀다는 누명을 쓰고 감옥에 갇힌다. 레온테스는 16년이 지나서야 자신의 의심이 오해였음을 깨닫지만 아내가 이미 죽은 지 오래라는 걸 믿어 의심치 않는다. 그래서 그녀가 대리석상의 모습으로 나타났다가 살아 있는 사람으로 변했을 때 레온테스는 아연실색했는데, 헤르미오네는 처음에는 아무 말도 하지 않는다. 이 장면 역시 자신이 저지른 일로 괴로워하는 레온테스의 비탄을, 뒤따라오는 침묵이 아주 감동적으로 승화시킬 수 있는 부분이다.

지난 세기 이래로 침묵은 희곡작가의 작품에서 비할 바 없이 중요한 요소로 자리잡고 있다. 감독은 어느 부분에서 어떻게 침묵을 활용할지 생각할 필요가 없어졌다. 극작가들이 텍스트 안에서 명확히 규정해 놓기도 하거니와 사무엘 베케트(아일랜드 출신의 극작가이자 소설가. 《고도를 기다리며》로 1969년 노벨문학상을 수상했다 - 옮긴이)나 해럴드 핀터(영국의 극작가. 《관리인》으로 세계적 작가로 발돋움했으며 2005년 노벨문학상을 수상했다 - 옮긴이)처럼 '사이'와 '침묵'을, 핀터의 전기를 쓴 걸출한 연극 비평가 마이클 빌링턴의 표현처럼, "면밀하게 조직"하는 이들도 생겼다.

《마지막으로 한 잔(One for the Road)》에서 해럴드 핀터는 네 페이지 안에 자그마치 열여덟 군데의 '사이'를 배치했고, 《관리인》에서는 한 페이지 안에 일곱 군데의 '사이'와 두 군데의 '침묵'을 넣었다. 뿐만 아니라 마치 음악가가 악보를 쓸 때와 흡사하게, 낱말 사이의 점의 개수를 변화시켜 '사이'의 길이를 나타내기도 했다. 즉 어떤 때는 점을 두 개, 또 어떤 때는 세 개를 찍는 것이다. 이에 관한 전설적인 에피소드가 하나 있는데, 핀터가 자기 작품의 리허설을 지켜보다가 이런 말을 한 것이다. "나는 거기다 점 세 개를 찍어놓았는데, 지금 당신 연기는 두 개밖에 안 돼요." 핀터에게 '사이'는 짧고 기능장애적인 머뭇거림이라면, '침묵'은 분위기나 정서의 변화를 의미하는 것이었다.

핀터는 대사만으로는 의미를 전달할 수 없고 반드시 침묵이 개입해야 말을 넘어서는 것들을 표현할 수 있다고 믿은 작가이다. 심지어 그가 쓴 희곡 중에는 〈침묵〉이라는 작품이 있을 정도이다.

핀터가 '사이'의 힘을 처음으로 발견한 것은 1940년대 후반 런던 팔라디움에 잭 베니의 공연을 보러 갔을 때였다고 한다. 잭 베니가 '사이'와 '침묵'의 활용을 통해 관객을 조크의 핵심으로 이끌면서, 마지막까지도 다음 순간을 기대할 수 있게 몰입시키는 모습을 지켜본 뒤, '사이'가 자신의 연극에서 어떤 역할을 할 수 있을지 깨달았다는 것이다.

그 자신도 배우로 활동했던 시기에 핀터는 전후(戰後) 시대의 배우 겸 매니저였던 도널드 올핏 경(Sir Donald Wolfit, 1902~1968. 영국의 배우 - 옮긴이)에게서도 영향을 받았다(배우로 활동하던 핀터는 1953년, 도널드 올핏 극단의 8개 공연에서 단역을 맡았다 - 옮긴이). 언젠가 소포클레스의 〈오이디푸스 왕〉에서 올핏이 망토를 쫙 펴 관객으로부터 얼굴을 가리는 장면을 보고 무언의 제스처가 지닌 극적인 힘을 관찰할 수 있었던 것이다. 후기 작품에서는 침묵이 상황의 중요성을 강조하는 방편으로도 자주 쓰였다.

또한 핀터는 코믹한 효과를 내는 데도 침묵을 이용했다. 예를 들어 《관리인》을 보면 세 남자가 잡동사니로 가득한 무시무시한 공동주택에 살고 있는데, 지붕에 물이 새는 곳이 있고 셋이서 일제히 물이 떨어지는 걸 쳐다보는 장면이 있다. 물이 떨어지고, 웃음이 유발되고, 침묵이 더 길어진다!

실제 대본을 읽으면 물방울의 떨어짐과 침묵을 이용하는 핀터의 대가다움이 고스란히 드러난다.

양동이에 물 떨어지는 소리가 들린다.

믹 : "아직도 물이 새?"

애스톤 : "응." **사이** "타르 칠을 해야겠어."

믹 : "자네가 타르 칠을 할 거야?"

애스톤 : "응."

믹 : "뭐라고?"

애스톤 : "새는 곳."

사이

믹 : "지붕이 새는 데다 타르 칠을 할 거라고?"

애스톤 : "그래."

사이

믹 : "효과가 있을까?"

애스톤 : "당분간은."

믹 : "음!"

데이비스(불쑥) : "… 어떻게 하지?"

두 사람, 일제히 그를 바라본다.

"어떻게 하냐고 … 양동이가 다 차면."

사이

애스톤 : "비워."

직접 관람하지 않는 사람도 웃음을 터뜨리게 하는 대목이다.

핀터는 극적인 긴장감을 유발하는 데에도 침묵을 이용했다. 《그때는(Old Times)》에서 침묵은, 등장인물들이 지난 시절을 회상하는 장면에서 드러나는 불편한 진실을 전달한다. 관객은 '또 한 번 더 침묵이 찾아오면 그때는 어떤 것들이 드러날까?' 하는 궁금증을 갖게 된다.

뿐만 아니라 핀터는 침묵을 이용해 매우 다른 종류의 위기감을 표현하기도 했다. 《그때는》에서 딜리 역을 맡았던 팀 피곳 스미스의 설명이다. "딜리가 자기를 경쟁자로 보는 방문자와 말싸움을 하면서 그녀에게 음료 한 잔 더 하겠느냐고 묻는 장면이 있습니다. 나는 웨이트리스에게서 물 한 병을 받아들고 그 여자 쪽으로 다가갔어요. 애매모호한 장난이라고도 할 수 있을 것이, 그 상황에 나는 반쯤 미소를 짓고 있었지요. 관객은 내가 음료를 쏟아버릴지 혹은 병으로 그녀를 때릴지 모르는 거죠. 그게 아마 내가 무대에서 한 가장 위협적인 행동이었을 겁니다."

이렇듯 핀터는 누가 뭐래도 침묵을 완전히 새로운 방식으로 배치하는 유일한 극작가였다.

그런가 하면 사무엘 베케트도 침묵이 대사 못지않게 의미심장하다고 믿은 또 한 명의 작가였다. 1955년에 초연된《고도를 기다리며》는 네 명의 인물이 등장하지만 침묵이 마치 제5의 캐릭터처럼 느껴지는 작품이다. 한 페이지에 침묵에 대한 지시가 여섯 군데나 들어 있어서 거의 침묵을 중심으로 극이 진행된다 해도 과언이 아니다.

베케트는 또한《숨(Breath)》이라는 희곡도 썼는데, 이것이야말로 존 케이지의 〈4분 33초〉에 필적할 만한 독특한 작품이다. 베케트는 아무런 텍스트도 없는 이 작품을 "영어로 씌어졌다"고 반어적으로 표현하기도 했는데, 막이 오르면 잡동사니가 잔뜩 쌓인 어지러운 무대가 보이고 30초간의 침묵으로만 이루어진 '행동', 그리고 그 사이에 두 차례의 '희미하고 짧은' 절규와, 베케트가 증폭하라고 지시해 둔 숨소리가 끼어든다.

말을 하지 않고 거의 완전한 침묵 속에서 상연되는 이 연극은 굳이 확인할 필요 없이 박스오피스 히트를 하지는 못했다.

연극 평론가 마이클 빌링턴은 이렇게 의도적으로 침묵을 오케스트라처럼 편성하는 것이 20세기적 현상이라며, "연극이 대사, 침묵, 음향효과의 세 가지 요소를 반드시 포함해야 한다는 것을 깨달은 최초의 천재가 바로 체호프"라고 했다. "이 요소들을 통해 침묵이 대단히 핵심적인 부분을 차지하는, 교향악과도 같은 사실주의(symphonic realism)를 창조해 내는 것입니다."

1904년에 초연된 안톤 체호프의 걸작 《벚꽃 동산(The Cherry Orchard)》의 엔딩은 교향악적 사실주의를 완벽하게 구현해 낸 사례이다. 라네프스키 부인과 그녀의 가족은 아름다운 부동산을 팔아야 했다. 창문 단속 후, 일가는 모스크바로 떠나는 기차를 타러 나간다. 문 잠그는 소리와 마차가 멀어지는 소리가 들리고, 이어지는 침묵. 그리고 정적 속에서 아름다운 벚나무들을 베는 도끼질 소리가 들린다.

불행하게도 이 가족은 87세의 늙은 하인 피르스를 텅 빈 집에 남겨둔 채 문을 잠갔다는 사실을 깨닫지 못한다. 관객의 눈에 마지막으로 보이는 것은 자신이 완벽히 잊혀졌다는 사실을 슬퍼하는 피르스의 모습이다. 그는 "아! 아무짝에도 쓸모없는 내 신세"라는 말과 함께 바닥에 눕는다.

그런 다음, 정적 속에서, 하늘에서 내려오는 것 같은 소리가 들린다. 마치 하프 현이 끊기는 것 같은 소리가 구슬프게 멀어지고 다시 정적. 아무 소리도 없는 가운데 동산의 도끼질 소리가 멀리서 들린다. 하프 현이 끊기는 소리는 사회적 유대의 단절을 의미한다. 피할 수 없는 변화, 즉 혁명의 도래를 상징하는 것이다. 한 마디의 대사도 없는 이 장면은 근대극에서 가장 강력한 엔딩의 하나로 꼽힌다.

베케트와 핀터 같은 극작가들이, 300년 넘게 주류를 이루던 영국 연극계에서 말의 급류를 멈추고 대단히 혁명적인 방식으로 침묵의 활용을 옹호하게 된 이유는 무엇일까?

마이클 빌링턴은 이렇게 말했다. "그렇게 된 이유는, 어떤 면으로 20세기 극작가들이 언어를 의심하게 되었기 때문이라고도 볼 수 있습니다. 말과 단어가 지닌, 위선과 혼란을 일으키는 힘에 대한 회의라고나 할까요? 핀터는 늘 언어를 왜곡시키는 정치인들을 공격했지요. 침묵의 재발견은 공공언어(public language, 대중에게서 통용되는 기본적인 커뮤니케이션 수단으로서의 언어 - 옮긴이)의 오남용과 연관되어 있는 셈입니다."

"두 번째는 현대극에서 두드러지는 '기다림'의 테마 때문이라고 볼 수 있습니다. 《고도를 기다리며》는 인생이 기다림의 과정이라고 역설하는 대표적인 작품이며, 존재론적 권태를 다루는 1950년대의 여러 작품들도 마찬가지예요."

종교와 정치가 주던 확실성이 사라진 곳에 삶의 무의미함을 표현하는 연극이 자리잡게 되고, 기다림이 극적 상징성을 지니면서 침묵의 활용도 함께 증대일로를 걷게 된 것이다.

침묵이 20세기 연극에서 중요하게 다루어지게 된 또 다른 이유로는, 장르를 막론한 모든 예술에서 미니멀리즘이 확산된 사실을 들 수 있다. 회화, 음악, 공연 등 모든 장르의 예술가들이 '가급적 아무 것도 하지 않음'을 시도했고, 절대적인 최소화의 추구에서 침묵은 대단히 중요한 요소일 수밖에 없다.

그리고 때마침 반(反)문자(anti-text)와 반(反)언어(anti-language)를 외치는 한 무리의 사조가 등장했다. 이들 전위파들은 연극이 말의 홍수에 빠져 익사했다고 믿었고, '텍스트 기반의 연극'이란 말은 그들이 경멸의 의미로 붙인 이름이었다. 그들은 지난 시대의 말의 무게에서 벗어나고자 했다. 대신에 사고, 정서, 몸과 침묵의 사용에 치중했다.

뒤이어 '말'의 영광을 누리던 영국 연극에서도 기꺼이 특권을 포기하고 침묵과 마임이라고 하는, 연극의 뿌리로 회귀하려는 새로운 세대가 등장했다. 사실 연극이 침묵의 힘에 압도되면 '행위'에 대단히 강력하게 동화되기 때문에 말이 필요 없어지게 되는 건 지극히 당연한 귀결이라고 할 수 있다.

페넬로프 윌튼은 핀터와 베케트의 여러 작품에서 연기했으며, 덕분에 두 작가의 극적인 영향력을 충분히 경험할 수 있었다. "베케트가 쓴 《크라프의 마지막 테이프(Krapp's Last Tape)》에서는 처음의 십 분 동안 아무런 말이 없어요. 크라프가 서랍을 열고 바나나 두 개를 꺼내 그걸 먹는데, 완전한 정적이 깔립니다. 그런 다음 테이프 몇 개를 꺼내 녹음된 내용을 들어요. 자신의 삶을 반추하는 거예요. 그의 대사는 서너 군데에 불과하지만 극은 한 시간 십오 분 동안 이어집니다."

베케트의 또 다른 작품《에, 조(Eh Joe)》에는 '조'에게 말을 하는 목소리가 등장한다. 조는 침대에 앉아 있다가, 침대 아래를 보고, 문을 닫고, 창 밖을 응시하다가, 커튼을 닫고, 옷장 맨 아래 서랍 안을 들여다본다. 그런 다음 그가 침대에 걸터앉으면 출처를 알 수 없는 목소리가 그를 지금껏 살아온 삶, 그가 함부로 대한 모든 여자들에게로 인도한다. "저 사람(것, 일) 기억나, 존?"이라는 말이 반복된다.

우리가 살아가는 현 시대는 소리로 폭발할 지경에 처해 있고, 그 소리의 많은 부분은 저속하고 바보 같다. 그래서 극작가들 중 몇몇이 의미 있는 침묵에 천착한 것일지도 모른다.

침묵은 소통의 결정적인 형태이다. 어쩌면 소통의 기본 토대라고도 할 수 있다. 입으로 소리가 되어 나오는 것만 가치 있다고 생각하는 자기 본위적인 사람들은 침묵이 말의 가치를 높여줄 때만 쓸모 있는 것이라고 하겠지만, 그렇지 않다. 오히려 말보다 훨씬 더 중요할 수 있는 것이 바로 침묵이다.

6

침묵의 연주

일생을 소리를 만들어내는 일로 보내는 사람들과는 대체 어떤 식으로 침묵에 대한 이야기를 시작할 수 있을까? 그 동안 나는 음악가나 음악 선생들은 최후의 순간에 그저 묵묵히 시간을 흘려보낼 것이라고 믿어 의심치 않았다. 그런데 알고 보니 그들이 마지막 순간까지 하고 싶어 했던 일은 바로 이야기하는 것이었다. 그것도 주변적인 화젯거리에서부터 자신들의 예술 전반에 걸친 신비롭고 거의 마술적인 요소들에 대해서까지 총망라해서 말이다.

런던에 있는 왕립음악학교에 전화해 혹시 누구라도, 누구라도 좋으니, 음악에서의 침묵의 역할에 관해 관심 있게 이야기할 만한 사람이 있겠느냐고 물었다. 사실 별 기대는 없었고, 만에 하나 그런 사람이 있다 해도 대단한 반응을 보일 것이라고는 생각하지 않았다. 그런데 나의 예상은 완전히 어긋났다. 몇 시간도 지나지 않아 열다섯 명의 교수와 강사, 연주자들이 응답을 해왔다. 모르긴 해도 침묵의 중요함에 대해 말하고자 하는 열망이 대단한 듯했다.

"침묵은 음악에서 지극히 중요합니다." 성악을 가르치는 바리톤 가수 스티븐 바코가 말했다. "단순히 소리의 소실이 아니에요. 오히려 모든 것이 칠해진 캔버스라고 할 수 있습니다."

키리 테 카나와(뉴질랜드 원주민인 마오리족 출신의 세계적인 소프라노 가수 - 옮긴이)의 반주자로서 그와 연주여행을 함께 한 로제 비뇰스는 "음악에서 침묵은 믿을 수 없을 만큼 중요합니다. 연주자가 침묵을 적절히 느끼고 이해하면 음표가 할 수 있는 것보다 더 깊이 청중을 작품의 의미 속으로 이끌 수 있어요"라고 했다.

피아노와 실내악 교수인 줄리언 제이쿱슨은 "음악 속에서 침묵은 절대적인 생명력"이라고 말한다. "침묵은 반(反)음악(anti-music)이 아니라 음악적 담론의 핵심입니다. 침묵에 대한 존숭이 없으면 음악은 죽음을 맞이할 거예요. 그냥 연속적인 소음이 되고 마는 것이지요."

연이은 확신의 말들이 봇물처럼 쏟아진 덕분에 침묵이, 적어도 클래식 음악에서만큼은 대단히 중요하게 여겨진다는 사실에는 의심의 여지가 없었다. 왕립음악학교에서 내가 대화를 나눠 본 사람들 모두가 침묵을 단순한 소리의 부재로 보는 것이 아니라 훨씬 더 큰 의미를 두고 있었다.

한 사람의 예외도 없이, 거의 우러르는 분위기로 침묵이 음표에 필적하는 힘을 지닌 요소이며, 음표와 똑같이 민감하고 섬세하게 연주되어야 한다고 입을 모았다. 그렇지 않으면 음악에서 영혼이 사라지고 만다는 것이었다. 그야말로 침묵이 자기만의 삶을 지니고 있으며, '없음'의 상태가 아니라 실제로 존재하는 무엇처럼 느껴질 정도였다.

"침묵은 주변에 아름다운 것들이 자라날 수 있게 해주는 화단과 같습니다." 현악기 학과장인 마크 메신저의 말이다. "우리 나이의 화단에는 살면서 끊임없이 주절거린 흔적이 온통 잡초가 되어 돋아나 있지요. 그러나 콘서트홀에는 잡초가 없어요. 콘서트홀은 서구에서 깊은 침묵을 경험할 수 있는 몇 안 되는 장소입니다. 거기에서는 한 곡의 음악을 따라가면서 침묵의 귀중함을 깨닫는 체험을 할 수 있습니다."

이들에 따르면, 연주 전과 후의 침묵은 음악의 필수불가결한 요소이다. 첫 음표가 연주되기 전에 곡은 이미 시작된다. 선행음(앞의 화음보다 먼저 나타나면서 다음 화음에 속하는 음 - 옮긴이)과 마찬가지로, 연주 전부터 기막힌 일이 일어날 것이라는 기대감을 높이는 것이다. 또한 훌륭한 연주자는 직관적으로 언제 시작할지를 정확히 감지한다.

줄리언 제이콥슨은 경험상 젊은이들은 너무 일찍 연주를 시작하는 경향이 있다고 했다. 1960년에 페스티벌홀에서 열린 콘서트에서는 스비아토슬라프 리히터가 리스트의 〈B플랫 피아노 소나타〉를 연주하기로 되어 있었다. 리히터의 첫 서구 진출 연주회였던 만큼 좌석도 매진이었다. 줄리언 제이콥슨도 거기 있었다.

"리히터가 무대로 들어왔어요. 그리고는 건반 앞에 적어도 3분 정도를 그냥 앉아 있었습니다. 어떻게 보면 기가 막힌 일이지요. 자신은 물론 청중들까지 완전히 준비가 된 후에야 시작하겠다는 것이었어요. 마침내 연주가 시작되자 비로소 홀 전체에 안도의 분위기가 퍼져나갔어요. 결국 연주를 시작하는 옳은 지점은 단 하나라는 것입니다."

물론 침묵을 깨뜨리는 지점을 아는 것만이 다는 아니다. 침묵은 음악 안에서도 필수적인 요소이다. 가장 위대한 걸작들 중에는 그야말로 침묵을 직접 묘사하는 것들이 있다. 이를테면 슈베르트의 〈도플갱어〉는 피아노 파트에서 길고 느린 화음으로 시작한다. 그 다음에 가수가 "밤이 이어지고 거리는 조용하네"라고 노래한다. 이 곡을 연주할 때면 연주자들은 저마다 자신이 침묵을 연주하고 있다는 사실을 놀라울 만큼 깊고 분명히 인식하곤한다. 음악에서의 박자는 심장의 박동과 같다. 그 박동을 일정시간 정지시킴으로써 곡에 심오한 침묵을 부여하는 것이다.

슈베르트의 이 곡에서는 음악을 둘러싼 침묵이 생명력을 지닌다. 만약 누군가가 이 순간 악보대를 넘어뜨리기라도 하면 곡의 전체 의미가 산산조각이 나는 것이다. 이 노래의 도입부를 연주할 때 연주자는 당연히 연주자 자신이 만들어내는 소리에 귀를 기울이기도 하지만 동시에 연주에 앞서는 침묵에도 똑같이 귀를 기울인다. 또한 그 모든 상황을 둘러싸고 있는, 청중들이 자아내는 침묵 또한 경청한다.

이 곡을 연주했던 로제 비뇰스는 이렇게 말했다. "가수와 둘이서 집에서 리허설을 해볼 때도 곡을 둘러싼 침묵을 탐색하고 느껴보곤 합니다만, 500명이 귀를 기울이느라 호흡을 억누르며 기다리고 있을 때, 그곳을 둘러싼 침묵의 강렬함에 비할 바는 아니지요."

그런 의미에서 음악은 경청하는 수많은 사람들, 그리고 그들이 만들어내는 침묵에 의해 믿을 수 없을 만큼 강력해진다고 할 수 있다. 그런 침묵 속에서 복잡하고 심오한 소통의 조각들이 연주자와 청중 사이를 끊임없이 오가는 것이다. 연주자들은 청중을 예민하게 알아차린다. 연주하는 동안 침묵의 질이 고스란히 연주자에게 전달되기 때문이다.

로제 비뇰스는 "음악에서 침묵의 중요성은 어떻게 표현해도 지나침이 없다"고 말했다. 흔히 게네랄파우제(generalpause, 합주곡이나 합창곡에서 모든 악기나 각 성부가 일제히 쉬는 일. 악곡의 흐름을 갑자기 정지시키는 효과적인 기법 - 옮긴이)라고 하는, 모두가 뭔가 일어나기를 기다리는 부분뿐만 아니라 아티큘레이션(articulation, 연속되고 있는 선율을 보다 작은 단위로 구분하여 각각의 단위에 어떤 형과 의미를 부여하는 연주 기법 - 옮긴이)에서도 이 점은 마찬가지다.

모차르트의 오페라 〈코지 판 투테〉에 두 젊은이 페란도와 굴

리엘모가 두 처녀 도라벨라와 피오르딜리지의 정절을 시험해 보기 위해 자신들이 전장으로 떠나게 되었다는 말을 하러 가는 부분이 있다. 이 부분에서는 스타카토로 연주되는 오케스트라 화음이 등장인물들의 내켜하지 않는 듯한 분위기를 강조한다. 음 사이사이의 침묵과 그 간격이 '꾸며진 슬픔'과 '꾸며진 내키지 않음'이라는 장면의 정서를 최고조로 표현하는 것이다. 이것이야말로 가장 통렬한 침묵이다. 이런 곡에서 화음 사이의 정적들에 신경 쓰지 않으면 밋밋하고 의미 없는 연주와 감상이 되고 만다. 이처럼 음악에서 침묵은 어떤 면에서는 말이나 음표보다 더 의미가 깊다고 할 수 있다.

이 점은 대중음악에도 똑같이 적용된다. 왕립연극학교에서 20년 넘게 보컬 코치를 해온 톰 웨이클리는 실제로 노래를 불러가며 의견을 피력했다. 주디 갈란드(Judy Garland, 1930~60년대에 활약한 미국의 가수 겸 배우 - 옮긴이)의 명곡 〈Somewhere over the rainbow〉의 첫 부분을 부른 뒤 그는 이렇게 말했다. "여기서, 이어지는 'way up high'를 부르기 전에 쉬어주지 않으면 이 곡 특유의 효과가 나지 않습니다. 또 사이 콜맨(Cy Coleman, 1929~2004년. 미국의 작곡가이자 재즈 피아니스트 - 옮긴이)이 작곡한 뮤지컬 〈더 라이프(The Life)〉의 노래 하나를 보죠. 'He's no good but I'm'으로 시작하여, 'no good without him'으로 넘어가기 전에 꼭 멈춰야 합니다. 그 침묵의 순간에 가수의 사고(思考) 과정이 청중에게로 중계되기 때문입니다. 바로 그 소통의 순간에 마술 같은 일이 일어나는 거예요.”

　말하자면 침묵이 청중을 음악 속으로 더 깊이 빠져들게 하는 것이다. 작품과의 친밀성은 침묵 속에서 꽃피고 번성하며, 침묵은 본질적으로 반향을 불러일으킨다. 그것이 바로 침묵이 그토록 강력한 영향을 미치는 이유 중 하나이다. 요컨대 음악은 오로지 소리에만 국한된 것이 ‘결코’ 아닌 것이다.

　음악에서 침묵은 두 번째 언어라고 할 수 있으며, 소리라고 하는 첫 번째 언어에 못지않은 힘을 지니고서 청중들에게도 똑같이, 그리고 분명히 이해되어야 한다. 만약 이 두 번째 언어가 첫 번째 것만큼 명확하게 표현되지 않으면 그 연주는 이류이거나 완전한 실패작 둘 중 하나다. 다시 말해서 훌륭한 연주자는 음악적으로 두 언어를 사용할 줄 알아야 한다.

　“우리가 담화를 할 때는 말투라는 게 있지요.” 현악기 학과장인 마크 메신저가 말했다. “말하고자 하는 의미를 떠받치는, 유창함과 더듬거림의 섞임이라고 할까요. 마찬가지로 위대한 작곡가는 음악적 담화에 침묵을 적절히 섞습니다. 문제는 이 곡을 훌륭하지 못한 이들이 연주할 때 생깁니다. 그러면 침묵은 담화의 부분이라기보다는 그저 텅 빈 공간이 되어버리기가 십상이지요. 그렇게 되는 이유 중 하나는 평범한 뮤지션이 침묵의 길이를 느끼지는 못하고 재기만 하려고 드는 강박 때문입니다. 위대한 배우들이 침묵을 어떻게 이용하는지를 뮤지션들이 더 관심 있게 살펴보았으면 좋겠어요. 그런 배우들은 셰익스피어를 계산해 가며 연기하지 않으니까요."

그에 따르면, 모차르트의 〈현악 4중주 E플랫 장조〉 마지막 악장에서도 마찬가지다. 시작 부분 음형(音型)에 8분쉼표 하나를 동반하는 8분음표가 둘 있는데, 이것이 되풀이된다. 이것을 길이를 재가며 하는 연주를 자주 듣다 보면 쉼표는 그저 음악 속의 빈 공간이 되어버린다. 그럴 때 침묵은 '아무 것도 아닌 것'이다. 침묵을 연주한다는 것은 단지 악보를 충실히 옮기는 것이 아니다. 침묵은 음악의 영혼이 되어야 한다.

유연하게 다루어지지 않는 침묵은 이 음악적 대화의 말없는 동반자인 청중의 즐거움을 반감시켜 버리게 된다. 박자를 세기 시작하는 순간 침묵은 측정해서 얻어내는 수치에 지나지 않게 되는 것이다. 모차르트처럼 침묵을 아주 잘 이용한 작곡가에게는 침묵이 음악의 핵심 부분을 차지하고 있어서 그 길이는 오로지 연주되는 순간, 즉 연주 현장에서 이루어지는 분위기와 흐름의 맥락 속에서만 가늠될 수 있다. 느낌으로 아는 것이다.

즉 침묵은 어떤 곡에서든 대단히 중요한 구성요소이며, 잘 다루지 못하면 연주의 창의성을 상실하는 것과 똑같은 결과를 낳는다. 청중이 납득하지도, 몰두하지도 못하는 공연이 되는 것이다.

이 두 번째 언어는 기계적인 방법이나 열심히 하는 것만으로는 습득되지 않는다. 정확히 말하면, 배울 수 있는 것이 아니다. 침묵은 예술적 직관을 통해서만 오는 가슴의 언어이기 때문이다. 그래서 젊은 연주자들이 이를 발견하기가 쉽지 않다는 것이다.

"젊은 뮤지션들이 가장 어려워하는 것 중 하나가 음악에 침묵의 시간을 부여하는 일입니다"라고 로제 비뇰스는 말한다. "이 사람들은 툭하면 돌진하려 듭니다. 내가 보기에는 침묵을 불편해하는 것 같아요. 그래서 음악을 숨쉬게 해주지를 않죠. 그건 아마 연주를 하는 동안 신경이 예민해져일 수도 있겠지만 이들 세대가 지닌 성향 같기도 합니다."

줄리언 제이콥슨도 젊은이들은 음악을 오로지 음표로만 보려는 경향이 있다고 맞장구를 쳤다. "그들에게 침묵을 적절히 쓸 수 있게 해주려면, 음악에서 긴장과 이완을 억지로라도 이해하게 만들 필요가 있습니다. 어떻게 해서든 악보를 기계적으로 익혀 연주하지 않게끔 이끌어주어야 해요."

이 대목에서는 위대한 피아니스트 아르투르 슈나벨(Artur Schnabel)의 기지 넘치는 발언을 언급하지 않을 수 없다. 그는 이렇게 말했다. "나는 다른 피아니스트에 비해 음표를 더 잘 다루지는 않는다. 다만 음표 사이의 포즈(pause)에 대해서라면⋯⋯ 거기가 바로 예술이 존재하는 지점이다!"

데이비드 워드 교수는 늘 학생들에게 연주 중 침묵에 귀를 기울이라고 이야기한다. "연주 중 쉼표 부분에서 무얼 하느냐고 물으면 학생들 대부분이 '셉니다'라고 대답해요. 그러면 나는 '귀를 기울이지 않으면 쉼표는 아무런 의미가 없는 것'이라고 이야기해 줍니다. 학생들은 음악에서의 침묵을 두려워해요. 그래서 가끔은 쉼표 없이 다 채워버리려고도 합니다. 아무 것도 할 게 없어지는 순간을 걱정하는 거지요. 그래서 당황한 표정이나 걱정스러운 얼굴로 '이제 뭘 하면 되나요?'라고 물어요." 사실 비범하지 못한 학생 입장에서는 좀 호되게 들릴 수 있는 이야기들이다. 그러나 대학은 어차피 뛰어난 음악가들을 양성하는 곳이다.

만약 연주자와 청중 사이의 무언의 소통이 성과를 거두었다면, 그 보상도 침묵의 형태로 나타나는 경우가 많다. 마크 메신저는 이런 경험을 했다고 한다. "어느 날 저녁 쇼스타코비치의 합창교향곡을 지휘할 때였어요. 제8현악 4중주를 조옮김한 곡이었지요. 그날 음악을 들은 이들 모두가 놀라운 정서적 여행으로 깊이 이끌려 들어갔어요. 얼마나 몰입했던지 심지어 연주가 끝났을 때는 포기와 절망에 휘감기는 듯한 분위기였지요. 연주가 끝났을 때 청중들이 아무도 박수를 치지 않아 30초 정도를 그대로 서 있었습니다."

이와는 반대로 베토벤의 제7교향곡처럼 역동적인 곡일 때는, 특히 마지막 악장 같은 경우에는 듣는 이들도 흥분이 고조되어서 즉각적인 반응을 보이지 않을 수가 없다. 이런 곡을 연주한 후에 침묵이 찾아오면 연주자로서는 고통스러울 수밖에 없다.

수세기 동안 음악에서 침묵의 위상은 기묘한 궤적을 그려왔다. 중세의 종교음악에서, 특히 그레고리오 성가(7세기 성 그레고리오 1세 교황 때 교회 전례를 확립하면서 구전되어 오던 성가를 집대성한 단선율의 전례 성가 - 옮긴이)에서는 침묵이 말에 울림을 더하기 위한 목적으로 이용되었다. 각각의 구절 뒤에 대단히 의도적인 여백이 배치되어 텍스트를 곱씹게 하는 역할을 했다. 그렇게 해서 성가의 메시지가 영혼 속으로 스며드는 효과를 주었던 것이다.

같은 시대 중국과 일본의 음악은 선(禪) 사상의 영향을 받아 훨씬 더 길고 의미심장한 침묵을 받아들였다. 5세기 내지 그보다 훨씬 전에 시작되었으며 종교적 이야기나 신화를 테마로 하는 노(能, 가마쿠라 시대 후기에 발원하여 무로마치 시대 초기에 완성된 일본의 가무극 - 옮긴이) 극장에서도 이와 똑같이 침묵을 채용하여 이야기에 담긴 영적인 의미를 전달하곤 했다. 음악적 효과를 배가한 노 드라마는 거의 미사와 같은 종교적 행사라고 할 수 있다.

그런데 어느덧, 적어도 서구에서는 음악에서의 성찰적 침묵이라고 하는 관념이 아예 사라져 버렸다. 바흐의 등장으로 '음악은 계속되는 무엇이어야 한다'는 사고가 생겨난 것이다. 바흐 자신은 매우 종교적인 사람이었지만, 그가 침묵의 중요성을 평가절하한 셈이 되었고, 그것이 수세기를 이어 내려왔다.

음악에서 침묵이 사라진 것이 아니라 그 정신적 가치에 대한 관념이 사라졌다는 이야기다. 따라서 이어진 세기의 위대한 작곡가들은 침묵을 극적 장치의 일환으로만 보았다. 하이든은 청중으로 하여금 다음에 무엇이 올 것인지 궁금하게 만드는 포즈를 이용해 곡의 흐름을 조절하는 데 명수였다. 모차르트는 침묵을 기가 막히게 이용하여 드라마의 효과를 높이고 기대감을 창출했다. 베토벤의 경우 침묵은 긴장감을 높이고 유지하는 완벽한 방법이었다.

알려진 것처럼 18세기에는 사람들이 콘서트 도중에 서로 이야기를 주고받았다. 음악은 배경으로 밀려나고, 침묵에 대한 특별한 존숭은 전혀 찾아볼 수 없었다. 지금은 오히려 청중이 경건하게 온전히 침묵 속에서 경청하지만 그때는 그렇지 않았다.

그러나 최근 몇 년 사이에 옛 전통이 되살아나기 시작했다. '끊이지 않는 음악'의 세기가 지나고 영적이며 종교적인 의미를 지니는 침묵의 관념이 돌아온 것이다.

에스토니아 출신의 아르보 패르트 같은 작곡가는 중세 음악을 연구하기로 결심할 만큼 영적인 사람으로서, 그의 곡들 일부는 묵념의 특성을 지닌 것으로 유명하다. 또 카자흐스탄의 소피아 구바다일리나와 그루지야의 기야 칸첼리는 모두 '밤 기도(Night Prayers)'라고 불리는 곡들을 작곡했으며, 영국의 존 타버너 역시 〈침묵을 향해(Towards Silence)〉라는 곡들을 써서 영적 가치에 대한 확신을 표현했다. 그의 작품에는 예외 없이 말 그대로 정적이 들어 있으며, 대개는 정적이 몇 초 동안 지속되는지 분명히 적혀 있다. 이 작곡가들 모두 침묵의 의미를 매우 영적인 것으로 이해했으며, 천상의 하모니를 비춰볼 거울로 받아들였다.

그런가 하면 이와는 전혀 다른 시선에서 침묵에 접근한 현대 작곡가들도 있다. 뉴욕파(New York school, 1940년대 초 뉴욕에서 형성된 미국의 전위회화파. 추상표현주의를 위주로 여러 가지 실험을 선보였다. 모턴 펠드먼이 이 화파에서 영향을 받았다 - 옮긴이)와, 그 가운데서도 모턴 펠드먼 같은 이들이 '끊이지 않는 음악'의 전통에 격렬히 반발하면서, '음악을 떼어내겠다'는 바람을 피력한 작곡가이다.

선(禪) 사상에서 대단히 큰 영향을 받은 미국의 음악가 존 케이지 역시 급진적이었다. 존 케이지는 1950년대에 하버드에 가서 그곳의 무반향(소리의 울림이 없는)실에 들어앉았던 사람이다. 그 방에서는 아무 소리도 생기지 않는다는 이유에서였다.

그런데 존 케이지는 엔지니어에게 그 방에서 사실은 두 가지 소리를 들었다고 말했다. 하나는 아주 높고 날카로운 소리, 또 하나는 낮은 소리였다. 엔지니어의 대답은, 높은 소리는 케이지 본인의 신경계의 작동 소리고, 낮은 소리는 피가 순환하면서 내는 소음이라는 것이었다. 그때 케이지는 절대적인 고요란 없다는 사실을 깨달았다고 한다.

이후 케이지는 철저한 정적을 작곡해 내겠다는 생각을 하게 되었다. 처음 이 생각이 떠올랐을 때 그가 이 작업에 붙인 이름은 '묵념(Silent Prayers)'이었다. 더 젊은 시절 신학을 공부해 목사가 될 생각을 한 적이 있던 케이지는 그로부터 4년 후 〈4분 33초〉라는 아주 단순한 제목의 작품을 들고 나타났다. 이 시간은 주사위를 던져 정한 것이라 했다. 그가 의도한 것은 우리를 둘러싼 온갖 소리의 영원성, 즉 고요의 부재를 시연해 보이려는 것이었다. 이 작품의 첫 연주가 이루어진 것은 1952년, 뉴욕 주의 우드스탁(이곳에서 1969년 8월 사상 초유의 록페스티벌이 열렸다 - 옮긴이)에서였다.

참으로 진기한 장면이었다. 뛰어난 피아니스트인 데이비드 튜

더가 스톱워치를 들고 무대로 나왔고, 악보에는 〈4분 33초〉와 '타셋'(tacet, 침묵이라는 뜻임) 외에는 적혀 있지 않았다. 튜더는 피아노 덮개를 열었다가 아무 것도 하지 않고 닫은 후 케이지가 나누어 놓은 대로 다음 악장으로 넘어갈 시간이 되면 다시 열기만 했다. 순전히 침묵을 연주한 것이었다.

거기 모인 청중들은 당연히 음악을 들을 마음의 준비를 하고 있었지만 아무 것도 듣지 못했다. 30초쯤 지나자 모두들 웅성거리기 시작했고, 일 분 후에는 '도대체 무슨 일이람?'이라는 혼잣말을 하고 있었다. 3분이 되자 대다수가 옆 사람과 이야기를 나누기 시작했고, 4분에 이르렀을 때는 몇몇이 소리를 지르고 있었다. 그들은 마치 케이지에게 타르를 바르고 깃털을 붙여 박제로 만들어버리겠다는 듯 흥분해 있었다.

그것은 케이지가 예견했던 것처럼, 침묵이란 존재하지 않는다는 명제의 산 증거가 되었다. 그는 늘 환경에서 비롯되는 소리를 포함시키고 싶어 했으며, 그런 면에서 그는 의기양양한 승리자였던 셈이다. 케이지는 몇 분 안 되는 시간 동안 '끊이지 않는 음악'을, '어리둥절하고 격노한 청중의 소리'라고 하는 매우 다른 종류의 소리로 바꾸었다. 그에게 선(禪)을 지도한 스승에게는 보람된 일이었을 것이다.

7

쉿! 조용히 하세요!

이상하게도, 혹은 그리 이상하지 않을 수도 있지만, 말의 필요성을 되새겨보려 한다면 모름지기 고요한 곳을 찾아갈 일이다.

내가 켄터키에 있는 트라피스트 수도원 게세마네(최후의 만찬 후 그리스도가 제자들과 기도를 드린 동산을 가리키며, 크리스트교의 주요 미술 주제이기도 하다. 여기서는 수도원의 이름 - 옮긴이)를 찾아간 것은 그런 까닭이다. 아니나 다를까, 매우 명망 높은 수도사 토머스 머튼이 오랜 세월을 보냈던 그곳은 조용히 있으라는 권고의 폭탄 세례로 나를 맞이했다.

어느 정도인가 하면 수도원 건물로 통하는 오솔길의 입구에서부터 "이 지점을 넘어서면 침묵하세요", 수도원 안의 교회로 접어들면서는 "이 길에서는 침묵하세요", 거실에서도 "여기서는 침묵하셔야 합니다" 라는 푯말을 보았고, 심지어 손님 방 밖에도 "이 정원에서는 대화 금지입니다", "조용히 하세요" 라는 문구가 붙어 있었다.

글이 어찌나 무뚝뚝하고 단호한지, 실제로는 느낌표가 없었지만 큼직하게 하나씩 갖다붙여야 할 것만 같았다. 마치 뺨을 후려치는 느낌, 갑자기 입에 재갈을 물리거나 천으로 막아버리는 느낌, 사람이 선천적으로 타고난 능력 하나를 봉쇄해 버리는 그런 느낌이었다. 같은 문구를 반복하고 강조해 놓으니 그것만으로도 억압당하거나 협박 내지 구속당하는 듯한 효과를 주는 것이었다.

나는 그곳에 먼저 피정(避靜)하러 와 있던 이들과 마찬가지로 소음과 말의 세상에서 온 사람이었다. 말은 의견과 반응을 표현하는 수단이며, 스스로 괜찮다고 생각하는 부분들을 남에게 펼쳐 보이는 방법이다. 유머감각이라든가, 날카로운 통찰력이라든가(당연한 말씀!), 훌륭한 사려분별이라든가 하는 것들 말이다.

말을 통해 우리는 경쟁자들, 친구들, 지인들 사이에서 자신의 정체성과 위치를 세운다. 다시 말해 말은 자신을 사람들에게 판매하는 방법인 것이다.

말은 밀물처럼 밀려왔다 썰물처럼 빠져나가는 일상생활의 방책이며 무기이다. 인간관계와 사회적 소통의 본질이며, 다른 사람에게 내보이는 자신의 그림(자주 위장되어 있는)을 보호하기 위해 구축하는 겉껍질이기도 하다. 더구나 나 같은 사람들은 때때로 말을 잘 구사한다는 것에 자부심을 느끼기도 한다. 뭘 말하려고 했는지 잊어버리는 때가 곧잘 있기는 하지만!

그런데 갑자기 여기서 말을 더 이상 사용할 수 없게 되어버린 것이다. 저녁식사 자리에서 맞은편에 한 번도 본 적 없는 낯선 여자가 앉았는데, 서로 인사를 할 방법이 없었다. 규칙이 하도 엄격해서 눈을 마주치는 것조차도 희롱하는 행위처럼 느껴질 정도였다. 만약 내가 미소라도 짓는다면 그녀를 대놓고 유혹하는 것으로 비칠 게 뻔했다. 어찌나 불편한지 저녁 먹는 시간을 길게 끌고 싶지가 않았다.

희한하게도, 식사 중에, 녹음된 수도사의 '말'이 테이프에서 흘러나왔다. 건전한 생각으로 공허함을 채워주려는 의도임이 명백한 그의 말은 상당히 길고, 대부분 침묵의 당위성을 설명하는 평범한 내용이었다. 그러나 침묵이 예배와 참회 또는 고행의 역할을 할 수 있다는 부분은 나의 심금을 울렸다. 게세마네에서의 무뚝뚝하고 단호한 푯말들 때문에 침묵이 거의 고행처럼 느껴지던 순간이었기 때문이다.

생각해 보면 침묵이 인간관계의 본질을 변화시킨다는 사실에는 의문의 여지가 없다. 처음에는 상대와 어떻게 소통해야 할지 몰라서 어리둥절하게 만들고, 이어 우리가 스스로를 습관처럼 장식했던 모든 말을 떼어내, 어떤 의미로는 발가벗겨 버리니까 말이다.

그리하여 침묵 속에서 우리는 모든 것이 드러난 본연의 모습으로 다른 이들과 관계를 맺어야 한다. 이것이 어느 정도는 음악가들에게 음표만큼이나 중요한 두 번째 언어, 즉 침묵의 소통으로 우리를 이끌어주는 것은 사실이다. 내 친구인 캐서린도 같은 말을 했다. 젊은 부인인 그녀는 절대로 말을 주고받지 않는 곳에서 피정하는 동안, 일주일 내내 말을 나눈 것보다 훨씬 더, 같은 그룹의 사람들 모두에게 사랑의 감정을 느꼈다고 했다.

침묵은 또한 우리를 같은 인간으로부터 소외시키는 '말'의 위력을 줄여준다. 말이란 것은 너무나 쉽게 단절의 도구가 되어버리므로, 차라리 말을 하지 않고 있으면 다른 사람들이 나의 정치적 견해나 내가 열을 올리는 일, 또는 광범위한 나의 선입견을 어떻게 받아들일지 알 수 없기 때문에 속상해할 일도 없다. 물론 상대의 반응을 알 수 없으니 나도 상대를 좋아하게 될지 어떨지 알 수 없게 되기는 하지만.

또 침묵에는 마음 맞는 사람과 우호적인 관계를 형성하지 못하게 할 문제의 소지가 적다. 침묵 속에서는 타인의 인간성, 또는 나의 인간성이 솔직하고 꾸며지지 않은 상태에 있으므로 상대를 향한 기본적인 공감을 느낄 기회가 더 많다는 이야기다. 우리 모두 알고 있듯, 말의 덤불 뒤에는 언제나 더 쉽고 더 굶주린 자기기만이 도사리고 있다.

어느 순간부터 나는 그곳에서의 며칠을 적당한 침묵 속에서 보내야겠다는 생각에 몰입하기 시작했다. 침묵 속에서는, 아무 의미도 없는 일상의 의무적인 수다에 얽매일 필요가 없었으며 그것만으로도 휴식이 되었다. 말을 통한 사회적 교류에서 오는 즐거움이 줄어드는 만큼 성가심도 없었다.

모두가, 통상적으로 사람들을 기쁘게 하거나 감동시키려고 애쓰던 도구를 한 쪽으로 밀쳐놓았다. 부엌에서건 식당에서건 누구를 돕거나 도움을 받을 때도 그 주고받음이 깔끔했다.

아침식사나 대개의 식사 중에 침묵이 지켜지다 보니, 모두가 똑같이 말이 없기 때문에 옆자리에 누가 앉는가는 중요하지 않아졌다. 위계가 없어지고, 특별한 관계에서의 신물 나는 권력도 찾아볼 수 없었다.

엘리베이터 안에 침묵이 기도와 성찰에 도움이 된다고 써붙여져 있었는데, 사람들이 바라는 것도 그것이었다. 나는 이 수양의 핵심 포인트가 어떤 번뇌도 없이, 특히 사람으로 인한 심란함 없이 홀로 신 앞에 서는 것이었다고 생각한다.

피정에 참여한 사람들은, 다 그런 것은 아니지만 대개 나이가 지긋했다. 아무에게도 털어놓지 못한 고난과 문제들 ― 근심, 슬픔, 불행한 가족사, 곤경 등등 ― 을 가슴에 안고 게세마네에 들어온 그들은 봇물처럼 넘치는 정서를 가라앉히고, 온갖 죄책감과 맞닥뜨리며, 더 깊은 곳으로의 영적인 여정을 하면서 침묵, 예배, 수도사의 조언으로부터 답을 찾고자 했다.

그들 모두가, 침묵이 당면한 이슈들에 맞설 수 있게 도와주는 것뿐 아니라 그 속에서 거룩한 음성 또는 넌지시 내려주는 계시 또는 낮은 속삭임 등이 떠올라와 자신들을 근심걱정에서 벗어나게 해주기를 소망했다.

'말을 해도 되는 장소'가 따로 있었는데, 거기서 만나면 그들이 무슨 연유로 게세마네에 들어오게 되었는지를 파악하는 일은 어렵지 않았다. 이곳은 미국이었고, 따라서 유럽 같은 낯가림이 적었으며, 어쨌든 침묵 장소가 피정 센터의 중심부로 국한되어 있었기 때문이다. 게다가 사실은, 식당에서도 대화가 허용되었다.

수도원 위쪽의 나지막한 언덕에 올라 완만한 경사로 펼쳐진 켄터키의 초원을 굽어보며, 인디애나에서 온 컴퓨터 분석가인 이혼남 댄을 만났다. 수도원 부속교회의 예배 시간에 나는 이미 그를 한 차례 눈여겨 봐둔 터였다. 그가 관사복을 입고 있는 수도사들 틈에 끼어 평상복을 입고 성가대 옆에 서 있는 것이 의아했기 때문이다.

알고 보니 그는 침묵의 관념이 심히 결여된 미국 생활의 소음이 네 자녀에게 미치는 영향에 너무 넌더리가 나서 수도사가 될 생각으로 찾아온 성직 지원자였다. 그의 자녀들은 모두 십대 후반 및 이십대 초반이었다.

그런 식의 피정이 어떤 도움이 될 것인지 당장 손에 잡히는 것은 없다면서, 그래도 댄은 극적인 내맡김, 기도와 침묵의 삶이 자녀들에게 인생을 다시 생각해 보도록 독려할 수 있을 것이라는 확신을 지니고 있었다. 그는 이미 다른 수도원에서도 한 차례의 피정을 했으며, 수도원 공동체에서 두 번째의 '입주' 경험을 하기 위해 게세마네에 온 것이었다.

댄은 자녀들에 관한 고민을 폭포처럼 쏟아냈다. 그에 따르면,

아이들은 늘 귀에다 소음 발생기를 달고 다녔다. 마주보고 있을 때도 정신을 딴 데 팔고 있었고, 침묵에 대해서는 아무런 관심도 없었다. 오로지 소음을 따라서만 움직였고 끝없이 오락거리만 찾았다. 아이들은 이미 과도한 자극으로 인해 정신적인 장애를 입은 상태였다.

"자동차로 여행이라도 갈라치면, 출발하기가 무섭게 아이팟을 스테레오 시스템에 꽂고 1만 곡 가운데서 들을 노래를 고릅니다. 손가락이 어찌나 빠르게 날아다니는지, 심지어 마지막 곡이 끝나기도 전에 다음 곡으로 넘겨버리지요. 내가 어릴 때는 가족 여덟 명이 한 차로 자동차 여행을 했는데 라디오도 켜지 않았어요. 묵주기도를 드리거나, 그냥 가만히 앉아 있다가 신호 대기 중에나 글자 맞추기 게임 같은 걸 하곤 했습니다."

가끔 댄은 아이들에게 뭔가를 잃어버린 것 같지 않느냐고 물을 때가 있다고 한다. 아이들이 전혀 그런 것 없다고 대답하면 댄은 아이들에게 자신이 누구인지 이해하는 힘을 잃어버린 거라고 말해주곤 한다고 했다. 멈춰 서서 생각하는 수고를 하지 않고서 어떻게 자신에 대해 알 수 있느냐는 말이다. 아이들에게는 오로지 육체의 건강을 유지하는 것만 관심사이고 정신적 건강은 논외가 되어버렸다. 아이들이 그렇게까지 정신적으로 피폐해진 걸 생각하면 죄책감마저 든다고 댄은 말했다.

"아이들은 절대로 멈춰 서서 자신을 돌아보지 않습니다. 그럴 시간을 갖는 것이 두려운 것 같아요. 자신의 진면목을 마주하지 않으려고 소음을 필요로 하는 거죠. 침묵 속에서 듣고 싶지 않은 것들을 발견하게 될까봐 아예 시도하지 않으려는 겁니다."

댄이 자기 자녀들의 정신 상태에 대해 분석한 내용은, 위대한 정신의학자 카를 구스타프 융이 1957년에 소음 퇴치 캠페인을 준비 중인 남자에게 보낸 편지의 내용과 놀랄 만큼 일치했다.

융은 사람들이 술을 마음대로 마실 때와 같은 방식으로 소음에 길이 든다고 했다. 또한 소음은 간경변을 일으키고, 결국 신경성 스트레스로 인해 생체 활력의 때이른 고갈을 초래할 수 있다고 했다. 어린아이들에게 외부로부터 너무 많은 것들이 주입되면 스스로의 내면에서 무언가를 끌어낼 수 있다는 생각을 하지 못하게 되는 것과 마찬가지라는 것이다.

융은 이어, 자신에게만 들리는 소리의 두려움을 해소하기 위한 방편으로 바깥의 소음에 애착을 보이는 무의식적 공포가 만연한 것 같다고 썼다. "소음은 내면의 직관적 경고를 눌러주기 때문에 환영받습니다. 두려움은 시끌벅적한 사교와 소란을 끌어들여 악마를 물리치려 하지요. 소음은 군중 속에 있는 것처럼 안전하다는 느낌을 주기 때문에 사람들의 사랑을 받습니다. (……) 소음은 고통스러운 성찰을 막아주고, 괴로운 꿈을 흩어버립니다. 소음 속에서 우리는 같은 배에 타고 있는 처지라는 확신을 갖습니다." 융은 편지의 수신자에게, 소음을 멀리할수록 침묵의 영역으로 더 가까이 다가가게 된다고 썼다.

융에 따르면, 소음으로 인한 혼란을 겪지 않는 이들이 많은 이유는 내면에 혼란을 일으킬 만한 것들이 없기 때문이다. 소음은 현대 '문명'에 필연적으로 동반되는 요소이지만 뿌리 깊은 해악이며 우리 시대의 정신적 혼란과 공존한다.

트와나는 노스캐롤라이나의 애슈빌에서 패션쇼를 기획하는 서른네 살의 아프리카계 미국인으로, 매일 방향감각을 잃는 느낌으로 괴로워하다가 게세마네로 도망쳐 왔다고 했다. 그녀는 고작 이틀을 머물기 위해 16시간 버스를 타는 수고를 감내하며 게세마네에 입소했고, 매순간을 소중히 여기며 행복해했다.

그녀는 자신의 세상에는 용, 요정, 마녀들이 많다고 말했다. 자기 자신을 정신적으로 보호할 필요가 있고, 잃어버린 즐거움도 되찾아야 하며, 일상에서 벗어나 완전히 새로운 곳에서 창조자 앞에 홀로 서 있을 시간이 필요했기 때문에 이곳에 피정을 왔다고 했다.

"집에 있으면 사람들이 찾아와 끝없이 이야기를 늘어놓아요. 난 항상 그 사람들의 자아와 마주치죠. 듣고 있으면 늘 똑같은 문제, 너무 단조로워서 미칠 것 같은 일들, 하나같이 별 것 아닌 것들, 사람들을 옭아매는 온갖 혼란거리들의 연속이에요. 그래서 이곳의 침묵이 놀라울 뿐입니다."

그녀는 계속해 말했다. "우리가 살아가는 이 나라는 사람들에게서 한 가지를 떼어내는 시스템으로 만들어져 있어요. 영혼 말이에요. 다들 속 빈 껍질이 되는 거죠. 모든 것이 정신을 흐트러뜨리는 기분풀이용으로만 설계되어 있어요. 우리에겐 자유가 있지만 여전히 이것 아니면 저것의 노예일 따름이에요."

게세마네에서 만난 많은 이들을 보면서 느낀 것은 그들이 한 결같이 산소가 부족한 곳에서 살고 있으며, 공기를 마시기 위해 그곳을 찾아왔다는 사실이었다. 버지니아 대학의 대학원생 한 명도 "대학은 말이 범람하는 곳이에요. 스스로를 마주보는 것이 두려워서죠"라고 말했다. 또 일리노이 앨턴에서 온 캐럴은 침묵을 어떻게 생각하느냐는 내 물음에 환한 표정으로 "해방이죠"라고 답했다.

전직 영어 교사인 피크는 "세상의 온갖 왁자지껄함이 다 기분 풀이용 오락거리에 지나지 않습니다"라고 했다. "정신을 다른 데 팔고 있으면 생각할 필요가 없으니까요. 그러면서 여전히 기분전환이 필요하다고 말을 하죠. 자신이 이미 더 이상 기분을 바꿀 수도 없을 만큼 산만한 상태라는 걸 모르고서 말입니다."

모두가, 단 며칠에 지나지 않지만 미국과 선진 여러 나라들을 휩쓰는 소음의 홍수에서 도망쳐 온 사람들이었다. 섹스나 세일 즈처럼, 다급하고 단호하게 외적 자아와 물질적 욕구 쪽으로 시민들을 밀어붙이는 소리의 세상으로부터 말이다. 게세마네의 방문객 담당 책임자인 데미안 신부에게는 미국 텔레비전이 바로 그런 예이다. "엔터테인먼트를 넘어 이미 60퍼센트가 단지 세일 즈일 뿐"이라고 그는 말한다.

사실 자본주의는 구성원들이 생각 없이 충동적으로 떠밀리는 곳에서 가장 번성한다. 실질적인 이익은 거의 없거나 아예 없다.

월스트리트, 월마트 등의 미국 경제계는 특별히 판매고에 영향을 미치거나 무소불위의 주식시장 지수에 관계되지 않는 한 '고객 님'들의 내적 필요에는 원래부터 관심이 없다. 어떤 의미로든 아메리칸 드림은 바깥에 있는 부에 접근하는 것이지, 내부에 있을 지도 모르는 풍요로움을 찾는 쪽은 절대로 아닌 것이다.

매달 160명 남짓의 피정자들이 게세마네로 모여들고 있고, 그 수는 끊임없이 늘어나고 있다. 방문객 담당 어시스턴트인 카를로스 신부의 말처럼 "너무 시끄러워서 더 이상은 인생에 대해 들을 수 없게 되었기 때문" 이다.

불경기 속에서도 이곳의 객실 56개는 가득 차 있었다. 모두들 삶에서 중요한 것과 그렇지 않은 것을 판단하여 인생을 재평가해 보고 싶어 했다. 이전에 시도해 보지 않은 방식으로 삶을 바라보고 싶어 하며, 또 다른 세상, 또 다른 방식에 흠뻑 젖어보고 싶어 하는 것이다.

그러나 정작 그들 대부분은 침묵을 실천할 엄두를 내지 못하며, 아예 과정을 이탈해 버리는 경우도 적지 않다. 원래는 월요일부터 금요일까지의 과정인데, 많은 이들이 목요일에 떠나버린다. 그리고는 나중에 전화를 걸어서 자기는 그렇게 철저하게 침묵해야 하리라고는 생각하지 못했다고, 거기까지는 준비가 되어 있지 않았다고 이야기한다.

그렇다면 1848년에 세워진 이래 지금껏 남아 있는 미국 내 수도원 중 가장 오래된 게세마네의 수사 45명은 어떨까? 카를로스 신부와 그 형제님들은 세상의 변화와 한없이 밀려드는 바깥의 소음을 어떻게 받아들이고 있을까? 한때 270명을 기록하기도 했던 수사들의 수는 지난날의 엄격함이 거의 사라졌는데도 계속해서 줄어드는 추세다.

"침묵의 규칙 자체는 거의 변하지 않았기 때문에 수사들은 말을 하지 않습니다" 라고 카를로스 신부가 말했다. "임무를 배정받으면 교육받은 지침에 따라서만 대화를 합니다. 대화실이 따로 있어서 다른 형제님과 함께 대화를 나누며 시간을 보내기도 하고요. 물론 그 경우에도 그저 잡담을 나누는 것이 아니라 두 사람 모두에게 도움이 될 합당한 이유가 있어야 합니다."

폴 신부는 수련 수사 시절, 1968년에 세상을 떠난 토머스 머튼의 가르침을 받았을 정도로 오랜 세월을 게세마네에서 지내왔다. 수도원 한켠에는 1960년에 머튼을 위해 지은 부속 암자가 있었다. 나는 폴 신부와 함께 그곳까지 반 마일 가량 돌길을 걸어 산책했다.

간소한 암자 옆을 단풍과 튤립나무가 지키듯이 서 있었고, 거칠게 다듬은 아주 큰 십자가 옆에 성모 마리아 상이 있었다. 나는 머튼이 '꿈의 의자' 라고 불렀던 낡은 의자에 앉아 게세마네의 금욕적인 삶에 영향을 미쳐온 세상의 변화에 대한 이야기를 들었다.

"옛날에는 수도원에 대단히 강력한 침묵의 문화가 있었지만 지금은 거의 언급조차 되지 않습니다. 새로운 사람들이 들어오면서 엄격한 침묵 수행은 사라졌어요. 한때는 수화로만 대화를 나눴기 때문에 대화 중인 두 수사 사이를 지나다니곤 했는데 — 심지어 수화를 기록해 놓은 사전도 있었다고 한다 — 지금은 모든 게 많이 달라졌어요. 우리는 기본적으로 페이스북이나 트위터를 하지 않지만 — 차단되어 있으므로 — 나는 트위터를 합니다. 매일 하이쿠(일본의 전통 단시短詩 - 옮긴이)를 쓸 수 있게 허락받았지요." 달라진 것이 맞다!

성직 지원자인 댄 역시 게세마네 생활을 단 며칠밖에 하지 않았지만 앞서 다른 수도원에서도 그랬고 이곳 역시 규율이 꽤 완화되었음을 느꼈다고 한다. 수도원 건물 내에서 침묵하는 것은 당연하지만 2,000에이커의 부속 토지로 나가서 일을 할 때는 수사들끼리 소리 내어 웃고 농담도 주고받더라는 것이다.

바뀐 것은 이뿐이 아니다. 데미안 신부는 1978년에 게세마네에 들어왔는데 예전에는 침묵이 이유 불문하고 지켜야 하는 상당히 기계적인 행위였으며, 1960년대의 바티칸 공회의 때까지는 대단히 엄격하게 지켜졌다고 말했다.

"예를 들어, 누군가 잘못을 저지르는 장면을 목격하고서 이걸 고발한다고 합시다. 규칙을 어겼거나 해야 할 일을 하지 않았다거나 하는 것들 말이지요. 이 경우에도 '선언'이라고 하는 시간을 통해서만 고발이 이루어졌어요. 누군가는 늘 고발을 했고, 고발된 사람은 무조건 수도원장 앞에 서서 고행을 부과받았지요. 물론 분노를 일으킬 만한 관행이었고, 지금은 완전히 사라졌어요. 하지만 당시에는 '선언' 시간에 아무도 고발을 하지 않으면 수도원장이 '그러면 여러분 모두가 완벽하다는 말인가요?'라고 추궁했다고 합니다."

아무튼 게세마네에서의 생활이 덜 가혹해진 것은 분명해 보였다. 다른 수도원도 상황은 마찬가지다. 60년간 수사 생활을 한 어느 베테랑 수사의 말처럼, "개인적이고 친근한 느낌이 아예 없던 곳이 지금은 말과 친절한 소통이 분별 있게 오가는" 곳으로 변모한 것이다.

사실 침묵은 수사들에게도 긍정적인 면만큼이나 부정적인 측면도 갖고 있다고 카를로스 신부는 말한다. 더구나 다른 사람과의 관계 맺기에 서투른 사람에게는 확실히 장애가 될 수 있다. 아무한테도 말을 걸지 않을 구실이 되므로, 주의하지 않으면 유대관계가 대단히 피상적으로 될 수 있는 것이다.

또한 동료 수사를 감싸줘야 할 때 회피하는 수단으로 이용할 수도 있다. 예를 들어 형제들 중 한 명이 식당에서 봉사의 임무를 수행하느라 다른 일을 하지 못해 책임 추궁을 당하는 일이 생겼을 때 당연히 그 형제의 편이 되어 말을 해주어야 하는데 입을 다물고 있는 것이다.

카를로스 신부는 25년 전 수사가 되기 전까지 모국인 필리핀에서 선교사로 일했다. 그에게 침묵은 "배워서 알게 된 하느님, 즉 마음이 지어낸 존재가 아닌 오롯한 하느님과 접촉할 수 있게 도와준" 귀중한 것이었다. "성령이 내 정체성의 정원에 함께하셨어요. 그리고 내가 마주치고 싶지 않은 것들과 만나게 하셨습니다. 어느 정원에나 있게 마련인 잡초 말이지요. 성령은 그 잡초를 함께 솎아내자고 말씀하십니다. 그것이 내가 침묵 속에서 목소리를 간구하는 이유입니다."

나는 그에게, 성령에 귀 기울일 것이 아니라 아예 일체의 사고를 초월하라고 하는 가톨릭 교회들도 있지 않으냐고 물어보았다. "그것은 저들이 오로지 멋을 부리고 싶어 하는 말일 뿐입니다." 카를로스 신부가 대답했다.

성령은 대개 그가 '육신의 말'이라고 표현하는 방식이 아니라 고독하거나 슬픈 때에 부드러운 접촉을 통해 소통한다고 했다.

"내가 제자리에 서 있는 것인지 확신이 없어서 괴로워하던 때가 있었어요. 기도하고 또 기도했지만 응답이 없었습니다. 그래서 신께 말씀드렸어요. '왜 응답해 주지 않으십니까? 저는 제 발로 당신께 오는데, 당신은 어떤 말씀도 안 해주십니다!'라고요. 그러다가 문득 신께서 언제나 내게 말씀하고 계셨다는 걸 깨달았어요. 그분은 말 없음 속에서 당신을 강하게 주장하시는 것이었습니다. '나는 신이다. 언제 네게 말을 할지는 내가 정하는 것이다. 그 시기는 네게 달린 것이 아니며, 나의 일이다. 나의 침묵 속에서도 너는 강해질 수 있다'라고 말입니다."

카를로스 신부는 그 뒤 대단히 선명한 생각이 말의 형태로 솟아오르는 경험을 했다. 그때부터 수사가 되는 것을 이른바 소명으로 지니게 되었고, 다섯 달 동안 필리핀에 있는 트라피스트 수도원에서 지냈다. 그러나 그곳은 자신의 자리가 아니라는 걸 깨닫고, 로마로 가서 정신 영성(psycho-spirituality)을 공부해 고난 속에 있는 수사와 수녀들을 도울 수 있는 임상정신과 의사가 되겠다고 결심했다.

그러던 중 원하던 곳에서 받아주겠다고 연락이 와서 지원 서류를 작성하고 있었다. 가능한 모든 이력을 총동원해 빽빽하게 채워넣고 있었는데 갑자기 목소리가 들렸다. "네가 이것들보다 나를 더 사랑하느냐?" 그후 신부는 책상 서랍을 열어 서류를 집어넣고 지원을 철회했다. 그 동안 쌓아온 경력을 전부 버린 것이다. 덕분에 로마에 가서 공부해 보라고 권했던 교수에게 미움을 사기도 했다고 한다.

"그때까지도 침묵하는 삶을 살 것이라고는 생각하지 못한 채 나는 이렇게 말했습니다. '자, 다음은 무엇입니까?' 다시 음성이 들렸습니다. '필리핀에만 수도원이 있는 것은 아니다.' 그 말은 곧 내 나라, 내 가족, 내 모든 정서적 자양분을 뒤로 하고 떠나야 한다는 뜻이었어요. 동료들은 모두 반대했고, 누구에게도 아무 도움도 기대할 수 없는 상황이었습니다. 게다가 미국 대사관에서 비자를 발급받는 일이 가장 문제였습니다. 보통 일 년이 걸리는 일이었거든요. 그런데 내 비자는 단 이틀 만에 나왔어요! 믿을 수 없는 일이지요."

카를로스 신부가 육성으로 들은 '말씀' 중에는 신이 유머감각을 지니고 있다는 것을 짐작하게 하는 것도 있었다. 어느 날 묵언 기도를 드리고 있을 때였다고 한다. 깊은 고독감이 느껴지던 순간이었는데, 그가 일생 동안 온전히 신앙으로만 살 수 있을지를 여쭈어 보았지만 아무런 응답이 없었다. 그때 누군가가 문을 두드리더니 "신부님, 필리핀 사람들 한 무리가 찾아와 뵙고 싶다고 합니다"라고 말했다. 그는 약속한 적이 없다고 대답했다. "그러나 신부님, 필리핀 사람들입니다!" 결국 그는 나가서 그들을 만나 소풍도 가고 즐거운 시간을 보냈다. 그리고 돌아와 "주님, 오늘의 일을 만드신 건 당신이십니까?"라고 여쭈었다. 그러자 얼핏 미소를 짓는 사람의 얼굴 형상이 보이는 것 같았다. 그래서 "좀 더 자주 이렇게 해주시면 안 되겠습니까?"라고 다시 여쭈자 아주 뚜렷하게 이런 생각이 들렸다. "운을 너무 믿지 말게, 친구." 그때부터 그는 방문하는 사람들을 언제나 기꺼이 맞이하게 되었다.

아마 하늘로부터 온, 카를로스 신부가 성령의 응원으로 믿는 이런 메시지들은 가톨릭과 성공회의 수사, 수녀들이 '선포된 말씀'이라 일컫는 그것일 것이다. 그들이 성령이라고 믿는 내면의 목소리를 다소 화려하게 표현한 것이라고 생각하면 되겠다.

그들이 이 낱말을 이렇게 우회적이며 회피적인 방식으로 쓰는 것을 보면 그 경험을 묘사하기가 얼마나 어려운지를 짐작할 수 있다. 결국 '말씀'은 말이 되어 나오기는 하지만 본인의 내면에서만 들을 수 있고, 우리가 통상적으로 이해하는 말은 아닌 것이다.

그렇기는 하지만, 이런 일을 경험한 사람들의 말을 들어보면,

그 '말'은 양심의 소리라고 하기에는 너무나 명확하고 권위가 있으며, 어느 모로나 자신의 내부에서 우러나온 것이 아니라 다른 어딘가로부터 오는 것이라고 한다. 명확한 의미를 전달하면서도 소리값을 지니지 않으며, 누군가가 말을 해주는 것 같기는 하지만 쉽사리 거부할 수 없는 힘을 지녔다는 것이다. 내가 이야기를 나눠본 사람들 중 누구도 '말씀'이 자신들을 어떤 식으로든 특별한 존재로 변화시켜 준다는 생각을 하지 않았고, 그 일로 자신들이 영적 위계의 상층부로 수직 이동한다고는 더더욱 생각하지 않았다.

더러 '직업적인' 종교인들이 오로지 자신들이 신에게 가까이 있음을 과시하려는 목적으로 '음성'을 자주 듣는다는 주장을 한다고 생각할 수도 있겠지만, 적어도 내가 만난 수사와 수녀들은 어느 모로나 그 정반대의 사람들이었다.

어떤 이들은 수십 년 세월을 수도원이나 수녀원에서 보냈지만 그 동안 분명하게 전해지는 음성을 들은 것은 딱 한두 차례에 그쳤으며, 마찬가지로 독실한 또 다른 이들은 '말씀'이라고 정확히 표현할 만한 음성은 한 번도 들어본 적이 없다고 잘라 말한다. 아무튼 크리스천에게 '말씀'을 듣는 일은 논리적으로 설명할 수 없지만 가장 황홀한 경험인 것은 분명하다.

게세마네의 수사들은 도움을 청하기 위해 찾아오는 사람들이 '말씀'에 대해 무엇이라고 생각하든, 자신들만의 정신적 싸움을 계속해 나간다. 데미안 신부는 2008년 75세가 될 때까지의 8년 동안 이 수도원의 원장을 지냈지만, 진정한 배움은 그때부터 시작되었다고 생각하고 있었다.

데미안 신부는 진회색 머리카락을 짧게 자른, 외경심을 불러일으키는 탄탄한 체격의 남자로, 말 붙이기가 쉽지 않은 분위기를 풍겼다. "나에게는 일종의 차단막 같은 것이 있어요"라고 그도 인정했다. "우리 모두가 나름의 태도를 지니고 있는데, 내 경우엔 사람들과 거리를 두는 행동이 그것인 것 같습니다." 그러나 다행히 이야기를 나누는 동안 그 막은 한 쪽으로 치워지는 것 같았다.

그는 수도원장 자리가 달갑지 않았었다고 털어놓았다. "힘들었습니다. 원장직이란 모든 것을 다 내보여야 하는 자리예요. 동료 수사들과의 관계도 영원히 달라져버렸습니다. 일단 제일 높은 자리로 올라가고 나면 다시는 전과 같아지지 않습니다. 지금 몇몇 형제들과 맺고 있는 유대관계도 이전에 그들과 맺은 관계와는 달라요. 원장으로 재임한 동안 얼마나 여러 번 상처를 입었는지 모릅니다."

그는 깊은 수준에서 다른 수사들과 회복될 수 없는 단절감을 느끼고 있는 것 같았다. 그러면서 카를로스 신부의 열린 태도에 대해 놀라워했다. 카를로스는 사람들을 사랑할 뿐 아니라 그들을 즐겁게 해주는 방법을 알고 있었다.

데미안 신부는 어린 시절, 가난한 폴란드인과 아일랜드인 부모의 아들로서, 다른 아이들에 맞서 자신을 지킬 줄 알아야 했다. 지금에서야 그는 자신이 세상에 대해 방어적인 태도로 성장해 왔다는 사실을 깨달았다. "4학년 때 여자아이 한 명에게 반한 일이 있었는데, 수녀 한 분이 그걸 알아내서 창피를 주었습니다. 처음에는 학급 친구들 앞에서, 그 다음엔 전교생 앞에서요. 그 일로 여자아이들과 어울리는 일은 잘못된 행동이라는 생각을 하게 되었고, 결과적으로 지금까지도 여성과의 교류는 대단히 불편합니다."

게세마네에서 여러 해가 지난 어느 날, 그는 치료할 대상을 찾고 있던 젊은 수사와 만나게 되었다. 그는 스스로에게 기회를 주기로 결심하고, 심리치료사인 수사가 하라는 대로 기억을 더듬어 학교에서 있었던 일을 되살리기 시작했다. 그러자 마음속에서 그림 하나가 떠올라왔다. "어떤 아이가 들판을 달려가며 웃고 있는데, 그게 나였습니다."

그는 학교에서 있었던 일이 자신이 아닌 그 수녀의 잘못이었다는 걸 깨닫게 되었고, 마침내 평생 그를 옥죄고 있던 콤플렉스에서 놓여날 수 있었다. 그의 나이 일흔 살 때였다. 이 말을 하는 데미안 신부의 눈가에는 눈물이 고여 있었다.

수도원장 직에서 물러난 후 그의 영적인 삶은 새로운 단계로 접어들었다. 마치 신께서 온갖 바쁜 사무를 다 마칠 때까지 기다리고 계셨던 것 같았다고 한다. "그분께서 정말로 내게 말씀을 하셨으니까요. 그 전까지 나 자신이 텅 비어 있다고는 한 번도 생각해 보지 않았는데, 그분이 내가 얼마나 곤궁한가를 일깨워

주셨습니다. 정말 큰 축복이었어요. 누구든 자신이 얼마나 궁핍한지를 알면, 그리하여 더 이상 감추는 것이 없을 때 하느님은 함께 할 무언가를 준비해 주십니다."

신은 그에게 새로운 방식으로 말씀하기 시작했다. "그분에게서 생각이 전해져 올 때는, 지금은 자주 옵니다만, 더 깊은 진실을 싣고 옵니다. 왜냐하면 그분이 나를 가장 잘 아시기 때문이지요. 그러면 나는 이렇게 생각해요. '세상에, 저걸 알았어야 했어!' 신께서는 뭔가 새로운 걸 나와 함께 하십니다. 나를 데려갈 준비를 하시는 건지도 모르지요. 그분은 당신의 가슴을 열어 보이신 채 내게 말씀하십니다. '이것이 나이니라.' 이제 그분은 당신 자신에 대한 말씀을 하십니다. 더 이상은 나에 대한 말씀을 하지 않습니다. 그래서 침묵이 중요한 것입니다. 자신이 정말로 누구인지, 그분이 누구인지를 발견하고자 할 때 많은 침묵이 필요한 까닭도 마찬가지지요. 나 역시 많이 침묵하지 않았다면 지금 있는 이 지점까지 이르지 못했을 것입니다. 이런 일들이 내게 일어나기 시작한 게 불과 3년 전입니다. 피정하러 오는 사람들에게 늘 과정에 대해 이야기하는 것이 그런 이유입니다."

이 책을 쓰는 동안 나는 누구와도 대화를 하지 않았다. 돌이켜 보니 소중한 침묵의 시간이었다. 데미안 신부와 대화한 시간보다 더.

8

내면의 소리

때로 심리치료사들이 침묵을 중요시하고 감사히 여기는 모습은 여느 수도승 못지않다.

"내 경우에는 침묵이 심리요법에서 가장 중요한 부분입니다"라고 하이미 와이즈가 말했다. "개인이든 둘이 함께 하든, 환자와의 모든 세션에서 항상 침묵이 바탕이 됩니다. 모든 것이 고요함에서 나와서 고요함으로 되돌아간다고 하죠. 그렇다는 사실을 깨닫고 나면 침묵의 존재가 실제로 느껴집니다."

심리치료사가 되기 전 8년 동안 예수회 사제였던 와이즈는 침묵에 대해 "놀라울 만큼 겸허해서 절대로 간섭하거나 중단시키거나 뭔가를 약속하는 법이 없습니다. 볼 수도, 만질 수도, 맛보거나 냄새 맡을 수도 없지만, 맛보고 냄새 맡을 수 있는 세상 온갖 것들보다 더 높이 존재합니다. 내 역할은 그저 침묵 속에 머물게 해주는 것에 지나지 않습니다"라고 말한다.

와이즈보다 좀 직설적이고 더 현실적인 방식으로 침묵의 가치를 표현하는 심리치료사들도 있다. 35년째 심리치료사로 일해온 필립 허드슨 같은 이는, 내가 심리치료에서 침묵의 가치가 어떤지 이야기해 달라고 하자 아무 말 없이, 즉 침묵을 지키면서 미소 한 번을 지어 보이는 것으로 대답을 대신했다. 15초를 기다렸지만 그는 입을 열지 않았다.

말로 표현해 달라고 재차 부탁했더니 그는 웃음을 터뜨리며 이렇게 말했다. "침묵의 힘이 어떤지를 보여드린 겁니다. 뭔가 말을 해야겠다고 느끼셨지요? 이것이 경찰청 범죄수사과 형사들이라면 다 알고 있는 침묵의 힘입니다."

심리치료사들이 환자를 만나는 방식은, 예외는 있겠지만, 침묵이 중요하지 않거나 거의 아무런 역할도 하지 못하는 의사나 치과의사들과는 완전히 다르다. 심리치료사를 찾는 이들은 바이러스, 등의 통증, 치통 때문이 아니라 인생의 뒤얽힘이 원인이다. 근심, 혼란, 콤플렉스, 묻어놓은 트라우마, 실패한 결혼 등등.

환자들은 심리치료사가 고통을 덜어줄 알약이나 물약을 처방해 주리라고는 기대하지 않는다. 심리치료사와 환자 사이에는 오로지 말과, 말 사이의 침묵만 존재한다. 이들의 고통을 덜어주는 것은 치료사와 환자 사이에서 우러난, 이른바 통찰, 지혜, 영감이라고 하는 것들로부터만 나올 수 있다. 또한 심리치료사들은 경험적으로, 이러한 영감이 말에서 비롯되는 것과 마찬가지로 침묵에서 나올 수도 있다는 것을 알고 있다.

그들이 다루는 복잡한 이슈들의 속성 때문에, 또한 그들의 성품이 겸양해서일 수도 있겠지만, 존경받는 심리치료사들은 마치 자신들이 데우스 엑스 마키나(극이나 소설 등에서 마지막에 신이 등장해 복잡한 문제를 한꺼번에 해결해 버리는 식의 기법 - 옮긴이)인 것처럼, 또는 실제로도 그 비슷한 무엇인 것처럼 굴지 않으며, 대개 말을 많이 하지 않는 경향이 있다.

35년간 심리치료를 해왔으며, 예후디 메뉴인(미국의 유태계 바이올리니스트이며 지휘자 - 옮긴이)과 네빌 카더스(영국의 저명한 음악 평론가 - 옮긴이)의 전기를 쓴 작가이기도 한 로빈 대니얼스 역시 최고의 심리치료사는 서로 배운다는 태도로 환자를 대하며 상의하달식이 아니라고 말한 바 있다.

하이미 와이즈는 여기서 한발 더 나아간다. 자신의 기도는 늘 오늘 다른 이를 돕지 않게 해달라는 것이라고 한다. 자신이 누군가를 도우면 그와 자신 사이의 관계가 변하기 때문이다. 자신은 도움을 주는 사람, 그는 도움을 받는 사람이 되는데, 그것은 대단한 착각이 될 수 있다는 것이다. "내가 당신을 돕는다고 하면 나는 강한 사람이고 당신은 약한 쪽이 됩니다. 이것이 왜 위험한가 하면 그 순간부터 나의 자아가 드러나기 시작하기 때문이에요. 그래서 나는 돕는 자와 도움을 받는 자 사이의 구별을 없애려고 노력합니다."

이론상으로는 수긍을 하면서도 내심 '환자가 절박하게 도움을 구하는데 무슨 수로 초연하고 겸허한 상태를 꿋꿋이 유지할 수 있을까?' 하는 생각이 들었다.

심리치료사를 찾아가는 사람들 대부분이 더 이상 기댈 데가 없는 이들이다. 심리치료사를 찾아간다는 건 어떤 의미로 자신의 힘으로 더는 어찌해 볼 기력조차 없다고 고백하는 것이나 마찬가지다. 보통의 삶 속에서는 절대로 접근하지 않을, 자신이 살아온 삶의 가장 내밀한 곳까지 깊숙이 파고드는 것을 감수하겠다는 마음인 것이다.

또한 그들은, 심리치료실에서 많은 대화가 오고 갈 수 있겠지만 일정 부분은 힘든 침묵으로 대체될 수 있다는 것도 짐작한다. 아마 대부분이 전에도 이런 식의 심리치료를 해보아서 그것이 얼마나 불편한 경험인지를 알고 있기 때문이다.

그래서 대부분의 사람들은 심리치료실을 찾는 것을 내켜하지 않는다. 침묵과 정적이 지배하는 공간이기 때문이다. 또한 직감적으로 자신의 의식이 후회와 부끄러움에 사로잡히고, 그것들이 밖으로 나와야 할 때라는 걸 알아채기 때문이기도 하다.

게다가 사람들도 자신들의 아픔을 누그러뜨리는 그 어떤 위안도 속성으로 얻어지지 않는다는 것을 안다. 심리치료에 '퀵 픽스'(quick fixes, 당장 효력이 나는 수단 - 옮긴이)는 없으며, 적어도 수개월, 길게는 몇 년씩 심리치료사를 만나야 한다는 것을 알고 있다. 제대로 치료 효과를 거두려면 일 년 반 정도는 걸리고, 어린 시절의 상처를 회복시키는 과정이 포함되면 6~7년 정도의 시간이 필요하다. 어느 모로나 마냥 희망찬 기대를 걸기에는 과정이 녹록하지가 않다.

로빈 대니얼스의 경험으로는, 환자들이 심리치료사를 만나보기로 마음먹는 데는 꽤 오랜 시간이 걸린다고 한다. 마음을 먹은 뒤에도 다른 환자에게서 심리치료사를 추천받아 실제로 전화를 거는 데 또 시간이 걸리고, 그렇게 힘들게 전화 예약을 해놓은 뒤, 결국 예약을 미루는 전화를 또 건다는 것이다.

대니얼스는 이런 행동들이 지극히 정상이라고 말한다. "사람의 정신은 큰 행사를 앞두고서는 준비할 시간을 필요로 합니다. 그 시간 동안 환자의 무의식이 깊은 상처들 및 심리치료에서 얻게 될 희망을 수집하기 시작하지요."

위로로 삼을 만한 건, 심리치료사와의 만남은 외과적 수술이나 고해성사를 할 때처럼 막힌 방에 갇힌 느낌이 아니라는 점이다. 심리치료사의 방은 편하게 앉을 수 있는 안락의자나 소파를 갖춰놓은, 비교적 편안한 분위기로 꾸며져 있다.

그렇기는 해도 환자들로서는 심리치료실이 낯선 영토처럼 느껴지고 발을 들여놓기가 쉽지 않은 것이 사실이다. "예상을 할 수가 없는 거지요." 필립 허드슨의 말이다. "이야기를 시작한다는 것이 대단히 긴장되는 일이기도 하고요. '여기 누워야 하나요?' 같은 말이 나오기도 합니다. 의학적 치료는 증상, 진단, 치료로 이루어지지만 우리는 '서로를 어떤 방식으로 이해해 볼까요?' 하는 식이니까요."

　로빈 대니얼스에 따르면, 환자들은 대개 첫 세션에는 약간 일찍 도착하는 경향이 있다. 그건 긴장 때문이기도 하고, 어떤 면으로는 희망 때문이기도 하다. 그들은 일찌감치 와서는, 모든 것 ― 책과 각종 소품을 포함해 심리치료실 전부 ― 을 빨아들이기라도 할 듯이 둘러보고는 이 선생님을 믿어도 될지 스스로에게 심각하게 물어본다. 환자들은 그런 식으로 자신의 생존 메커니즘을 작동시키는 것이다. 아마도 십중팔구는 자신의 내면을 내보이는 것이 처음일 테고, 그런 만큼 자기가 제대로 주의를 기울이고 있는지 신경이 쓰이는 것이다.

　대니얼스는 첫 세션의 경우 좀 당황스럽고 난처한 침묵으로 시작되는 일이 많다고 한다. 무엇보다도 그들이 익숙하게 대해온 것들과는 아주 다른 종류의 만남, 대단히 친밀하면서도 매우 전문적인 만남이기 때문이다.

　대니얼스의 경우에도 처음에는 환자들이 마음에 품은 것들을 이야기할 수 있게 기다리는 것으로 시작한다. 그러나 침묵이 괴로울 지경이 되면 안 되므로 삼사 분쯤 후에는 먼저 말을 건다. "이야기를 시작할 수 있을 때까지 편안히 계셔도 됩니다. 어디서부터 시작해야 할지 가늠하기가 어려울 수 있어요. 그냥 마음에 뭔가 떠오르면 말씀해 주세요"라고 말이다.

　대니얼스는 가급적 첫 세션을 부드럽고 열린 분위기로 시작하려고 노력한다. 그러나 동시에 첫 세션의 면담이 의미 있는 성과를 거두려면 어마어마한 정서적 스태미나를 요구하게 될 수도 있다고 환자들에게 솔직하게 털어놓는다. 하지만 그렇게 일러주어도 첫 세션이 마무리될 즈음에는 대부분의 환자들이 편안해하는 기색이 되며, 실제로 좀 편해졌다고 이야기한다.

이후 그는 환자들에게 내담할 때 심리치료실에 들어서기 전 15분 정도 묵상하면서 무슨 이야기를 하고 싶은지 숙고하는 시간, 상담을 마치고 나서 15분 정도 치료사와 나눈 이야기들에 대해 되새겨보는 시간을 규칙적으로 가질 것을 권한다.

심리치료사들은, 삶 속에서 겪게 되는 침묵의 순간들에 환자들 대부분이 어떻게 대처해야 할지 전혀 모른다는 사실을 잘 이해하는 사람들이다. 대니얼스는 "오늘날의 문화는 침묵으로부터의 도피로 이루어져 있다고 할 수 있어요. 한 순간도 빈 채로 두지 못하고 가득가득 채우면서 조용한 순간을 참아내지 못하고 마냥 달리는 거죠"라고 말한다.

대니얼스의 말은 주로 우리 내면의 어두운 부분, 비밀스러운 측면, 수치심으로부터의 도피를 뜻한다. 자신의 낯설고 억눌려 있던 부분으로부터의 도피이기도 하다. 그런데 이 어두운 부분들과 마주볼 수 있다면 그 뒤에 밝은 빛이 있다는 것도 알게 된다. 침묵이 지닌 긍정적인 측면 중 하나는 상상과 희망 두 가지 모두를 자유롭게 풀어놓는다는 것이다.

대니얼스는 자신을 찾아오는 환자들에게 "자기 자신의 무의식적 자아가 만든 정글 속으로 들어가 볼 용기를 내면 좋겠다"고 말해준다. 그 속으로 들어갔다가 햇빛 속으로 나오라고 말이다. 대개 심리치료사들은 개발되기를 기다리는 잠재력을 매우 빠르게 알아챈다. 겉에 덮인 흙이 최상이 아닐 때도 몇 인치 아래에 아주 좋은 흙이 들어 있을 수 있다는 사실을 아는 것이다.

이 과정의 핵심은, 숱한 환자들이 침묵에 대해 지니고 있는 태도를 바꾸어주는 것이다. 대니얼스는 침묵이 달아나야 할 것이 아니라 매우 생산적인 토양이 될 수 있다는 것을 환자들이 알게 되기를 바란다. 침묵 속에서, 마치 서로 좋아하는 사람과 둘이 있을 때 아무 말이 오가지 않아도 행복한 것처럼, 편안할 수 있다는 것을 알게 되기를 바란다.

대니얼스는 이 과정에서 침묵의 역할을 다음과 같이 설명했다. "침묵은 뇌의 왼쪽과 오른쪽 반구 사이의 쌍방향 연결을 촉진시킵니다. 뇌의 왼쪽 반구는 흔히 서구식 마인드라고 하는 직선적, 분석적, 사고적인 부분을 담당하고, 오른쪽 반구는 공간적, 창조적, 직관적인 부분을 담당하며 더 폭이 넓지요. 침묵 속에서는 이 두 반구가 더 긴밀히 연결되므로 자기 자신과의 온전한 합일을 느낄 수 있습니다. 뿐만 아니라 그 과정에서 다른 사람과도 훨씬 가까워질 수 있어요."

그에 따르면, 침묵은 또한 온갖 종류의 새로운 통찰로 이끌어주기도 한다. 스스로를 틀에 가두는 자기제어의 패턴이나 파괴적인 행동이 부모 또는 권위를 지닌 인물을 모형화한 것에서 비롯되었다는 것을 알게 되는 것이 그 예이다. 그래서 심리치료사들은 침묵 속에 있는 것이 완벽하게 편안하다는 사실을 이야기해 주어 환자들을 안심시킨다. 침묵에 대해 더 깊이 이해하게 되면 세션에서도 훨씬 더 많은 것들을 얻게 될 것이라고 말해준다.

필립 허드슨 역시 침묵의 가치를 잊고 사는 사람들에게 침묵의 무엇이 좋은지 다시 일러주는 데 힘을 쏟고 있다. "침묵은 스스로에게 귀를 기울일 기회를 부여합니다. 선한 내면은 물론 욕구불만과 앙갚음이 내재된 악한 내면 모두에게요. 즉 심리치료에서 침묵은 제3의 무엇이라기보다는 자신의 두 내면 사이에 있는 비눗방울입니다. 둘 다 침묵하고 있지만 각기 다른 방식으로 침묵을 이용하는 것입니다. 침묵을 매개로 두 내면이 이어지고, 두 내면이 공히 침묵을 유지하는 거죠. 침묵은 힐링과 사랑을 품고 있습니다."

야단법석을 하며 무언가에 열광적으로 빠져 있을 때는 되돌아본다거나 귀 기울이기가 어렵다. 스위치를 끄고 삶 속에서 정말로 일어나고 있는 일이 무엇인지 찬찬히 살펴볼 여가가 없는 것이다. 그것은 마치 회사를 운영하면서 한 번도 회계감사를 하지 않는 것과 같다.

물론 침묵이 다 이런 식인 것은 아니다. 침묵은 우호적이기도 하지만 적대적이기도 하다. 40년간 이 분야에서 활약해 오고 있는 뛰어난 정신분석가 패트릭 케이스먼트는, 침묵은 힐링이 되기도 하지만 언제나 그런 것은 결코 아니라고 했다. 그는 자신도 정신병원에서 자살을 시도하고서 한참 만에 처음으로 자기 발로 심리치료실을 찾아갔었다고 털어놓았다.

병원에서 소개해 준 심리치료사를 찾아갔는데, 그 치료사는 무조건 환자 쪽에서 먼저 입을 열어야 한다는 걸 무슨 의식처럼 지키는 여자였다. 치료사는 세 차례에 걸친 세션 동안 단 한 마디도 하지 않았다. 그 역시도 자신에게 아무 말도 하지 않으려는 사람에게 자기 쪽에서 먼저 말하고 싶지는 않았다고 한다. 나중에는 진 한 병을 거의 다 마신 상태로 가서 세션 도중에 정신을 잃어 병원에 입원하는 사태까지 벌어졌다. 그 다음날 치료사가 '마침내' 입을 열었다. "그런 행동을 통해 하고 싶은 말이 무엇이었나요?" 케이스먼트는 "어떤 말도 할 생각 없이 그렇게 앉아만 있는 건 완전한 시간 낭비입니다"라고 대답했다. 그가 말하고 싶었던 건 '변화가 필요하다는 것'이었다! 그녀는 그대로 그를 퇴원시켰고 그것으로 치료도 끝이었다. 이런 식의 침묵은 결코 힐링도, 도움도 되지 않는다.

실제로 침묵에는 여러 종류가 있으며, 심리치료사가 지녀야 할 가장 중요한 스킬 중 하나는 개별 세션의 침묵 속에서 정확히 어떤 것이 진행되고 있는지를 읽어내는 능력이다.

대니얼스는 이를 "침묵의 색, 성질, 형태에 귀 기울일 줄 알아야 합니다"라는 말로 표현한다. "정확히 어떤 종류의 침묵인지를 감지해 내야 합니다. 환자가 뭔가 밖으로 나오기를 기다리며 준비를 하는 동안의 '기다림의 침묵', 환자가 깊은 내면을 공유한 뒤 그것을 소화해 받아들이는 동안의 '흡수의 침묵' 등이 있습니다. 또는 당장이라도 밖으로 표출해야 하는데 환자가 너무 부끄러워하거나 난처해서 입을 굳게 다물고 있는 '방어적 침묵'도 있어요. 그럴 때는 환자의 표정이나 몸짓에서 어떤 상태인지를 가늠할 수 있어야 합니다."

케이스먼트도 대니얼스의 말에 동의했다. 자신의 속내를 밖으로 옮길 수 없어서 침묵하는 환자들이 있는데, 이런 경우에는 꼭 말로 시작할 필요가 없다는 것이다. 침묵 자체가 하나의 소통일 수 있으며, 환자에 대해 파악하고 있으면 방 안 공기만으로도 뭔가를 감지해 낼 수 있기 때문이다.

"환자에 따라서는 자신이 말로 표현할 준비가 되어 있지 않다는 것을 일러주는 방법으로 침묵을 이용하는 이들이 있습니다. 세션 때마다 소파에 누워 손가락을 모아서 부채 형태로 쭉 펴는 걸로 시작하는 여자 환자가 있어요. 오 분 내지 십 분이 지나서 손가락 끝이 충분히 이완되었을 것이라 생각될 때 내가 '음?' 하고 의향을 물으면 그녀가 말을 시작합니다."

케이스먼트는 소파에 누워서도 안절부절 못하고 잔뜩 긴장해 있는 환자들에 대해서도 몸짓을 읽어내려고 노력한다. 그리고 "오늘 뭔가 힘든 일이 있나 보군요"라든가 "방 안에 근심의 기운이 가득한 것 같습니다" 등의 말을 건넨다. "근심이 어디서 비롯된 것인지에 대해서는 말하지 않아요. 나에게 전달되는 환자의 메시지에 귀를 기울일 뿐이죠. 만약 근심의 느낌이 전해지면 그 근심이 오롯이 환자에게서 건져낸 것인지 내 것인지 스스로에게 물어봅니다. 그런 뒤 내 것이라는 생각이 들면 계속해서 침묵을 유지합니다. 물론 침묵을 깨야 할 일이 생기기도 하지만 미리 어떨 것이라고 생각하지는 않습니다. 침묵을 둘러싼 게 무엇이든 그때그때 읽어내야 하는 거지요. 말하자면 나는 침묵에 두 가지 측면이 공존한다고 믿는 겁니다. 한편으로는 이럴 수 있고, 또 한편으로는 저럴 수도 있다는 거죠."

허드슨은 심리치료사에게는 침묵을 다루는 방식이 그 무엇보다 중요하다고 말한다. "포즈(pause)를 적절히 쓰는 것이나 마찬가지예요." 이 말은 아르투르 슈나벨을 떠올리게 한다(6장 참조 - 옮긴이). 달리 말해서 심리치료사는 악기를 다루듯 섬세하게 침묵을 연주해야 하는 것이다.

그렇다면 섣불리 판단하거나 서투른 중재로 세션을 잘못된 방향으로 이끌고 싶지 않을 때, 심리치료사는 적절한 침묵의 시간을 어떻게 가늠할까?

대니얼스는 이에 대해 이렇게 말한다. "심리치료사는 침묵을 깨뜨리는 당사자가 누구인지를 늘 살펴야 합니다. 물론 대개는 환자의 몫이에요. 그렇지 않으면 침묵이 징벌처럼 되어버릴 수 있습니다. 일단 환자가 침묵을 깰 수 있게 두되, 30분이 넘어가면 분위기가 너무 무거워질 수 있기 때문에 이때는 심리치료사가 먼저 말을 시작해야 합니다. 단, 어떤 판단도 개입되지 않은 중립적인 말이어야 해요. '의자는 편안하신가요?' 같은 식이지요."

심지어 어떤 심리치료사는 환자와 꼬박 한 시간 동안 말없이 앉아 있던 적도 있었다고 한다. 환자와 이전에 주고받았던 말을 찬찬히 소화하고 흡수할 시간이 필요했기 때문이었다.

그런데 허드슨은 이런 식의 긴 침묵은 "치료사로서의 자격 남용"일 따름이라고 한다. "나는 4~5분 정도 침묵을 유지하지만 그 이상은 그러지 않습니다. 그 정도로도 충분히 긴 시간이라고 생각합니다. 환자의 침묵에는 나름의 이유가 있지만 그 시간이 길어지는 건 심리치료사의 문제일 수 있어요."

물론 허드슨 역시 침묵이 환자를 돕는 열쇠로 작용했던 경험이 셀 수 없이 많았다. 알코올 중독인 어머니와 단 둘이서 유년 시절을 보내야 했던 한 환자도 그런 경우였다.

환자는 벽난로 앞의 소파에서, 술에 취한 어머니 옆에 앉아 있는 시간이 많았다고 한다. 환자는 걱정으로 뻣뻣하게 굳어 있었던 당시의 감정을 생생히 기억하고 있었다. 그때 고작 다섯 살이었는데도 말이다. 어머니가 자기한테 소리를 지르거나 때리는 건, 자주 그랬는데도 무섭지 않았다고 한다. 환자가 두려웠던 건 어머니가 통제 불능이 되는 상황이었으며, 그렇게 되지 않으려면 어머니가 자기에게 전혀 해를 끼치지 않았다고 생각하게 만드는 것이 자기가 할 일이라고 여겼다. 완전한 역할 전도였다. 다섯 살 난 어린아이가 부모처럼 서른여덟 살 어머니 옆을 지켰으니까.

결국 어느 날 그 어머니는 벽난로 속으로 굴러 떨어져 불에 타 죽고 말았다. 환자가 허드슨에게 이 이야기를 들려주기까지는 오랜 시간이 걸렸고, 그 사이에는 수많은 침묵의 순간들이 있었다. 환자는 "가엾고 불쌍한 어머니!"라는 말을 계속했다. 허드슨은 그의 이야기에 대해 꽤 오래 생각했고, 그런 뒤 떠오른 말은 "그런데 당신 자신에 대해서는요?"였다.

환자는 아주 오랫동안 입을 열지 않았다. 아들로서의 의무감 때문에, 그리고 상황의 끔찍함 때문에 그 비극이 자신의 삶에 어떤 영향을 미쳤는지 생각해 볼 엄두조차 못 냈던 것이다.

처음에는 "나에 관해서요? 나의 무엇을요?"라고 반복해 말했지만, 그후 침묵 속에서 그는 그 일이 실제로는 자기 탓이 아니라는 생각을 하기에 이르렀다. 그전까지는 늘 "오, 맙소사. 내가 엄마를 구해냈어야 했어!"라는 식이었다. 결국 환자는 허드슨이 아무 말도 안 했는데 스스로 해결의 연결고리를 만들어낸 셈이었다. 이렇듯, 침묵 속에서는 이야기가 다른 방식으로 전개되고, 다른 방식으로 결론지어진다.

침묵을 통해 이전에는 알지 못했던 실마리를 찾아내는 경우도 있다고 허드슨은 말한다. 80세의 노부인이 우울증으로 찾아온 적이 있었다고 한다. 알고 보니 노부인은 네 살 때부터 성적인 학대를 받았는데 아무에게도 털어놓지 못하고 살아온 것이었다. 그런데 본인은 그 일이 지금의 삶에는 아무런 영향을 미치지 않는다고 생각하고 있었다.

허드슨은 노부인에게 말을 하는 중간중간에 자신이 한 말에 침묵하며 '귀 기울이는' 시간을 가져보게 했다. 한참 동안이나 가만히 있다가 그녀는 "그게 그 뜻이었나? …… 내가 그렇게 생각하고 있었다니?"라고 말했다. 그녀는 생전 처음으로 자기 자신을 진단해 보는 시간을 가진 것이다. 그녀가 만난 의사들은 한결같이 '지난 3년 동안에 일어난 나쁜 일'에 대해서만 물어보았다고 한다. 3년이 아니라 76년 동안의 일을 물었어야 했다. 인간의 마음에 정해진 시간표란 없기 때문이다.

침묵이 두드러지게 중요한 역할을 했지만 매우 다른 방식으로 작용한 경우도 있다. 북부 런던에 사는 어느 부부가 남편이 밖에 세워둔 차에서 잠을 잘 정도로 결혼생활이 파탄지경에 이르렀는데, 싸움을 거듭하다가 절망적인 심정으로 심리치료실을 찾았다.

"앞을 못 보는 사람조차도 무엇이 문제인지를 알 수 있겠더군요"라고 허드슨은 말했다. "남편이 말을 시작하자 아내도 같이 말을 했고, 아내가 말하자 남편도 동시에 말을 하는 겁니다. 잠시 후에 나는 손뼉을 쳐서 두 사람의 말을 중지시켰어요. '조용히 하세요! 이곳에는 규칙이 있습니다. 한 사람만 말할 수 있고 그 동안 한 사람은 이 펜을 들고 있는 겁니다. 동전을 던져서 누가 먼저 말할지 정할 거예요. 동전의 면을 맞힌 사람에게 펜을 드릴 거고요. 나머지 한 분이 하고 싶은 말을 하시되, 시간은 각각 5분 드립니다.'"

결국 남편이 먼저 말을 시작했다. 늘 그랬던 것처럼 아내가 말을 자르고 끼어들었다. 그 아내는 아주 예민한 상태여서 즉각적인 방어를 하지 않으면 안 될 것 같다는 태도였다. 허드슨이 그녀의 말을 막아주어서 남편은 할 말을 끝냈다. 딱 90초가 걸렸다. "다 하셨습니까?" "예."

아내가 이제 자기 차례라며 말을 시작하려 했다. 허드슨은 그전에 먼저 남편이 방금 한 이야기를 어떻게 이해했는지 들은 그대로 말해 보라고 권했다. 그녀는, 아주 잘했다고는 할 수 없었지만 남편의 말을 허드슨에게 대체로 들은 그대로 옮겼다. 그러고는 곧장 또다시 자기 차례를 주장했다. "아직 아닙니다." 그는 아내를 다시 제지하고 남편을 향해 아내 쪽에서 한 말에 수긍을 하느냐고 물었다. "네, 뭐 대충은요." "할렐루야! 두 분은 지금 의견 일치를 하신 거예요."

그 다음 자신의 차례에 아내는 고속열차처럼 말을 쏟아냈다. 남편이 중간에 끼어들고 싶어 했지만 이번에도 허드슨이 제지했다. 이후 그 부부는 다시 찾아오지 않았다. 남편은 더는 차에서 자지 않게 되었고, 펜 대신에 차 열쇠를 이용해 한 사람씩 말하기로 했다는 이야기만 전해왔다. 이 부부에게는 심리치료사가 침묵을 과제처럼 부과한 것이 효과가 있었던 것이다!

하이미 와이즈는 심리치료사로서의 적지 않은 세월을, 결혼생활로 갈등을 겪는 부부들과 함께해 온 사람이다. 그는 부부가 심리치료사를 찾아올 때는 드러난 문제들에 대해 이미 서로 많은 이야기를 나눈 뒤이며, 더 이상은 관계의 해법을 찾을 수 없다고 판단한 상태임을 염두에 두고 세션을 진행한다. 그래서 그는 자신의 역할이 함께 절망의 뿌리까지 내려가 보는 것이라고 여긴다.

두 사람이 서로 하고 싶은 이야기는 할 만큼 한 상태일 것이므로 침묵이 훨씬 더 좋은 방법일 수 있다고 생각하는 것이다.

물론 처음에는 두 사람의 이야기를 잘 들어준다. 그런 다음 두 사람이 어떻게 해서 처음 만났고, 어떻게 결혼하게 되었는지에 대해서, 말로 하지 말고 '침묵 속에서' 생각해 보라고 한다. 그러면서 두 사람이 같은 학교를 다니면서 친구들과 어울려 다녔던 추억을 떠올려보게 하는 것이다. 남편 쪽은 이렇게 회상해 보기도 할 것이다. '정말로 그땐 아내가 아주 매력 있고 사교적이기도 했어. 나는 말이 없는 편이어서 그녀의 활달함이 좋았지.' 아내 쪽에서는 또 이렇게 생각할 것이다. '나는 좀 가벼운 성격이었어. 그래서 그의 차분함이 좋았지.'

여자는 대단히 명랑하고 남자는 아주 과묵할 때 두 사람은 서로를 채워줄 수 있을 거라고 생각해 결혼한다. 그러나 시간이 흐르면서 남자는 '도대체 이 여자와는 진지한 대화를 나눌 수가 없어. 정말 김 빠지는군'이라고 생각하기 시작한다. 여자는 '세상에! 둔하고, 차갑고, 매력이라고는 없어'라고 생각하게 된다. 그러면 더 이상은 서로를 이해할 수 없다는 결론에 이른다.

와이즈가 던진 질문은 두 사람이 유대관계에서 각자 무엇을 기대했었는지를 다시 생각해 보게 하는 것이었다. "비트겐슈타인은 내가 가장 좋아하는 철학자입니다. 그는 몸이란 영혼을 나타내는 최선의 표상이라고 했어요. 나는 두 사람과 함께 침묵 속에 앉아서 그들의 몸이 말하는 것을 알아내려고 노력합니다. 어떤 사람들은 두뇌 위주로 살고, 어떤 사람들은 가슴 위주의 대단히 정서적인 삶을 살며, 또 어떤 사람들은 배에 힘을 주고 뚝심으로 삽니다. 저마다의 삶의 방식이 매우 강하고 완고하지요."

와이즈가 예를 든 이 부부의 경우에는 난처한 상황이 되면 남편은 분석에만 집중하고 아내는 정서적인 상처에만 몰입한다. 그러면 두 사람은 마치 깜깜한 밤에 항해하는 배처럼 서로 맞추어가지 못하고 오히려 자신들이 함께할 수 없는 이유를 찾게 된다. '저 여자는 히스테릭해. 도무지 집중을 못해.' '저 사람은 진짜 벽창호야. 아무 것도 못 느끼는 사람에게 무슨 말을 할 수 있겠어?' 결국 두 사람은 홀로 남겨졌다는 감정의 심연과 맞닥뜨리게 된다. 곁에 아무도 없다는 확신을 갖게 되는 것이다.

심리치료사는 두 사람을 다시 침묵 속으로 불러들여 자신들의 사고나 감정이 어디에서 비롯되었는지 그 근원을 탐색해 볼 수 있게 한다. 그러면 남자 쪽에서는 이런 이야기가 나올 수 있을 것이다. '아버지는 학교생활을 잘하라고 격려해 주셨어. 풋볼 시합 때는 늘 나를 자랑스러워하셨지.'

아마 여자 쪽은 이런 이야기를 할 수 있겠다. '우린 여자니까 꼭 대학에 갈 필요는 없다는 말을 들으며 자랐어.' 말하자면 그녀는 자기가 2류라는 의식을 지니고 있었으며, 주변 사람들이 자신을 있는 그대로 받아들여준다는 느낌을 갖지 못했던 것이다. 그러니 모든 것이 트라우마이고 사방이 지뢰밭인 것이다.

이렇게 문제의 근원이 파악되었다고 생각되면 와이즈는 남편에게 이렇게 말한다. "알고 보니, 당신은 문제가 닥치면 머리 속으로 들어가 버리고 온갖 감정들을 뒤에 내버려두는군요." 또 아내에게는 "당신은 감정으로 세상에 홍수를 일으키려 하는군요. 그 홍수 뒤에 아무 것도 남지 않게 된다는 것도 생각하셔야 할 텐데요. 당신은 단지 남편이 높은 데서 내려다보듯 훈계한다고 생각해서 두 분의 유대관계를 의심하는 것 아닌가요?"라고 말해준다. 여기까지 하고 나면 남는 것은 두 사람이 침묵 속에서 이 부분을 되새겨보는 일뿐이다.

와이즈에 따르면 지금껏 그가 상담한 부부 중 30퍼센트가 잘못된 선택을 했다는 결론을 내리고 헤어졌지만, 70퍼센트는 문제의 뿌리를 파악하고 함께 지내기로 결정하여 유대관계를 지속하고 있다고 한다.

때로 결혼은, 침묵 속에 갇힌 채 치유되지 않고 남아 있는 깊은 트라우마 때문에 위기를 맞는다. 이런 경우에는 실제로 말을 하느냐 입을 다무느냐가 중요하지 않다고 패트릭 케이스먼트는 말한다. 입으로는 말을 하지만 그 너머에 더 많은 것들이 남아 있는 경우가 많기 때문이다.

부인과 질환으로 5년 동안 고통받아 온 30대 여성이 케이스먼트를 찾아온 적이 있었다. 그녀는 그 병 때문에 자신의 몸이 섹스를 할 수 없는 상태라고 생각하고 있었다. 이것이 결혼생활의 큰 스트레스가 되었고, 남편과 결별 위기에 이르게 되었다고 했다. 그녀는 전문가라는 전문가는 다 찾아다닌 끝에 최후의 수단으로 케이스먼트를 찾아온 것이었다.

그녀는 남편과 오랜 교제 끝에 결혼했고, 집을 장만했으며, 아이들이 태어나는 시점에 맞춰 가구도 새로 들여놓고 살았다. 첫 아이를 순산할 때까지는 만사형통이었다. 그런데 생후 6개월 되던 무렵부터 아기가 비명을 지르기 시작했고, 계속해 비명을 지르다가 결국 돌이 되기 얼마 전에 세상을 떠나고 말았다. 그 뒤에도 이런 일이 반복되었다. 첫째 아들을 그렇게 보내고 둘째인 딸도 출산 때까지는 아무런 문제가 없었다. 그런데 생후 6개월째에 딸도 비명을 지르기 시작했고, 큰애 때와 똑같이 돌을 앞둔 어느 날 세상을 떠났다.

같은 일이 일어난 이유가 유전적인 요인 때문이라고 생각한 여자는 불임수술을 받았다. 뱃속에 셋째를 가진 상태였다. 그녀는 죽은 두 아이와 한 태아의 어머니였던 것이다. 그녀는 이 모든 이야기를 아주 무표정한 얼굴로 읊조렸다고 한다. 그 어떤 감정도 드러내지 않았다는 것이다.

이야기를 듣던 케이스먼트가 오히려 울컥해서 눈물을 보일 뻔했다고 한다. 그 순간 케이스먼트는 그녀가 스스로 용납할 수 없어 하는 감정들이 있을 거라는 확신이 들었다. 자신이 도와줄 수 있을 것 같았다.

그는 부인에게 "혹시 자녀들의 죽음에 맞닥뜨려서 울면 안 된다고 생각하신 건 아닌가요?"라고 물어보았다. 과연 그녀는 첫 아이를 보내고 난 뒤부터 한 번도 울지 못했다고 대답했다. 아들의 장례를 치르고 난 후 눈물이 치밀어 오르는 느낌이었지만 '참았다'고 했다. 그는 "분명히 도와드릴 수는 있습니다만 아주 고통스러울 것입니다"라고 말했다. 그는 그녀에게 과거의 모든 경험들과 마주보게 했다. 점차로 그녀는 자신의 슬픔을 향해 손을 뻗을 수 있게 되었고, 마침내 울었다!

"그 과정에 대해서는 설명하고 싶지 않고 그럴 필요도 없을 겁니다. 그야말로 말을 뛰어넘는 경험이었고, 그녀의 울음은 말로는 표현할 수 없는 것이었어요. 그녀가 정서적 고통을 견딜 수 있게 되면서부터 고통을 몸으로 다 받아내는 일도 사라지기 시작했고, '부인과적' 고통도 경감되었지요. 그녀가 수년 동안 부인과 질환이라고 여겼던 것은 발산되지 못한 슬픔이었던 것입니다."

아무리 심리치료사라고 하지만 이런 경험을 하고 나면 완전히 탈진하지는 않을까? "뭔가 출구가 보이는 느낌이 없었더라면 기운이 소진되고 말았을지도 모르겠습니다. 그러나 결과적으로는 환자와 더불어 목적지에 도달했다는 느낌 때문에 더 기운이 났다고나 할까요? 결국 그녀는 아주 오랫동안 미뤄두었던 애도의 시기로 들어갈 수 있었습니다. 그런 뒤 남편과의 잠자리도 다시 가능해졌지요. 즐겁게요."

심리치료사를 찾아가는 것은 공간과 시간을 구매하는 일이다. 침묵과, 침묵 속에서 보이는 모든 것들이 그 공간의 일부이다. 또한 이 침묵은 심리치료사에게는 값을 매길 수 없는 자산이다.

하이미 와이즈는 어린 시절 자신의 방 벽에 걸려 있던, 눈을 감고 나뭇가지에 앉아 있는 올빼미 그림을 잊을 수 없다고 말했다. 매일 밤 그 올빼미가 눈을 뜨고 자신을 바라보는 걸 느끼며 잠이 들곤 했는데, 올빼미 아래에 이런 글이 적혀 있었다. 그리고 이 글은 자신의 영혼 깊이 스며 있다고 한다.

현명하고 나이 많은 올빼미가 떡갈나무에 살았어.
그 올빼미, 더 많은 걸 볼수록 덜 말하며 살았지.
그 올빼미, 덜 말하는 대신 더 많이 들었지.
우리도 저 나이 많은 새처럼 살아볼까?

9

선의 엄격함

로즈마리라는 친절한 여승의 초대로 옥스퍼드의 한가운데서 열리는 좌선(坐禪)에 참여하게 되었다. 선(禪)에 대해서는 거의, 아니 전혀 모르는 채였다. 그저 '사는 것이 힘들 때 시작하면 나쁘지 않은 것' 정도로만 생각했다. 그러나 좌선에 참여하고 나서 나는 한 차례, 사실은 서너 차례에 걸쳐 깜짝 놀라게 되었다.

그날 저녁의 좌선에는 로즈마리를 포함해 세 여자와 다섯 남자, 모두 여덟 명이 참석했다. 제각기 아주 편안한 옷, 굳이 말하자면 실내복 같은 옷차림을 하고 있었고, 모두 신발과 양말을 벗고 있었다.

방은 아주 꼼꼼하게 정돈되어 있었다. 명상 자리의 바닥에는 검은색의 네모난 명상 방석들이 놓여 있었고, 각 방석마다 역시 검은색의 둥근 등받이가 놓여 있었다. 중앙에는 양초와 꽃, 검은색의 조그만 불상이 놓인 일종의 제단이 차려져 있었다.

바닥에 가부좌로 앉아야 하는데 내가 자세를 못 잡고 안절부절하자 로즈마리가 의자 쪽으로 불러 좌선을 시작할 때의 앉은 자세에 대해 속성 강의를 해주었다. 발을 어떻게 놓는지를 직접 보여주고 한 손을 다른 손 위에 엄지손가락 끝끼리 닿게 포개 넓적다리 위에 내려놓으라고 했다.

명상 자리로 올라설 때는 반드시 왼발부터 들어야 하며, 두 손을 모아 절을 해야 한다. 그런 뒤에도 몇 차례의 절을 한 다음 눈을 반쯤 감고 시선을 아래로 향한다. 다른 건 몰라도 선의 수행에 임시 또는 쉽고 편한 길 같은 것은 없었다.

일러준 대로 내 방석을 향해 절하고, 방에 있는 다른 사람들에게도 절한 후에 방석에 앉아, 다른 사람들처럼 벽을 향해 돌아앉았다. 면벽은 생각 너머로 나아가기 위함이다. 실제로 해보니 가만히 앉아 있기에 안성맞춤인 자세였고, 가지고 있던 생각들이 마음속을 가로질러 휙 스쳐가는 느낌이 들었다. 긴장이 많이 풀렸다. 사실은 좀 지루했다.

때때로 종이 울리기도 했지만, 그것과는 별개로 완전한 침묵이 이어졌다. 침묵은 로즈마리가 호흡을 가다듬으로고 중얼거리듯 이야기해 줄 때만 잠깐씩 흩어졌다. 호흡을 가다듬는 것은 사람들을 '현재의 순간으로 돌아올 수 있게' 돕는 역할을 한다. 대략 삼십 분이 지나자 모두들 일어나 짧은 걷기 명상 ― 경행(經行)

이라고 하는 − 을 시작했다. 방 안을 원을 그리듯 천천히 걷는 것이었다. 나는 그렇게 위엄 있는 걸음걸이로 움직이는 것이 낯설어서 엄청나게 어색했다.

그 다음에는 또 한 차례 삼십 분간의 좌선을, 역시나 완전한 침묵 속에서 행했다. 로즈마리가 졸리면 눈을 뜨라고 해서 간간이 눈을 뜨기는 했는데, 나중에 로즈마리는 자기도 잠이 와서 그렇게 했다고 말해주었다. 그날의 좌선은 나로서는 도통 알아들을 수 없는 대화를 끝으로 마무리되었다. 그 외계어가 고대의 중국어와 일본어가 섞인 말임을 나중에 알았다.

사람들은 지극히 짧은 대화 후, 미련 없이 흩어졌다. 좌선 체험을 통해 내가 느낀 것은 내내 방 안을 감싸고 있던 신실한 포근함 또는 동료의식이었다. 그러나 즐거움의 감정은 분명 아니었다. 그 시간 동안 우리 모두는 자기만의 공간 속에 고립되어 있었다. 모든 부분이 종교 의식을 연상케 했지만, 흔히 생각하는 집단적인 종교 행사와는 많이 달랐다.

나중에 로즈마리와 이야기를 나누어보니 그것이야말로 정확히 의도된 것이라고 했다. "우리는 사람들이 사교적인 이유로 여기 오는 걸 원치 않습니다. 스스로를 내면의 침묵 속으로 뿌리내리게 하는 것이 중요하기 때문에 좌선 전이나 후에 말을 많이 하는 것은 도움이 되지 않습니다."

사람들이 서로 잘 지내든 불화하든 개인적 유대관계는 모두 마음을 어지럽힐 뿐이다. '간편복' 차림을 하는 것도, 사람들을 모두 같아 보이게 하여 개인적인 성격이나 인간관계에 대한 관심을 덜 두드러지게 하기 위한 것이다.

그녀 자신도 참석한 사람들에 대해 알 필요가 없었다. 실제로 그녀는 사람들에게 무슨 일을 하는지 묻지 않았다. 그녀는 오로지 좌선을 돕는 역할을 수행할 뿐이었다.

대화를 장려하지 않는 또 다른 이유는 기대감에 대한 우려 때문이었다. 기대하는 것이 왜 나쁠까? 누군가 수행 중에 발견한 것들을 이야기하다 보면 '저 사람은 저렇게 대단한 경험을 했는데 왜 나는 안 되지?'라는 생각을 할 수 있기 때문이다.

그렇다면 좌선은 무엇을 위한 것일까? 일종의 깨우침을 구하는 것? 로즈마리에게 '선' ― 소토(Soto), 9세기에 형성된 선종의 한 갈래 ― 은 수행 자체가 깨우침이다. 소토 선종은 깨우침을 구하지 않는다. 각자 이미 지니고 있기 때문이다(소토 선종은 조동종曹洞宗을 가리킨다. 조동종의 선법이 여기서 말하는 묵조선默照禪, 즉 침묵 좌선이다. 이에 반해 선종의 다른 갈래인 임제종臨濟宗에서는 화두를 공부해 나가는 간화선看話禪의 선법을 채택한다 - 옮긴이).

좌선을 시작할 때는 자기 자신을 위한 무언가를 찾으려 해서는 안 되며, 특정한 기대를 가져서도 안 된다. 이 수행은 내면의 침묵 속에서 자아(ego)를 뛰어넘는 자기 변화를 향해 나아가야 한다.

"선에서 말하는 두 개의 자신(self)이 있습니다. 하나는 우리가 내적 침묵 속에서 찾는 참된 자신이며, 다른 사람들과 이어집니다. 또 하나는 개인적인 생각들로 가득 차 있으며, 만족과 스스로를 위하는 것들을 추구하는 자신입니다."

로즈마리는 여기까지 말하고 나서 갑자기 입을 다물었다. 이미 적정한 양보다 더 많은 말을 해버렸기 때문이라고 했다. 왜 굳이 말을 줄여야 하느냐고 물어보았다. "더 많이 설명하려 할수록 다른 사람의 마음에 더 가까이 다가가는 일이 되니까요. 언어가 자아의 한 부분이기 때문이지요"라고 그녀는 대답했다.

그녀가 조금 녹어진 태도로 들려준 이야기에 따르면, 내적 침묵이야말로 사물의 정수다. 내적 침묵은 우리로 하여금 실체를 가리거나 오해를 만들어내는 생각과 사상에 덜 사로잡히게 해주며, 시도 때도 없이 자아에 휘둘리지 않을 수 있게 도와준다.

불교는 다양한 모습으로 존재하지만 공허 침묵을 경기장으로 삼는다. 더없는 기쁨, 깨우침, 자아로부터의 놓여남을 획득하기 위한 전쟁터인 것이다. 때로는 그 전념과 열중이 너무 놀라울 정도여서, 지극히 평범한 기독교인의 눈에는 몸이 불편해 활력을 잃어버린 생명체처럼 보이기도 한다.

그럼에도 선은 상대적으로 '두뇌적'인 서구인들의 마음을 끄는 특별한 매력을 지닌 것 같은데, 그것은 수수께끼, 패러독스, 미스터리 속에서 기쁨을 찾는 성향과 무관하지 않을 것이다. 선의 수행자들은 질문을 받으면 그 질문을 한 사람의 면전에다 질문을 되던짐으로써 그 순간을 넘기려는 경향이 있다. 내가 "선의 핵심은 무엇인가요?"라고 한 남자에게 물었더니 그가 마치 약을 올리듯이 "당신의 핵심은 무엇인가요?"라고 물은 게 그런 예다.

선은, 온갖 교리로 무장하고 그에 따라 사는 매력 없는 얽매임 ― 그들의 표현 ― 으로부터 자유롭다. 따라서 신앙이 없는 사람들은 물론 신앙이 있는 사람들에게도 선의 수행은 별다른 심리적 거부감 없이 편안하게 느껴진다. "진에 토닉을 붓는 것이나 토닉에 진을 붓는 것이나 같지요"라고 정기적으로 좌선을 하는 선 수행자 중 영국 국교회 신자 한 사람이 말했다.

"나는 독실한 크리스천이에요. 예전에는 침묵 속의 진정한 기도에 대해 이야기하는 종교적인 책을 많이 읽었습니다. 문제는 읽은 것이 기도에 반영되지 않는다는 것이었어요." 그래서 그는 지금 '순수한 침묵' 속에 좌정하는 것만을 추구한다. "침묵 속에 진리가 있기 때문"이라고 한다. 지금도 침묵 속에서 진리를 찾는 것이냐고 물어보았더니, 그는 이렇게 대답했다. "혹은 진리가 나를 발견하는 걸까요?"

도대체 좌선하는 사람들이 침묵 속에서 얻게 되는 것은 무엇일까? 밤길을 재촉하는 한 남자를 불러 세워, 어느 정도 부정적인 대답을 예상하며 물어보았다. 그런데 내 짐작이 틀렸다. 더 이상 틀릴 수 없을 만큼 완전히 잘못 짚었던 것이다.

그는 등불 아래에서 눈을 빛내며, 선이 그의 인생을 근본적으로 바꾸어 놓았다고 대답했다. 어마어마하게 행복하게 해준다는 것이었다. 늘 영적인 문제에 관해 심각한 의문을 지니고 살았는데, 선이 '일깨워준 것'은 모든 것이 순전히 생리적(physiological)

이라는 사실이었다고 했다. 또한 침묵이 선의 열쇠이자, 만물의 핵심이라는 것도.

그에게서는 열의가 마치 멈추지 않는 물처럼 쏟아져 나왔고, 어느새 우리는 근처의 바에 앉아 함께 커피를 마시고 있었다. 마이크는 인간이 선 수행을 통해 자기 본위에서 이타주의의 뇌 구조로 바뀌어갈 수 있다고 말했다. 타인 위주로 생각하게 된다는 것은 시간이나 자신에게 얽매이지 않게 된다는 것이며, 자기 본위적 행동을 자극하는 뇌 영역을 우회할 수 있게 된다는 것이라고도 했다.

마이크는 도로에서 차를 운전할 때를 비유해 설명해 주었다. 운전 중에 우리의 자아는 쉴 새 없이 밟으라고 부추긴다. 그런 마음 상태에서는 오로지 앞의 차만 의식하여, 앞차들을 추월하고 싶은 욕구에 사로잡힌다는 것이다. 그러면 도로 밖에 더 넓은 세상이 있다는 사실은 안중에도 없게 된다.

이와는 대조적으로 선은 운전자를 붐비지 않는 옆길로 이끌어, 세상이 얼마나 아름다운지 볼 수 있게 하고 감사히 여기게 만든다. 자아에 의해 들볶이지 않는 곳으로 데려가는 것이다.

선의 형태 중에는 그가 말하는 '깨우침'을 얻는 데 수년씩 걸리는 경우도 있다. 그가 하는 좌선이 바로 그런 조동종의 수행 방식이다. 반면에 7세기에 시작된 임제종 — 그가 더 선호하는 — 에서는 짧게는 7주 만에 깨달음이 오기도 한다. 일본의 수행자들은 깨우침을 돕기 위한 방편으로 선사(禪師)들이 좀 거친 방법, 이를테면 좌선 중에 주의가 흐트러지거나 잠에 빠져드는 징후가 보이면 경책(警策)이라고 하는 작대기로 어깨를 때리는 방법을 서로 용인한다. 그만한 가치가 있기 때문이다. 그는 이런 종류의 훈육을 받아들일 자세가 되어 있으며, 당장에라도 일본에 가고 싶어 했다.

"깨우침이 왔는데, 그 시간은 아주 짧았어요. 7초에서 15초 사이였습니다." 그가 말했다. 그러나 그 짧은 순간이 모든 것을 가치 있는 것으로 만들어주었다. 자신이 온 세상과 하나로 합쳐진 듯한 느낌이 들었기 때문이다. 그러나 이후로 다시는 그와 같은 느낌이 오지 않았다.

마이크는 크리스천으로 거듭난 이들이 그러듯 좀 지나치다 싶을 만큼 열광하는 면이 있었다. 그만큼 열성적인 개심자를 만난 적이 없을 정도였다. 그러나 그는 약물로 정신이 멍해진 괴짜가 아니라 엄연히 스태퍼드서 지역 벽돌공의 아들이었다. 영국 공군에서 뱀파이어 제트기를 몰다가 제대 후 민간 항공사의 조종사로 일하고 있다. 이후 그는 나의 유쾌한 말벗이 되었다.

이보다 훨씬 많은 사람들로 이루어진 또 다른 선 그룹이 있는데, 북부 옥스퍼드의, 두 세대가 연립해 있는 주택에서 모이는 이 사람들은 조동종의 선법에 임제종 선법을 강력하게 혼합한 형태의 선을 행한다. 특히 공안(公案, 불교적인 의미의 화두 - 옮긴이) ― 논리적 분석을 허용하지 않는 난문 ― 을 이용해 심취자들이 깨우침에 도달하여 참된 자신을 발견할 수 있게 돕는 것이 특징이다.

길을 잘 몰라 헤맨 끝에 찾아갔더니, 거기서는 앞선 좌선과는 사뭇 다르게 노사(老師)라는 사람이 설법을 하고 있었다. 그가 말하기를, 10세기 또는 11세기에 한 선사가 선승의 질문에 대답을 하고 있었는데, 선승이 지혜의 몸, 즉 본체가 무엇이냐고 묻자 선사는 이렇게 대답했다고 한다. "굴이 달빛을 삼킨다네."

노사는, 그 무렵의 중국에서는 굴이 밤에 수면으로 올라와 입을 벌리면 달빛이 그 속으로 들어가 진주를 빚어낸다고 믿었기 때문에 그런 답이 나왔다고 설명해 주었다. 이야기 속의 선승은 이어, "지혜의 작용은 무엇입니까?" 라고 물었다. 선사의 대답은 "토끼가 새끼를 배게 되지" 라는 것이었다. 이것은 우주의 끊임없는 창조성을 표현한 말이었다. 듣고 있자니, 마치 시 좋아하는 사제가 구약성서의 불명료한 단락을 시적으로 설명해 보려고 애쓰는 것 같은 느낌이 들었다.

그런 다음 노사는 최근 이 그룹이 5일 동안 세신(sesshin) — 또는 피정 — 을 했으며, 그 사이에 침묵의 각기 다른 다섯 단계를 지나는 노력을 했다고 말했다. 첫 단계는 서로에게 말을 걸지 않는 것이었는데, 이틀간은 수월했지만 시간이 지날수록 말을 하지 않기가 훨씬 힘들었다. 두 번째 단계는 스스로에게 말을 하지 않는 것이었다.

세 번째 단계는 몰아의 경지로서, 말을 하는 존재로서의 자신이 없어지게 만드는 것이며, 네 번째는 그것조차 뛰어넘어 '순수

한 에너지의 상태'에 드는 것이었다. 마지막은 우주와 하나 됨의
경지인 일종의 침묵이었다. 그는 이것이 깊은 내적 침묵의 진정
한 결실이라고 했다.

교외의 가톨릭 수도원에서 수행된 세신은 분명 가벼운 마음으
로 참여할 만한 것이 못 되었던 것 같다. 아침 6시 15분에 첫 좌
선이 시작되었고, 저녁식사 후 8시 45분에 마지막 좌선이 시작되
었다. "정말로 무서울 만큼 좌선을 했습니다"라고 참여했던 한
남자가 말했다. 지원자들은 수련을 잘할 수 있게 도와주는 경책
을 수시로 어깨에 받아내야 했다.

그러나 고생한 보람도 없이, 피정자들 모두가 그들이 추구한
깨우침을 얻은 것은 아니었다. "난 내가 무엇을 목표로 하는지
알지만, 늘 듣는 소리는 거기에 아주 조금 못 미친다는 거예요"
라고 누군가가 말했다. 그렇다면 깨우침을 얻는 것이 행운복권
같은 방식인 걸까? 내 질문에 그는 소리 내어 웃었다. "맞습니
다. 마지막 숫자를 맞추기가 아주 어렵지요." 수도원을 빌려준
카르멜회의 수사들은 이들의 수련에 대한 열정과 나무랄 데 없
는 행동에 깊은 감명을 받았다고 했다.

그도 그럴 것이, 단 다섯 시간 좌선하는 북부 옥스퍼드 집에서
의 모임에서조차도 명상 자리에 들어서기가 무섭게 열중과 엄중
함이 확연히 느껴졌던 것이 사실이다. 기독교 교회나 이슬람 모
스크(회교 사원 - 옮긴이)에서는 단 한 번도 느껴보지 못한 분위기였
다. 훨씬 더 많이 두 손 모아 기도를 올리며, 훨씬 더 많이 절하

고 엎드리며, 훨씬 엄숙했다. 그처럼 대단히 의례화된 의식 중에 향불의 기분 좋은 냄새가 공기 속에 떠돌았다. 단언컨대 그 이상 강렬한 추구는 없을 것이다. 사순절에 영국 국교회 교회에서 내가 참여하곤 했던 긴장감 없는 토론들과는 정확히 반대의 분위기였다.

솔직히 말하면 나라는 사람이, 대단히 열중하여 치러지는 누군가의 사적 의식을 침범하는 느낌마저 들었다. 나는 이곳에서도 경행 테스트를 통과하지 못했다. 리듬도 맞추지 못했고, 스텝이 꼬였으며, 모든 것이 엉망이었다. 수련자들은 자신들의 의식을 망치는 서툰 침입자를 관대하게 웃어넘겨주는 데는 소질이 없었다. 반대로 내 입장에서는 그 사람들이 멀리 떨어진 곳에서 찾아와 그러고 있는 것이 사실, 썩 잘 이해되지는 않았다.

그리 오래 지나지 않아 나는 좀 서두르는 느낌으로 참선을 포기했다. 거기 참석한 사람들의 침묵이 말을 할 수 있다면, 분명히 단체로 나직하게 고마움의 말을 하지 않았을까 싶다. "속 시원하다!"

선 수련의 엄격한 분위기에 주눅이 든 채로 나는 세신, 특히 임제종의 세신이 어떤 것인지 궁금해지기 시작했다. 운이 좋았던 건, 내 친구 마이크가 한두 가지의 이유로 일본에 가지 못하게 되었고, 차선책으로 도싯 주의 윔보른 근처에 있는 커다란 빅토리아 풍 집에서 열리는 세신에 등록했다는 것이었다.

마이크는 돌아와서 세신이 대단히 놀랍고, 마지막엔 기운이 나는 경험이었다고 말해주었다. 이야기를 하는 동안 그는 정말 행복한 표정이었다. 그의 세신 경험담은 내가 들은 것 중 가장 신기한 이야기였고, 그만큼 매력적이기도 했다.

마이크가 참여한 세신은 닷새 동안 진행되었으며, 그의 표현에 따르면 "강력한 사건"이었다. 참석한 인원은 스물여덟 명이었으며, 구료쿠지 선원(禪院) 원장인 신잔 므요모 노사라는, 존경받는 일본인 선 마스터의 지도로 진행되었다.

첫째 날 저녁에 노사는 삼십 분 가량 심한 엉터리 영어로 강론을 했다고 한다. 그는 몸집이 왜소하고, 머리는 삭발했으며, 꿰뚫어보는 듯한 예리한 눈빛을 갖고 있었다. 마이크는 그 앞에서 적잖이 움츠러들었다.

세신이 절대적인 침묵 속에서 진행될 것이며, 이른 아침에 노사와 일대일로 면담하는 시간을 제외하고는 서로 눈을 마주치거나 이야기 나누는 일이 금지될 것이라는 설명이 이어졌다. 닷새 동안 씻고 샤워하는 것은 가능하지만 면도는 안 되며, 휴대폰은 당연히, 이미 주최측에 맡겨놓은 뒤였다.

또한 기상 시간은 오전 4시이며, 첫 명상은 5시에 시작될 것이라는 것, 취침 시간은 저녁 9시가 될 것이라는 내용도 전달받았다. 정규 명상 시간은 하루 10시간으로 정해져 있으며, 30분 명상에 10분 휴식의 형태로 진행될 예정이었다. 또 90분간의 '마음 새김 활동'이 있는데, 온실을 짓는 작업이어서 이 시간에 마이크는 가업인 벽돌공으로서의 기량을 발휘했다. 이 외에 한 시간 동안의 선 요가도 일정에 포함되어 있었다.

서로 말을 주고받거나 눈을 마주치는 것이 금지되어 있다 보니 하루 최대 17시간 명상을 할 수 있는 셈이었다.

전원에게, 심사숙고하여 답을 구해볼 수 있는 공안(公案)이 제시되었다. 가장 유명한 선사 중 한 명인 중국의 남전보원(南泉普願, 748~834년) 스님이 어느 선승에게서 한 마리 개 속에도 부처의 본성, 즉 기본적인 선량함이 들어 있느냐는 질문을 받은 부분이었다. 보원은 '무(無)'라는 한 글자로 답했다. 이 말은 '아무 것도 아님' 또는 '아무 것도 없음'의 뜻이다. 바로 이 무(無)가 정확히 무엇을 의미하는지 생각해 보라는 것이었다.

공안에는 논리적 귀결이라는 게 없다고 마이크는 말했다. "애초에 지적인 해법으로는 답을 구할 수 없게 마련이 된 거지요. 공안을 풀어보려면 뇌 활동이 분석적인 좌반구가 아니라 직관적인 우반구 식으로 사고하도록 노력해야 해요."

첫째 날, 다섯 시가 조금 넘은 시간에 마이크는 다른 수련자들과 함께 선사의 방문 밖에 순서대로 줄을 섰다. 진행 순서는 이미 꽤 자세히 통보받은 상태였다. 노사의 방문 바로 앞에 이르러 공(gong, 접시 모양의 종 - 옮긴이)을 두 번 치고 기다렸다가, 작은 종소리가 들리면 안으로 들어가는 것이다. 노사에게 세 번 절을 하고, 무릎을 꿇고 앉되 노사를 쳐다보면 안 되고 바닥을 보아야 한다.

마이크는 긴 면담을 통해 공안의 답에 대한 구체적인 힌트를 얻을 수 있지 않을까 하는 기대를 하고 있었다. 그러나 그를 맞이한 것은 노사의 한 마디였다. "무(無)를 제시해 보세요." 마이크는 할 말을 찾지 못했다. 아무 말도 하지 못한 것이다. 15초도 채 되지 않았는데 노사가 종을 울렸고, 마이크는 나가라는 말을 듣고 방을 나와야 했다. 물러나면서도 절은 잊지 않았다.

마이크가 실망하고 허탈해한 것은 당연한 일일 것이다. 그는 답을 할 수 있을 만큼 열심히 노력하지 않은 자신에 대해 화가 났다. 물론 공안의 답을 찾는 일은 불가능할 것이 거의 확실했지만 그렇더라도 패배를 인정하고 싶지는 않았다. 이튿날 노사를 만날 때까지는 열일곱 시간 동안 명상을 할 수 있었다.

둘째 날, 믿을 수 없게도 첫날과 똑같은 광경이 벌어졌다. 노사는 다시 "무(無)를 보여주세요"라고 말했고, 그는 안간힘을 써서 무(無)의 의미를 생각해 내려 했지만 자신이 무얼 하려는 것인지, 혹은 무슨 생각을 하려는 것인지에 대한 진정한 통찰이 떠오르지 않았다. 노사는 "나를 보았고, 도움을 얻을 수 없는 나의 태도를 보았으며, 당신이 답을 할 가망이 없다는 걸 잘 알았으니 물러가세요"라고 말했다. 이번에는 면담 시간이 그나마 40초로 늘어났다.

셋째 날도 크게 다를 것은 없었지만, 그때부터 마이크의 내면에서 무언가가 생겨나기 시작했다. 침묵과 사랑에 빠졌던 것이다. 그리고 선 수련의 목적이 눈에 보이기 시작했다. 바로 자신의 자아를 용해시키는 것이었다. "우리는 담쟁이덩굴로 완전히 뒤덮인 이 돌집에 있는 것과 같습니다. 문과 창문까지 완전히 덮여서 밖을 내다볼 수도 없는 상태죠. 우리의 자아가 꼭 이렇습니다. 자아를 파괴하려면 뿌리를 잘라내야 해요. 선 수련이 지향하는 것이 바로 그거예요."

그와 함께 무(無)라는 말에 대한 깊은 인식도 생겨나기 시작했다. 그래서 셋째 날 아침에는 노사께서 무(無)가 무엇이냐고 물었을 때 전날보다 훨씬 빠르게 대답할 수 있었다. 명상을 계속하다 보니 어느덧 잠재의식의 수준으로까지 내려가고 있었던 것이다. 그리고 인식이 자라나고 있었다.

이번에는 면담이 2분을 꼬박 채웠다. 노사는 마이크에게 더 깊이 나아가라고 조언했다. "당신은 바른 길로 가고 있습니다"라며. 마이크는 노사의 태도에서 자신이 해답에 다가가고 있음을 감지할 수 있었다. "왜냐하면 내 대답이 즉각적이었기 때문이에요. 내면 깊은 곳에서 나온 답이니까요. 그런 대답은 지적이지 않고 직관적이지요." 노사 앞에서 물러나오면서 마이크는 처음으로 뿌듯함을 느꼈다.

그는 셋째 날 밤에 거의 잠을 자지 않고 명상을 계속했다. 그리하여 무(無)가 과학자들이 양자장(量子場)이라고 부르는 우주의 에너지라는 결론에 이르렀다. 그러나 막상 넷째 날 아침 노사를 만나러 가서는 합리적, 과학적인 용어를 구사하려다 자신이 찾은 결론을 표현하는 데 무참히 실패하고 말았다.

그래도 이번에는 면담 시간이 3분으로 늘어났고, 노사가 통역을 담당하는 영국인 선 마스터를 불러오라고 하여 좀더 분명한 의사소통을 할 수 있었던 것이 성과라면 성과였다. 영국인 선 마스터는 마이크에게, 무슨 대답을 하려 한 것인지는 노사가 충분히 이해했지만 전달 방법이 잘못되었다고 말해주었다. "어떻게 하면 되나요?"라고 마이크가 묻자 그는 이렇게 대답했다. "그건 당신의 문제이지 내 문제가 아닙니다. 그러나 멈추지는 마세요. 필요하면 밤새 깨어 있는 것도 당신이 할 수 있는 선택입니다."

　마이크는 그의 충고를 받아들여 넷째 날 밤에 거의 잠을 자지 않았다. 마지막 날 아침 노사와의 면담에서 무슨 말을 해야 할지에 대해 명상을 하면서 밤을 꼬박 새웠다. 자신의 생각을 80세의, 영어가 아주 빈약한 일본인 노사에게 어떻게 설명해야 할지를 곰곰이 생각했다. 결론은, 말이 아니라 행동으로 보여주는 수밖에 없을 것 같았다. 그의 계획은 말로 표현하지 않고도 무(無)가 무엇인지를 안다는 것을 보여주어 그를 깜짝 놀라게 만드는 것이었다.

　"다섯 시에 노사의 방 앞에 섰을 때 나는 기운이 솟아나는 기분이었어요. 아마 노사도 내가 공을 치는 태도를 통해 짐작을 하고 있었던 것 같습니다. 그날은 공을 평소처럼 가볍게 건드리듯 친 게 아니라 신경질적으로 보일 만큼 세차게 내리쳤거든요. 그렇게 공을 요란하게 치고 나서 자신감에 가득 차 방으로 들어갔습니다. 삼가는 마음가짐이라고는 없었지요."

　노사가 "무(無)를 보여주시오"라고 했을 때 그는 손에 잡히는 첫 번째 물건, 즉 의자를 집어들어 노사의 옆에 놓인 탁자를 내리쳤다. 그로서는 무(無)가 의미하는 에너지를 증명해 보여줄 수 있는 방법이 그것뿐이었다.

그 다음엔 손으로 바닥을 쾅 하고 쳐서 진동을 일으켰다. 그러고는 "이것이 무(無)입니다. 모든 게 무(無)입니다"라고 말했다. 그 순간 노사가 처음으로 미소를 지었다. 그는 노사 앞에 깔린 카펫을 말아 치워놓고는 다시 바닥을 내리쳤다. 이번에는 두 손으로. 노사에게 두 손을 내보이며 "여기, 느껴보세요"라고 말했더니, 노사는 그의 손에 자기 손을 얹고는 다시 빙그레 미소를 지었다. 마지막으로 호주머니에 담아왔던 나뭇잎을 한 움큼 꺼내 바닥에 던지며 "이것이 무(無)입니다. 모든 것이, 온 우주가 무(無)예요"라고 말했다.

노사는 마이크에게 앉으라고 하고는 일련의 질문들을 던졌다. 그는 즉시, 직관적으로 물음에 답했다. 결국 노사는 "당신은 무(無)를 지녔어요! 무에 관한 공안을 통과하셨습니다"라고 말해주었다. 면담에 걸린 시간은 총 6분이었다.

마이크는 너무 흥분되고 기뻐서 두 시간 동안이나 그 집 안을 걸어다녔다. 에너지가 솟구쳐서 어쩔 수가 없었다. 가만히 있으면 터져버릴 것만 같은 느낌이었다. 사고를 비워내고 난문의 답을 찾은 느낌은 거의 전율이었다.

그것이 그에게는 첫 세신이었다. 첫 이틀간은 침묵이 너무 부담스러워 죽고 싶을 지경이었다고 한다. 도저히 타협이 되지 않았다. 모든 것을 말로 표현하고 싶어 안달을 했다. 그런데 세신의 막바지에는, 처음과는 반대로 말을 다시 시작하기가 싫어졌다. "침묵의 시간이 하루하루 지날수록 너무나 멋진 경험들을 할 수 있었거든요. 그 중 하나는 끊임없이 길을 벗어나게 하는 내 자아의 힘을 인정하는 것이었습니다. 근본적인 진실을 발견하는 일은 고통스러우면서도 놀라운 경험이었죠. 우주와 하나가 된 기분, 몸의 세포가 낱낱이 살아 있는 느낌이었어요. 그 우주는 큰 자비로움으로 가득 차 있었고요."

자아를 제거하면 실체가 보인다고 마이크는 믿고 있었다. 물론 자아는 늘 다시 자라날 것이고, 그때마다 다시 잘라내야 한다. 자아는 끊임없이 와자지껄한 상태를 유지하려 하기 때문에 문제를 다스리기 위한 방법의 열쇠는 바로 침묵인 것이다. 마이크는 자신이 아직도 진정한 깨우침을 경험하지 못했다고 믿고서 일본으로 가겠다는 결심을 다시 굳혔다고 했다.

나는 그가 겪은 — 내 기준으로는 별난 — 경험을 어떻게 생각해야 할지 알 수 없었지만 그 중 어느 것도 반박하고 싶지 않았다. 다만 한 가지 의문은 남았다. 왜 남부럽지 않은 배경을 지닌 영국 남자가 비싼 돈을 내고 한 번도 본 적 없는 삭발의 일본 노인 앞에서 자신을 낮추고 자진해서 그런 굴욕을 당하는 걸까?

"그에 대한 절대적인 존경 때문입니다"라고 마이크는 대답했다. "그의 인식, 경험에 대해서요. 그는 놀라운 존재감을 지닌 사람이에요. 또 하나는 내가 삶의 근본적인 의문에 대한 답을 구하고 진실을 추구하려는 강한 소망을 지닌 사람이기 때문일 겁니다. 선(禪)은, 우리가 강력하고 고압적이며 지배적인 자아를 스스로 제거할 때 진정한 현실을 볼 수 있다는 점을 가르쳐줍니다. 그렇게 해서 인생이 영원히 바뀌는 거죠."

그러나 조동종 선의 추종자들은 이처럼 극단적이라 할 만큼 짧은 깨우침을 열정적으로 추구하는 것이 별 의미가 없거나 아무런 의미도 없다고 말한다. "마치 달리기를 실컷 하고 나서 사탕을 먹는 것과 별반 다르지 않은 유치한 일"이라고 파리에 사는 선 마스터 필립 쿠페이는 말했다. "다들 계몽을 했다고 말한 다음 자기 집으로 돌아가요. 그러나 깨달음이란 건 그런 식으로 소멸되는 것이 아닙니다." 그가 보기에는 잘못 이끌린 혹은 과열된 노력에 빠져 있던 임제종의 추종자들은 자신을 압도하던 느낌에서 헤어나오기가 어렵다는 것이다.

필립 쿠페이는 임제종 방식의 선이, 몇 개의 공안에 응답할 수 있는지를 기준으로 사람을 등급화하는 것도 마음에 들지 않는다고 했다. "우리는 삶이 곧 공안, 즉 난제라고 여깁니다. 그걸 굳이 풀어내려고 하지 않아요!"

그에게 북부 옥스퍼드에서 내가 우연히 참여했던 좌선에 대해 이야기해 주었다. 모두가 한치도 흔들림 없이 임하더라고 했더니 그는 "목적하는 바가 있기 때문입니다"라고 대답했다. "그 사람들은 자신들이 철로 위에 서 있다고 여기며, 목적지로 가기 위해 철로 밖으로 이탈하고 싶지 않은 거예요." 쿠페이는 로즈마리가 안내자로 맞이들이기에 적격인 사람이었다.

그는 모두가 기대하는 선 마스터의 모습이 아니었다. 내 친구 마이크가 묘사해 준 일본인 노사의 모습과는 너무 달랐다. 쿠페이는 미국인으로서 아파트에 살며, 그의 거실 문에는 윈체스터 기병총이 걸려 있다.

또한 자기는 선 마스터가 된 것이 아니며, 다른 사람들이 그렇게 볼 뿐이라고 말했다. 그가 일본 — '본사'라고 그는 표현했다 — 에 다녀온 것은 제자를 받아들일 수 있는 자격을 얻기 위해서였다. 그에게는 그것이 되돌리고 싶을 만큼 불쾌한 경험이었다.

그는 일본의 한 선원에서 7일간의 세신에 참여해야 했는데, 새벽 2시에 일어나 밤 10시까지 잠자리에 들지 못했다. 거기서 살아서 나온 것이 다행이라고까지 말했다. 그는 증명서 한 장을 받아들고 도망치듯 거기서 나왔다.

쿠페이는 이 외에도 여러모로 남다른 사람이었다. 우선 그는 이러쿵저러쿵 전도하는 식의 말을 하지 않았다. 자신이 무얼 하고 싶은지는 자신이 결정하는 것이라고 그는 말한다. 많은 사람들을 끌어들이고 싶은지, 그래서 고요함의 미덕을 설교하고 싶은지, 혹은 다른 걸 원하는지 말이다.

"나의 큰 스승이신 데시마루 선사께서는 말을 하는 것은 좋지만, 그것이 침묵에서 나온 것이어야지 자기 본위적인 욕망과 질투에서 비롯된 것이어서는 안 된다고 하셨습니다. 남을 가르치고 설교하는 걸 좋아하는 사람들이 있지만 나는 그러지 않습니다. 오히려 나를 찾아오는 사람들에게 '여기서 얻을 건 없습니다'라고 말하는 편이에요."

그럼에도 200명 남짓의 사람들이 그가 선을 수련하는 도량(道場)에 찾아온다. 그는 그 중 60~70명 정도가 자기 제자일 거라고 어림하고 있다. 그건 자기가 가르쳐서가 아니라 ― 자기는 결점이 많은 사람이므로 ― 그저 조동종의 전통이 그렇다고 했다.

중요한 건 수련이라고 그는 강조한다. 마음의 변화를 이끌어 낼 수 있는 자세로 고요히 앉고, 등을 곧게 펴고, 머리와 어깨를 바로 하며, 손과 발을 움직이지 않게 두는 것. 이것이 기본적인 몸의 자세이다. 우선, 자신의 내면을 응시한다. 처음에는 혼란스럽다. 그 다음에는 그 혼란스러움에 지치게 되는데, 그건 바로 자신의 자아, 자신이 품고 있는 마음의 응어리, 즉 심리적 짐에 의한 피로감 때문이다. 세상에 자신이 스스로 짊어진 짐보다 더 피곤한 것은 없다.

"수련을 하면 자아를 풀어내는 데 실질적인 도움이 됩니다. 한 마디로 품행을 익히게 되는 거죠. 태도, 일관성, 타인에 대한 베풂, 자기 본위적으로 행동하지 않는 것 등. 그러면서 점차로 이전에 집착했던 삶의 여러 가지 것들에 대해 매달리지 않게 됩니다."

쿠페이는 자아, 개인적 욕망, 보잘것없는 자신을 넘어서고 나면 수련이 얼마나 중요한지를 깨닫게 된다고 했다. "세상이 변해 있으니까요. 수련을 하는 도량은 물론 나무, 풀, 모든 것이 변해 있어요. 사실은 자기 자신이 바뀐 거지요."

그는 또한 다른 사람들과 '함께' 좌선을 하는 것이 매우 중요하다고 강조한다. 혼자 좌선을 하면 자기가 특별한 사람이라는 위험한 생각을 하기가 쉽기 때문이다. 다른 사람들과 함께 앉아 있으면 자기가 그들보다 더 강하다는 생각을 하지 않게 되며, 모두가 한 나무에 매달린 잎과 같다는 걸 깨닫게 된다는 것이다.

쿠페이는 침묵을 황금처럼 여기지는 않았다. 그냥 거기 있는 것으로 여겼다. '생각하고, 법칙을 이끌어내는 사람들'은 침묵을 아주 대단한 것으로 여겨 뒤쫓다시피 하지만 쿠페이는 그러지 않았다. 그는 소음을 막으려고 벽을 둘러치지 않았다. 소음은 세상의 존재 방식이기 때문이다.

"나는 침묵을 좋아하지만, 그건 물리적인 의미의 침묵입니다. 뇌 활동이 차분해지는 조용한 장소라는 의미죠. 그래서 도량이 중요하다는 겁니다. 도량에서는 자기 자신과 마주할 수 있고, 정신을 흐트러뜨릴 다른 요소가 없으니까요. 침묵은 자아와 마주할 수 있는 좋은 방법입니다."

이런 쿠페이보다 더 별난 환경에서 지내는 사람이 많지는 않겠지만, 도르지가 그 중 한 명이다. 도르지는 스물다섯 살의 젊은 수도승으로, 인도에서 만났을 때 막 히말라야의 1만 1,000피트 고지에 있는 동굴에서 열 달을 보내고 돌아온 직후였다.

도르지는 수도승이 된 지 4년이 지났으며, 스승인 구루 크얍의 가르침에 따라 동굴로 들어갔다고 한다. "우리 전통에서는 깨우침을 얻으려면 혹독한 도전을 해야 합니다. 그러지 않고서는 결코 영성의 의미를 알 수 없다고 하지요."

그가 머물렀던 동굴은 양치기들이 양을 바깥으로 내보낼 수 없을 정도로 추운 시기에 양을 들여놓던 곳이었다. 도르지가 도착했을 때는 바닥이 온통 양의 배설물로 뒤덮여 있었다. 그러나 스승은 치우지 말라고 했다. 거기서 풍요로움을 얻게 될 것이며, 그것들이 그를 구해줄 것이라고도 했다. 도르지는 풀과 나뭇잎으로 배설물을 가리기만 했다.

그가 동굴에 가져간 것은 접시, 머그컵, 냄비 하나씩과 두어 가지의 부엌살림, 깔개 한 장이었다. 스승이 매달 먹을 것을 보내주었다. 대개는 티베트 식단의 주식인 볶은 보리였다. 먹는 즐거움이라고는 없었지만 덕분에 살 수는 있었다고 도르지는 말했다. 산 위에서는 여름에도 눈이 왔고, 때로는 사나흘 동안 쉬지 않고 눈이 내리기도 했다. 몸이 아프면 4킬로미터 떨어진 가장 가까운 마을까지 달려 내려가야 했다.

도르지는 자작나무로 불을 피워놓고 지역의 토속 신들에게 도움을 청하는 기도를 올렸다. 그리고 하루 6시간 가량 침묵 명상을 하며 보냈다. 그 영적인 침묵 여행 속에서 그에게 온 것이 무엇이든, 그것이야말로 아마 사람들이 말하는 '신의 음성'이었을 것이다.

첫 두세 달 동안은 많이 힘들었다. 여러 번, 자신이 미쳐가는 게 아닌가 생각하기도 했다. 좌절하고 분노했으며, 자신이 성취해야 하는 것이 무엇인지도 알 수 없었다. 다만, 이따금 시를 썼는데 그것이 커다란 위안이 되어주었다.

스승이 가끔 들러 도움이 되고 영감을 불러일으키는 말들을 들려주었다. 그러나 떠나면 안 되느냐고 물으면 그 즉시 호되게 꾸짖음을 들어야 했다. "이것이 길이기 때문에 떠나면 안 된다. 정히 거기 머무르기 싫다면 아주 떠나는 수밖에 없다." 그는 깊은 곳에서부터 변화를 느끼고 있었기 때문에 도전을 계속했다.

그는 깨우침의 진정한 의미를 말로 표현하기는 아주 힘든 일이지만 목적은 분명하다고 했다. '집착으로부터의 완전한 놓여남'이다. 비단 속세적인 것뿐 아니라 신성한 것들로부터도 마찬가지였다. 신성함에 집착하면 저절로 자기 본위적이 되고 자신이 존귀하다는 느낌이 마음에서 일어나는데, 그렇게 되면 진정한 영성을 향해 갈 수가 없다고 한다.

"그런 느낌은 지극한 희열을 주지만 다음 순간 거기에 갇히게 됩니다. 속세적인 집착에서 얻는 즐거움과 하등 다를 것이 없지요. 어느 쪽이든 집착이니까요. 자신이 어느만큼 나아가고 있는지 가늠할 수 있는 건 오로지 자신의 감정을 어느 만큼 제어할 수 있는가에 달려 있습니다. 나도 학교 다닐 때는 자주 화를 냈어요. 사실 십대 시절엔 가만히 있지 못하는 아이였죠."

그에게는 침묵이 유일한 답이었다. 침묵 속에서만 '놓음'이 얻어지기 때문이다. 생각을 멈추는 것이 첫째다. 생각에 매달리면 감정에 휩쓸리고 집착의 덫에 갇히게 되는데, 그것이 우리가 겪는 온갖 고통의 원인이라는 것이다.

"영적인 여행을 할 수 있어서 아주 행복합니다. 동굴에서 지낸 시간들이 깊은 영감을 주었기 때문에 곧 다시 거기에 돌아가려고 합니다. 진심으로 돌아가고 싶어요. 나는 정서적으로 대단히 약한 사람이기 때문에 동굴은 내가 반드시 이겨내야 할 도전입니다."

대부분의 불교 신자들에게 침묵이 끈끈하게 달라붙는 생각들을 떨쳐내는 시간인 것은 분명하다. 도르지처럼, 그들은 생각이 왔다가 그저 지나가기를 바란다. 그러나 달라이 라마를 포함해 일부 티베트의 불교도들은 침묵하되, 특별한 문제에 대해 깊이 생각하는 명상을 하기도 한다.

델리에서 달라이 라마와 이야기를 나누었을 때, 그는 이런 식의 명상이 쉽지 않다고 말했다. 조금 익숙해지는 데만 일이 년이 걸리며, 그런 뒤에도 수행을 통해 많은 영감을 얻어야 한다는 것이다. 여기서 수행이란 다른 사람들을 생각하고, 세상에 긍정의 기운을 불러일으키며, 부정적인 기운을 누그러뜨릴 수 있는 방법을 생각하는 것이다.

그것이 달라이 라마의 수행이었다. 그는 하루 4~5시간 정도와, 잠자리에 들기 전 한 시간 동안 이 수행을 한다. "그러나 내가 하는 명상은 대부분 별도의 수행 시간이 아니라 잠자는 동안 이루어집니다. 나는 매일 밤 여덟 내지 아홉 시간을 내리 잡니다. 사람들이 좀 샘을 내지요!" 그는 젊은이 같은 표정으로 소리 내어 웃었다.

달라이 라마 외에도 명망 높은 불교 인사 중에, 침묵을 마음을 정화하는 시간 이상의 것으로 여기는 이가 또 있다. 런던에서 북서쪽으로 35마일 떨어진 아마라바티 수련원의 아잔(Ajahn, 수도원장이라는 뜻) 역시 침묵을 기독교적 명상의 관념에 아주 가깝게, 공공선(公共善)으로 가는 길로 여긴다.

아마라바티 수련원은 허트퍼드셔 교외의 나직한 언덕 꼭대기에 자리잡고 있다. 1984년에 세워졌으며 지금은 매우 번성한 곳이다. 깨끗하게 관리되는 낮은 건물들과 커다란 금빛 불상이 있는 품위 있는 이 사원에서 36명의 남녀 수행승과 수련자들이 지낸다. 이들은 남부아시아의 여러 나라에서 신봉하는 소승불교의 전통 — 연장자들의 길(The Way of the Elders, 소승불교라는 용어는 대승불교의 입장에서 부르는 이름이며, 우리나라에서도 테라와다Theravada 불교라고 부르자는 움직임이 일고 있다. 테라와다는 장로, 연장자, 상좌부의 길이라는 뜻으로 해석되며, 부처를 스승으로 삼아 따른다는 자기 수행의 의미를 지닌다 - 옮긴이) — 을 따른다.

식당 밖에는 "마음을 새겨 가슴 속에 있는 진리의 장소에 가 닿는 것"이라는 불교의 핵심을 표현한 글이 붙어 있다. 원장인 아마로 비쿠는 32년 전에 승려가 된 영국인이다. 잉글랜드 남부의 켄트에서 기숙학교를 나온 후 런던 대학에서 심리학과 생리학 학위를 땄다. 전임자인 미국인 수메도처럼 그도 교리에 얽매이지 않는 개방성과 자유의 옹호자이다.

아마로 비쿠도 쿠페이처럼 임제 선종에서 강조하는 '깨우침의 큰 경험'에 대해 다소 유보적이다. "소승불교에서는 그것을 깨우침이라고 하지 않습니다. 강력한 명상 경험이라고 하지요. 그 경험을 폄하하는 것이 아니라 한 번 얻었다가도 잃어버릴 수 있다고 생각하는 겁니다. 누군가가 '난 보았어. 이해했다고!'라고 말할 수 있겠지요. 그러면 우리는 '좋아. 주전자를 올려놓고 ('차를 마시면서'라는 의미 - 옮긴이) 그것에 대해 이야기해 보자'라고 말합니다. 비록 그 경험이 틀림없는 것이라 해도 문제는 어떻게 받아들이느냐에 달려 있습니다. 궁극의 실체를 보았다고 해도 자기기만이 조금은 남아 있게 마련이기 때문에 '난 깨우친 사람이야. 그러니 원하는 대로 해도 돼!'라는 생각으로 돌아오게 됩니다. 같은 경우 소승불교에서는 '나는 훌륭한 경험을 했지만 그 기억에 붙잡혀 이끌려가지는 않겠어. 더 견고하고 참된 인식을 할 수 있게 부단히 노력하자!'라고 합니다."

그에게 깨우침은 완전한 평화와 자유를 의미한다. 가슴과 마음이 매순간 완벽하게 조화를 이루며 공명하는 것이다. 그는 마치 광신적인 믿음의 위험에서 빠져나와 온건한 주의로 거듭난 영국 국교회의 중도파 사제처럼 말했다.

아마로 비쿠는, 아마라바티에서는 침묵이 모든 것의 핵심이라고 했다. 특히 석 달 동안의 겨울 피정 기간에는 그들이 '고귀한 침묵'이라고 부르는 수행이 이루어지는데, 정말 필요할 때가 아니면 입을 열지 않는다. 하루 중 8~9시간을 정규 그룹 명상으로 보내며, 이 시간에는 당연히 철저한 침묵을 지킨다. 선 수행자들이기는 해도 경책은 쓰지 않는다.

비쿠는 "혀를 가만히 두는 것은 그 자체로 대단한 가치를 지니고 있다"고 말했다. 언젠가 그는 트라피스트 수녀회의 수녀와 이야기를 나눈 적이 있는데, 말을 시작하기 전까지는 그 수녀회가 아주 조화로운 공동체 같았다고 한다. 그런데 그녀가 말을 하는 순간 온갖 것들이 쏟아져 나왔다. 예를 들면, 자기 자매님들 중 몇몇이 기독교적 생활의 본질에 대해 아주 이상한 생각들을 하고 있더라는 식이었다!

더 중요한 침묵은 '내적인 침묵'이라고 비쿠는 강조했다. 많은 경우 입은 다물고 있지만 마음은 여전히 속도를 늦추지 않고 대화를 실어 나르기 때문이다. 비쿠는 "일찍이 붓다께서도 침묵이 맹목적 숭배의 대상이 될 것을 저어하셨다"고 말했다. 붓다를 따르는 자들이 자칫 내면의 소란을 지닌 채 수행의 외형만을 좇아 진정한 목적을 상실할까봐 걱정했다는 것이다.

따라서 말하는 것을 삼가는 것도 중요하지만, 근본적인 차원에서 일상생활의 태도와 정서 ― 자신에 대한 병적인 근심, 초조, 안절부절 못함, 짜증 등의 감정 ― 양쪽에서 침묵을 찾는 것이야말로 핵심이라고 할 수 있다. 이런 정신적 동요들은 내면에서 일정 수준의 소음을 야기하기 때문이다.

그러면 이들에게도 침묵이 정신적 '무(無)'로의 여행이라고 할 수 있을까? 비쿠는 전혀 그렇지 않다고 한다. "침묵은 자유와 완전한 평화를 향해 갈 수 있도록 도와주는 수레 같은 것입니다.

마음을 가라앉히고 자신과 다른 사람들을 들여다볼 수 있도록 뒷받침해 줍니다. 생각과 감정, 지각이 뚜렷이 구분될 수 있도록 선명한 배경막을 만들어준다고 할까요?"

그는 먼저 최대한 마음의 평정을 찾고, 그 다음 단계로 걱정거리가 되는, 반드시 풀어야 할 한 가지 질문에 집중하라고 말한다.

비쿠는 또한 스스로에게 질문할 때 어떤 식으로든 평가하지 않는 것이 아주 중요하다고 강조한다. "가급적 어느 쪽으로도 치우치지 않게 질문에 접근해야 하고, 습관화된 시각이 섞이지 않게 조심해야 합니다. 그러고서는 마음에서 무엇이 떠오르는지 보는 겁니다. 마치 생각의 음성을 듣는 것과 같아요. 이 생각은 자신의 목소리가 아니고, 기독교도들이 신의 음성 또는 내면의 소리라고 하는 것과 비슷할 겁니다. 우리는 그것을 직관적 지혜라고 부릅니다만. 우리는 침묵을 통해, 자기 내면의 어딘가에 깃들어 있으며 가슴과 마음의 본질적 특성인 이 지혜를 불러내는 것입니다."

비쿠는 한두 가지 예를 들었다. 한 남자가 결혼을 했다고 가정해 보자. 그런데 시간이 흘러 다른 여자가 마음에 든다. 그 문제에 대해 깊이 생각했더니 '내 결혼은 정말 끝났어. 아내가 싫증나. 솔직히 결론이 어떻게 나든 아내도 별로 신경 쓰지 않을 거야'라는 목소리가 들렸다. 그 다음에는 다른 목소리가 이렇게 말한다. '무슨 쓰레기 같은 소리야!' 결국 남자는 마음속의 목소리들에 귀를 기울이기 시작하고, 목소리들은 논쟁을 계속한다. 그러다 어느 순간 순수한 지혜로부터 오는 직관의 소리가 들린다. 아주 뚜렷한 형태로 전해지는 것이다. '지금 너는 기만적이고, 저급한 행동을 하고 있어!' 직관의 메시지를 인식하게 되면 그것을 따를 수밖에 없다. 진실을 속일 수는 없기 때문이다.

비쿠는 한 가지 예를 더 들었다. 어떤 일에 대해 깊이 후회하는 경우를 가정해 보자. 한 여자가 조카딸과 다른 아이들 몇을 데리고 바닷가에 갔다. 그 여자가 별 신경을 쓰지 않는 사이에 한 아이가 파도에 휩쓸려 목숨을 잃었다. 여자가 그 일로 끊임없이 가슴을 치며 시간을 보내는 건 당연한 일일 것이다.

자, 지혜로운 성찰이 그녀를 도울 방법은 무엇일까? 만약 누군가 그런 식의 후회를 하고 있다면 어떻게 해야 할까? 가장 먼저할 일은 후회 또는 죄책감이라고 하는 감정을 살펴보는 것이다. 가능한 한 꾸밈없이. 그리고 그 일이 정말로는 얼마나 비난할 만한 일인지를 스스로에게 물어보는 것이다. 한 쪽에서는 '넌 세상에서 제일 역겨운 사람이야. 절대로 용서받을 수 없어'라는 목소리가 들릴 테고, 다른 쪽에서는 '전혀 네 잘못이 아니야'라는 목소리도 들린다. 그런 후에는 자신의 잘못을 받아들이는 참회의 감정이 떠오를 테지만, 한편으로는 그 고통과 슬픔을 통해 앞으로는 더 세심하게 아이들을 돌보겠다고 하는 결심을 할 수 있게 된다. 비쿠는 "슬픔의 에너지를 이용하되 그 속에 빠져 머물러서는 안 되며, 그렇다고 해서 하찮게 여겨 지워버려서도 안 됩니다"라고 말한다.

지혜로운 성찰은 마음의 공간을 정결하게 하여 내면의 목소리를 들을 수 있게 해주며, 직관적인 지혜를 느낄 수 있게 해준다. 이 내부로부터 솟아나오는 직관적 지혜의 도움을 얻을 수 있는 열쇠가 바로 침묵이다. 물론 불교 신자가 아닌 이에게는 그저 양심의 소리에 관한 이야기로 들릴지도 모르지만 말이다.

10

인도, 침묵의 유전자

이 세상 어딘가에는 인도보다 더 소란스러운 나라가 있겠지만 당장은 떠오르지 않는다. 트럭마다 "경적을 울려주세요"라는 표시가 빠짐없이 붙어 있고, 뭄바이 같은 도시에서는 어디를 가든 끊임없이 빵빵대는 소리를 들어야 한다. 그에 비하면 런던은 거의 시체 안치소다.

사실을 말하면 경적은 인도의 주요한 언어 중 하나다. 한 번 울리면 '추월하겠다'는 뜻이며, 두 번 울리면 '네가 좋든 싫든 지나쳐가겠다'는 뜻이다. 세 번은 '이유가 뭐든 지금 네가 하려는 걸 하지 말라'는 뜻이다.

인도인들은 한결같이 달변가들이다. 인도인 치과의사 친구가 "우리는 최대한 말을 많이 하고 목청껏 소리를 높인다네"라고 했을 정도다. 남자들이 무리 지어 하는 대화를 들어보면 꼭 기관총 사격대회장에 있는 것 같다. 힌두 사원조차도 침묵보다는 종소리, 염불 소리, 재잘거리는 소리로 가득하다.

그런데, 끊이지 않는 소음에도 불구하고 ― 또는 오히려 그것 때문에 ― 힌두교도와 불교도, 자이나교도, 회교도를 막론하고 모두가 침묵의 영적 가치에 대해 깊은 존경을 지니고 있다. 앞서의 치과의사 친구인 라비 라오는 힌두교도인데 침묵에 대한 존숭을 "우리 문화의 가장 훌륭한 부분"이라고 말했다. 물론 침묵의 중요성이 간디 시대보다는 덜할지 모르지만 여전히 많은 이들이 침묵에 시간을 할애하고 있다.

인도인들이 마운 브라트(maun vrat, 묵언 수행의 의미로 이해됨 - 옮긴이)를 하겠다고 하면 하루나 일주일 또는 일 년까지도 침묵하겠다는 서약을 하는 것이다. 몇 년 동안 한 마디도 하지 않는 사람도 더러 있다. 여전히, 묵언 수행이 널리 공경되고, 지혜에 이르는 길로 여겨지는 곳이 바로 인도이다.

치과의사 친구는 이렇게 말한다. "결국은, 우리가 살아오면서 알게 된 진실을 비춰주는 건 침묵이야. 만물이 침묵 속에서 태어나지. 모든 생각과 지혜, 전망도 마찬가지야. 침묵이 없이는 결코 사물의 원래 모습을 볼 수 없고, 오로지 자신의 반응에 지배될 수밖에 없어."

이들의 침묵에 대한 존경은 수천 년을 거슬러 오르는 전통에 뿌리를 두고 있다. "침묵과 그 가치는 인도인들의 유전자 속에 있다"고 힌두 철학의 한 갈래인 베단타(Vedanta, 범아일여凡兒一如의 사상을 견지한다 - 옮긴이)를 가르치는 자야 로는 말한다. 그것이 인도인들이 자라온 방식이고, 간디 사후 많이 쇠해지기는 했지만 여전히 건재한 인도 문화이다. 그들은 침묵에 대해 크고 보이지 않는 존경심을 지니고 있다.

인도는 단지 천만 구루들(의미로나 축어적으로나 어둠을 몰아내는 사람)과, 종교적 관념의 가장 초자연적인 부분을 '너무 자주' 조달하는 재능을 지닌 사이비 구루들의 고향인 것만이 아니다. 알다시피 누가 뭐래도 인도는 영적 깨우침을 얻을 수 있는 기법들을 폭넓은 영역에 걸쳐 끊임없이 제공하는 나라이기도 하다. 그리고 그 기법들에는 모두 침묵의 실천이 포함되어 있다.

카레를 제외하고서 인도의 수출 품목 중 가장 유명한 것이 '요가'이다. 이 요가의 핵심도 바로 침묵이다. 물론 요가에는 신체적인 요소들이 있지만 전문적으로 들어가면 묵언과 묵상적인 요소가 반드시 포함되어 있다.

"흔히 요가라고 하는 대중적인 형태를 나는 예비 요가의 한 종류라고 여깁니다"라고 30년간 요가를 지도해 온 슈리크리슈나 박사는 말한다. 등에 통증이 있으면 누구라도 치유를 하고 싶어지는 것이 당연하다. 그런데 요가에서는 팔다리를 움직이고 몸을 쭉 펴는 데서 머무는 것은 무의미하다고 본다. 그건 시작에 불과하다는 것이다.

"요가의 중심은 초월적 경험을 가로막는 내면의 소음을 남김

없이 가라앉히는 것입니다. 그러면 우리를 불온케 하고 평온의 결핍을 가져오는 것이 무엇인지를 알아낼 수 있어요. 그런 다음에는 여전히 고요함을 유지하면서 불온함을 낳는 것들을 다스리는 거지요. 달아나려고 애쓰는 것이 아니라 마주 대하는 겁니다."

서구에서는 거의 대부분이 이 시작 지점을 넘어서는 법이 없다고 그는 말했다. 그들에게 요가는 유행에 따르면서도 효과적으로 체형을 유지하는 방법이며, 더 깊은 도전에는 별 관심이 없다. 몸에 대한 봉사에서 그칠 뿐 영혼을 들여다보는 역할을 하지 못하는 수준이라는 것이다.

미국에서도 마찬가지로 요가의 피상적인 형태가 주류의 한 부분을 차지하게 되었다. 요가 할리데이라는 것도 생겼지만, 더 깊은 수준으로 나아가는 이들은 극히 적다.

유럽에서는 요가의 심리치료적인 접근이 유행인데, 이 또한 자신을 통렬히 들여다보게끔 하지는 않는다. 반면에 인도에서 요가를 통해 영적인 성장을 한다는 것은 그 어떤 것도 가려진 채로 남겨놓지 않는다는 것이다. 청소에 비유하자면 카펫 아래로 밀어넣어 두지 않고 두드려 먼지가 속속들이 일어나게 제대로 카펫 청소를 하는 것이다.

슈리크리슈나 박사에 따르면, 진정한 침묵에 들게 되면 두 가지를 발견할 수 있게 된다. 첫째는 내면의 소음과 불온함을 자아내는 삶의 사건이나 상황들을 다룰 수 있는 방법이고, 두 번째는 자신이 정말로 누구인가 하는 것이다. 이것이 참된 영적 성장이다. 일단 모든 것들이 일어나게 하고, 그 후에 다스리는 것, 즉 삶 속에서 일어나는 온갖 상황들을 조화롭게 다스리는 것이 깊은 내적 침묵의 열매이다.

"서구적 접근법 중에는 '자신을 어지럽히지 마세요. 여러분은 이미 충분히 고통받았어요!'라는 게 있더군요. 그러나 내 방식은 누구를 행복하게 하는 것이 아니라 그를 흔들어서 지혜에의 도전을 시작하게 하는 겁니다." 박사는 한 해의 많은 시간을 유럽 전역에서 세미나를 통해 '카펫 청소'를 하며 지낸다.

흔히 성찰이라고도 하며, 달라이 라마가 늘 수행하는 비파사나(vipassana, '위파사나'라고도 읽는다. 지관止觀, 즉 마음을 고요히 하여 진리의 실상을 관찰하는 대표적인 불교 수행법 - 옮긴이) 역시 피상적이거나 대충 하는 것이 용납되지 않는 방법이다. 뭄바이에서 동업자와 함께 컨설팅회사를 운영하는 젊은 개신교 신자인 레아 드수자는 나와 만날 무렵, 막 열흘간의 비파사나 코스를 마치고 온 참이었다.

그곳에서 그녀는 새벽 3시 30분부터 저녁 9시 30분까지 묵상을 했다. 아주 짧은 휴식과 식사시간만 허용되었는데, 식사는 훌륭했으나 아주 간단했고, 독서나 음악 등 신경을 분산시킬 것들이 전혀 없었으며, 심지어 서로를 바라보는 일조차 거의 없었다. 그녀는 200명의 온갖 연령대의 여자들 중 한 명이었는데, 이 코스의 신청자가 너무 많아서 대기자 명단이 긴 줄을 이루고 있었다. 그녀가 거기서 만난 어느 중국인 소녀는 네 번째로 같은 코스에 참여 중이었다.

레아는 직접 찾아가서 등록했다고 했다. 비파사나에 등록하게 된 계기는, 자기가 말이 많고 잘 웃는 편인데 스스로의 그런 태도에 회의가 생겨서였다. "정말로 말도 많이 하고 잘 웃는데, 그게 내가 원해서 그러는 것인지, 아니면 그 틀에 맞춰 살려고 노력하다 보니 침묵할 수 없게 된 것인지 자문해 보았어요. 어느 쪽인지 알아보려면 실험해 보는 수밖에 없었지요."

반가부좌로 앉아서 헤매는 마음을 다잡고 몸을 고정한 채로 명상하는 시간이 처음에는 적잖이 힘들었지만 ― "계속 안절부절 못하고 자세를 바꾸었어요" ― 이틀째가 되자 그녀도 안정이 되기 시작했고 조금씩 즐기게 되었다.

"시간이 지날수록 내 안의 기쁨이 놀랄 정도로 커졌습니다. 내가 깊은 곳에서부터 미소를 짓고 있더라고요. 지루함 같은 건 하나도 없었어요. 매일 오후 세 시간의 명상을 하는 동안 한 시간마다 공(gong)이 울려서 5분씩 휴식할 수 있게 해주는데, 명상을 전혀 멈추고 싶지 않았어요. 아름다운 정원에 있는 기분이어서, 계속해서 거기 그렇게 앉아 있고만 싶었습니다."

코스가 끝나고 참가자들끼리 이야기를 나눌 수 있는 시간이 허락되었다. 세상의 소음 속으로 수월하게 되돌아갈 수 있게 하기 위한 자리였다. 레아는 같은 코스를 밟은 200명의 남자들이 순식간에 잡담을 나누기 시작하는 모습이 참 흥미로웠다고 한다. 여자들은 이야기를 시작하는 속도가 상대적으로 느렸다. 심지어 그녀는 아무 말도 하고 싶지가 않았다. 코스에서 돌아오면서 그녀는 큰 행복감을 느꼈다. "온전히 침묵할 수 있는 또 다른 나를 찾았으니까요. 그 '나'는 내가 만든 것이 아니라 발견해 낸 인물이었어요." 사실, 이 새로운 자아는 기존의 자아를 풍요롭게 채워주고 완성시켜 주는 역할을 했다. 침묵에는 레아가 상상하는 이상의 그 무엇이 있었던 것이다.

이 코스는 다른 방식으로도 레아에게 대단히 많은 도움을 주었다. 그녀에게 새로운 강인함을 부여한 것이 그런 예다. 그녀의 여자 친척 중에 결혼생활이 파탄에 이르러 약을 먹고 자살하려다 실패하고 오랫동안 위독한 상태로 병원 신세를 지고 있는 사람이 있었다. "자라면서 병원이 너무 싫었어요. 거기 있는 동안은 숨을 쉬지 않으려고 애썼을 정도예요. 그런데 이번에 갔을 때는 정말로 그녀 옆에 앉아 있을 수 있었어요. 내 안의 침묵이 성장해서, 이제는 무언가를 하는 동안에도 온전히 고요한 내면을 유지할 수 있게 되었습니다. 이 치유의 침묵이 내겐 삶의 본질인 셈이에요. 거기서부터 강인함이 비롯되니까요."

그렇다면 인도의 수천만 회교도들, 즉 무슬림들은 어떨까? 이슬람의 침묵은 어떤 식일까? 나는 몇 개월에 걸쳐 인도 유수의 이슬람 학자인 마울라나 와히두딘 칸(Maulana Wahiduddin Khan, 마울라나는 아라비아 어 및 페르시아 어 학자를 가리키는 칭호 - 옮긴이)과 전화 연락을 해보려고 애썼지만 참담히 실패하고 말았다.

결국 나는 델리에서 시간 여유가 있던 어느 날, 더 지체할 것

없이 니자무딘 교외 어딘가에 있다는 그의 집을 찾아가 보기로 마음먹기에 이르렀다. 그가 집에 있을지, 심지어 그의 집을 찾을 수 있을지도 모르는 채였다.

　모터 달린 인력거를 타고서, 끔찍하게 힘들기도 하고, 뭔가 설레기도 하는 기분으로, 오로지 그 지역 이슬람 센터의 주소 하나만 들고 찾아갔다. 그런데 막상 도착한 곳은 말이 센터지 아케이드의 맨 끝에 자리한 무너져 가는 건물이었고, 안에는 먼지 가득한 책 더미만 잔뜩 쌓여 있었다.

　의기소침해진 속내를 드러내보았자 아무런 소득이 없을 것 같아, 짐짓 뻔뻔스럽게 마울라나를 만나러 왔다고 마치 미리 약속이나 한 듯한 태도로 당당하게 말했다. 그러자 거기 있던 두 남자 중 더 연장자인 듯한 이가, 불시의 방문객에게 놀란 것이 분명한 표정으로 나를 마울라나의 집으로 안내해 주라고 신참에게 지시했다. 그를 따라서 진흙탕의 좁은 길을 걸어 마울라나의 집에 이르렀다. 견고하게 지어진 흰 집을 경호원과 높은 철제 담장이 지키고 있었다.

　마울라나를 만나러 왔다고 다시 한 번 말하자, 경호원과 나의 '가이드' 사이에 웅얼웅얼하는 대화가 한 차례 오갔고, 마침내 나는 나지막한 방으로 안내되었다. 일이 되어가는 모양새가 마울라나가 집에 있기는 한가 보다 싶었다. 길고도, 어떤 면에서는 꽤 불편한 침묵 후에, "마울라나께서 만나주기는 하시되 오후에 다시 방문해 달라"는 답변을 들었다.

오후에 다시 찾아가 만난 마울라나는 더부룩한 흰 턱수염에 위엄 있는 풍채를 지닌 노인으로, 옅은 갈색의 기다란 외투를 입고 있었다. 그는 딸과 손녀딸을 거느린 채로 나타나 지체 없이 무슬림에게 침묵이 어떤 의미를 지니고 있는지에 대한 설명에 들어갔다.

이슬람의 사고체계에서 침묵은 두 가지 의미를 지닌다고 했다. 첫째는 명상이다. 명상 침묵은 우리 모두가 '심장 바닥'에 숨겨둔 통찰과 본성을 건드려 깨우는 역할을 한다. 이는 무슬림 중에서도 수피 신앙을 따르는 이들만이 믿는 방식이다.

두 번째는, '마음 바닥'을 향한 응시, 즉 정관(靜觀)이다. 명상 침묵에 비해 상대적으로 실천적이라고 할 수 있으며, 무슬림 학자들의 중심 세력인 울라마(ulema, 이슬람교의 법학자와 신학자 - 옮긴이)들도 선호하는 방식이다. 마울라나는 이어, 코란을 읽어보면 자기 자신을 포함해 세상의 모든 것에 대해 심사숙고해야 한다고 일러주는 대목이 거의 500군데에 이른다고 했다. 심사숙고, 즉 응시를 통해 세상과 자신 양쪽 모두에 대한 진실을 발견할 수 있다는 의미다.

자신의 말이 개인적 의견에 그치는 것이 아니라는 걸 보여주기 위해 마울라나는 선지자 무함마드가 남긴 경구나, 여섯 전서(六傳書)로 전해진다고 하는 하디스(hadiths, 마호메트의 언행록 - 옮긴이)를 중간중간 인용하며 이야기를 이어나갔다. 그 중 하나가, 무함마드가 자신을 따르는 이들에게 "침묵을 지켜야 한다"고 말했다는 기록이며, 또 하나는 "침묵을 지키는 자는 구원으로 보답받을 것"이라고 했다는 부분이다. 말하자면 이슬람에서는 침묵이 '보상을 받을 만한 행위'이며, 보상이란 파라다이스, 즉 천당이다. 이것은 신의 이웃으로 살게 된다는 뜻이다.

침묵은 이슬람의 모든 신앙생활에서 기본적인 위치를 차지하고 있다. 하루 다섯 차례 이루어지는 예배에서도 기도를 입 밖으로 소리 내어 하는 이들과 더불어 심장 바닥의 침묵 속에서 스스로에게만 말하는 이들이 공존한다. 침묵 기도를 하는 이들은 침묵 속에 전능한 신과 닿을 수 있는 길이 있다고 믿는 것이다.

과거 라마단 월에는 선지자 스스로가 열흘 또는 한 달 동안 내내 반드시 침묵과 은둔을 행하던 시기가 있었다. 이렇게 은둔을 추구하는 과정을 아라비아 말로 '아이타쿠프(aytakkuf)'라 하며, 여기에는 고요히 세상과 자기 자신을 생각한다는 의미가 들어 있다.

마울라나는, 오늘날의 무슬림 대부분은 오로지 이슬람의 형식만 알 뿐 깊은 영성을 알지 못한다고 했다. 라마단 동안 모스크에 가서 말없이 앉아 있기는 하지만 거기에는 아이타쿠프의 겉모습만 있을 뿐이라는 것이다. 아이타쿠프의 본질은 침묵 속에서 응시하는 것이다. 라마단의 요체는 일정 시간 동안 먹고 마시는 일을 피하는 데서 그치는 것이 아니라 침묵 속으로 들어가 스스로를 일체의 어지러움으로부터 놓여나게 하는 것이다.

마울나라에 따르면, 신이 실제로 음성의 형태로 사람들에게 말을 하는지 혹은 사고를 통해 계시를 내리는지에 대해 이슬람 신앙에서는 신이 두 가지 방식 모두를 통해 인간과 소통한다. 계시를 내리기도 하고, 지극히 예외적이기는 하지만 정말로 말을 하기도 한다. 신이 '말'을 내린 일은 단 한 번뿐이었으며, 그 대상은 선지자였다. 그러니 선지자를 제외한 모든 무슬림에게 신과의 소통은 말이 아닌 계시로만 이루어진다. 그리고 어느 경우에나 메신저는 천사 — 영적이며 보이지 않는 존재 — 이다.

따라서 무슬림에게 침묵은 그저 입을 열지 않는 것이 아니라, 삶의 더 깊은 의미를 위한 고요를 추구하는 행위이다. 마울라나는 이를 "더 높은 존재와 닿기 위해 노력하는, 이를테면 시공간 너머로의 여행"이라고 표현했다. 그에게 침묵은 '입 말'을 쓰지 않고 말하는 것, 높은 차원의 진정한 언어인 셈이었다.

사실 이슬람교는 기본적으로 침묵을 기반으로 하는 종교이다. 마울라나는 내게 이야기 하나를 들려주고 싶다고 했다. 선지자가 동행자들과 함께 행복한 경험을 공유하게 되었다는 이야기인데, 모두가 아주 큰소리로 '알라후 아크바르'(Allahu Akbar, 신은 위대하시다)라고 외치자 선지자가 이렇게 대답했다는 것이다. "신은 귀먹지 않았다네!" 마울라나는 얼굴을 찡그리며 이런 말도 덧붙였다. "물론, 강단 위에 올라서서 연설하는 정치 지도자들은 정관(靜觀)할 시간이 없지요. 그들은 침묵을 통해서는 아무 것도 하고 싶어 하지 않습니다."

인도에서 말을 나눠본 이들 중에서 침묵에 대해 단 한 마디라도 안 좋은 말을 한 사람은 한 명도 없었다. 그들 중 많은 이들이 침묵을 실천하지 않고 세상 누구보다 요란한 삶을 살고 있었지만, 그 누구도 침묵에 대해 부정적인 말을 하지 않았다. 그러니 두려워하지 않는 건 두 말 할 필요도 없다. 사실은 침묵을 두려워한다는 생각 자체가 그들에게는 이상하게 받아들여졌다. 침묵에 대해 이야기를 나눴던 이들 모두가 침묵에 일종의 존경을 보냈으며, 많은 경우 우러를 따름이었다.

사실은 수세기 동안 기독교 역시 강력한 정관적 전통을 지녀왔다. 알려져 있다시피 침묵은 수도원 생활의 핵심이었고, 중세에는 기독교적 수양의 필수적인 부분으로 널리 받아들여졌다. 라마단과 마찬가지로 렌트(Lent, 사순절. 기독교인들이 부활절 전 40일 동안 예수의 고행을 기려 심신을 삼가는 기간 - 옮긴이)도 원래는 절제(말을 줄이고, 방종하지 않음) 속에서 침묵을 지키며 응시하는 기간이었다.

7세기에 활동한 주교이자 신학자였던 니네베(고대 아시리아의 수도 - 옮긴이)의 이삭은 침묵이 어떤 의미를 지니고 있었는지를 정확히 묘사했다. "많은 이들이 열렬히 간구하지만, 홀로 끊임없는 침묵 속에 남은 자만이 찾을 것이다. 모두가 무수한 말들 속에서 즐거워하지만, 심지어 그 말이 훌륭한 것일 때도 그 속은 비어 있다. 진리를 사랑하면 침묵의 연인이 되어라. 침묵은, 마치 태양처럼, 하느님 안에서 너를 비추어 무지의 허깨비로부터 구원할 것이다."

당시 기독교 세계의 수도원 수천 곳에서 그의 말이 메아리처럼 울렸다. 그런데 무슨 이유에서인지, 이 기독교적 전통은 믿는 자들의 극소수 집단에서만 유지되는 정도로 위축되고 말았다. 영국 국교회 런던 주교인 리처드 사르트르는, 여기에는 서구 사회가 지난 250년 동안 바깥세상의 지도를 그리는 데 골몰한 탓도 일부 있다고 말한다. "덕분에 대단히 큰 글로벌 파워를 지니게 되었지만 그 과정에서, 우리 내부에서 거둬들일 진리가 있다는 걸 잊어버렸습니다. 사물의 내적 진실을 볼 수 없는 지점에까지 와버린 것입니다."

정관적 전통을 되살리려는 조직을 운영하고 있는 베네딕토 수도회 수사 로런스 프리먼도 이에 전적으로 동감을 표한다. "그렇습니다. 우리는 수세기 동안 바깥세상의 판도를 재편하고 신에 대해 생각하며 보냈지만, 실제로 그분과 함께하는 데는 소홀했어요. 교회에 가는 일이 한없이 지루해지게 된 이유도 거기 있습니다. 서구인들은 고강도의 영적 다이어트에 돌입할 필요가 있어요. 서구의 교회는 온갖 탄수화물과 지방질 가득한 교리들로 폭식을 하는 장소가 되어버렸습니다." 앞서 이야기했듯 연극무대나 음악, 심리치료 영역에서는 여전히 침묵이 큰 가치를 지니고 있지만 오히려 교회에서는 말과 음악의 끊임없는 급물살에 휩쓸려 버리곤 하는 것이 사실이다.

이에 반해 인도에서는 침묵의 전통이 한 번도 퇴색한 적이 없었다. 고대 힌두 경전들 ─ 우파니샤드('구루의 발치에 앉다'라는 의미)와 베다 ─ 은 예수가 태어나기 수세기 전에 씌어졌는데, 숱한 리시(rishi, 신의 영감과 계시를 받은 성자 - 옮긴이)들 또는 현자들의 고독과 침묵의 소산이었다.

치과의사 친구 라비 라오는 "수많은 지혜가 최고(最古)의 성전인 베다, 즉 우리의 위대한 책에 씌어 있네"라고 말했다. "베다에는 네 가지가 있는데(리그베다, 사마베다, 야주르베다, 아타르바베다의 4베다를 이름 - 옮긴이), 모두가 침묵에서 비롯되었어. 베다는 한 인간에 의해 씌어진 것이 아니라네. 베다의 저자는 '리시'들이었어. 그들은 산으로 숲으로 동굴로 흩어져 들어가 침묵 속에서 삶에 대해, 자신이 겪은 것들에 대해, 그리고 '나는 누구인가?', '세상은 어디로부터 비롯되었는가?' 같은 근본적인 질문들에 대해 생각하며 명상에 잠겼어. 그건 교리와 무관한, 순수한 사고의 과정이었어. 누군가의 설교에서 태어난 것들이 아니었지. 베다와 우파니샤드는 그야말로 진리를 궁구하는 마음의 산물이라네."

할아버지인 마하트마 간디의 걸출한 전기를 써낸 작가이기도 한 라즈모한 간디도 같은 의견을 피력했다. "리시들은 침묵 속에서 진리를 발견했지만, 거기에는 진리의 본성, 삶의 본질, 세상의 본질에 대한 호기심이 섞여 있었습니다. 그래서 리시들마다 다른 결론에 이르기도 했습니다. 이렇듯 다양한 성찰과 응시가 축적되다 보니 교리 자체가 단일화되지 않았고, 베다와 우파니샤드는 이 거대한 질문들에 대해 선택 가능한 설명을 제시하게 됩니다. 비유하자면 타블도트(호텔 같은 데서 다 같이 둘러앉는 공동 식탁

- 옮긴이)가 아니라 알라카르트(차림표에서 선택해 주문해 먹는 방식 - 옮긴이)인 셈이지요. 인도의 영적 전통은 열렬하며, 때로 격렬하기까지 한 논쟁으로 가득 차 있습니다. 이는 곧 우리가 고를 수 있는 '풀이'가 그만큼 풍부하다는 뜻이 됩니다."

그래서 베다는 기독교나 이슬람교의 성서와는 매우 다르다. 베다는 예수나 무함마드 같은 메신저가 없다. 베다의 저자들이 제시한 진리들은 계율로서 공표된 것들이 아니다. 산상수훈(예수가 갈릴리의 작은 산에서 행한 설교로서, 윤리적 행위에 대한 예수의 가르침을 집약적으로 잘 드러내고 있다고 한다 - 옮긴이) 같은 설교도 아니었고, '이것은 행하고 저것은 행하지 말라'는 이야기도 하지 않는다. 오로지 자신들이 본 진실을 기록했을 뿐이다.

이와 꼭 같은 성향은 예수가 탄생하기 약 200년 전에 씌어진 《바가바드기타》(Bhagavadgita, 《라마야나》와 함께 힌두 문화를 대표하는 인도의 2대 서사시로 꼽힌다 - 옮긴이)에서도 두드러진다. 《바가바드기타》에는 뭘 하라거나 하지 말라는 내용이 없고, 그 대신에 좋음과 더 좋음, 가장 좋음, 그리고 나쁨, 더 나쁨, 가장 나쁨의 의견이 있을 뿐이다. 코란이나 성경과는 아주 많이 다르다. 내가 만난 한 힌두교 여승은 이렇게 말했다.

"크리슈나 신(힌두교 3주신 중 비슈누의 제8화신 - 옮긴이)과 전사이자 왕자인 아르주나(《바가바드기타》의 주인공 - 옮긴이) 사이에 대화가 오고 간 후 크리슈나가 아르주나에게 이렇게 말합니다. '내가 지식을 설명해 드렸으니, 이제 마음을 굳히는 게 좋을 겁니다. 판단을 하지 못하겠으면 더 잘 아는 이에게 물어보시고, 그런 뒤 필요하면 나에게 돌아오세요.' 베다와 마찬가지로, 1만 개의 행 어디에서도 계율은 찾아볼 수가 없답니다."

많은 힌두교도들은 또 다른 방식으로도 영적 전통에 연결되어 있다고 여승은 말했다. "우리 선조는 리시였습니다. 한 일가의 후손들이 특정 리시 한 분과 연결되어 있어요. 누군가가 '너의 고트라(gotra, 성인이나 현자를 공통의 부계 선조로 하는 인도의 가족 - 옮긴이)가 뭐지?' 하고 물으면 '너는 어느 리시와 연결되어 있으며, 어떤 리시들의 후손이지?'라는 뜻이에요. 어찌 보면 기독교의 수호성인과 비슷할 수도 있습니다."

침묵 수행은 옴 프라카슈 같은 독실한 힌두교도 사업가들에게는 구원의 증거일 수도 있다. 내가 그를 만난 건 그가 며칠 동안 히말라야의 외딴 마을에 있는 아쉬람(ashram, 힌두교도들이 거주하며 수행하는 암자 같은 곳 - 옮긴이)에서 돌아온 직후였다.

그는 자신을 '서구화된' 사람이라고 말했다. "미국의 예수회 재단 대학교에서 공부하면서 자연히 서구적인 사고방식으로부터 큰 영향을 받게 되었지요. 게다가 인도에 돌아와서는 차 가공 기계 사업체를 설립한 삼촌의 영향으로 근면성을 최고의 가치로 받아들였어요. 삼촌은 공장 주변에다 '노동은 숭고하다'는 슬로건을 둘러쳐 놓았죠. 덕분에 나는 다시금 존재의 정수로부터 멀어지게 되었습니다. 나는 점점 계획적이고 실용적인 사람이 되어갔어요. 사실 어릴 때부터 지나치게 활동적이고, 빠르고, 요란

한 것이 나의 결점이었으니까, 사업이 미친 영향력도 있겠지만 내 본성의 일부이기도 했어요. 좌불안석의 성정은 내게 상처를 입히고 다른 이들과 불화하는 원인이 되었지만, 회사에서는 일의 열매를 원했어요. 오로지 머리를 쓰는 게 최고였죠. 삼촌은 가슴으로 하는 모든 일을 쓸모없다고 여겼어요."

그는 가슴과 대조적인 두뇌를 우위에 두는 것은 서구적 개념이라고 했다. "두뇌가 소위 '좋은 것'이라고 불리는 물질적인 것들을 생산해 내기 때문에 그것이 우리 문화 위에 덧입혀진 거예요. 최면이 걸린 겁니다." (내 생각을 덧붙이자면, 여전히 뭄바이 같은 도시에서는 예의 최면이 진행되고 있는 듯하다.)

그러다가 거의 40년 전쯤, 그는 매우 다른 종류의 열매를 맺는 침묵 명상의 개념과 만나게 되었다. 공장의 노동자들과 8년 반 정도를 충돌해 온 힘든 상황이었다. 삼촌이 심장마비로 쓰러졌는데, 삼촌의 회복을 위해 기도하다가 어느 순간 문득 '여섯 달째 병석에 누워 있는 공장의 설비공을 위해서 내가 이렇게 회복을 빌어본 적이 있었던가?' 하는 생각을 하게 되었다.

그런 식의 직관적 진실이 지닌 힘을 믿고 있었던 그는 곧장 설비공의 집을 찾아가 용서를 구했다. 그에게 반드시 병원 치료를 받으라고 하고, 치료비를 자신이 내겠다고 했다.

그 일의 소문은 공장 내에 들불처럼 퍼졌다. 그로서는 처음으로 머리가 아닌 가슴으로 무언가를 한 것이었다. 설비공은 그에게 아무 말도 하지 않았지만 그것이 분쟁을 마무리하는 시작점이 되었다. 그는 조합 대표와 그 동료들을 집에 초대해 차를 대접했다. 그 이전까지는 그들을 두려워만 했었다.

조합원들의 요구는 서른두 가지에 달했다. 그는 정말로 정당하다고 생각하는 것들로만 추려서 다시 목록을 작성해 오면 꼭 수용될 수 있도록 함께 싸우겠다고 약속했고, 그로부터 며칠 사이에 분쟁이 정리되었다.

옴 프라카슈는 침묵이 쉽게 찾아온 것은 아니었다고 했다. 침묵은 그가 익숙하게 여기는 모든 것들의 대립항이었다. "과거에 나는 너무나 충전된 상태로 지내서 억지로라도 방전을 시켜야 했습니다. 그러나 아주 옛날에 리시들은 자신의 본성을 마주보고 다스리려 노력했었어요. 침묵 속에서 말이지요. 달리 어떤 방법이 있겠어요? 지금 나는 매일 침묵 수행을 하고 있는데, 그건 내가 텅 빈 껍데기가 됐다는 뜻이 아닙니다. 육체적·정신적인, 꼬리에 꼬리를 물고 이어지는 온갖 종류의 강박 행위를 떨치려는 노력이지요."

그는 매일 아침과 저녁에 한 시간 반을 완전한 침묵 속에서 보내고 있다. 몸의 여러 부분을 긴장시켰다 이완시키는 운동 38가지를 하면서 명상을 위한 준비를 한다. 그런 다음 자신의 숨이 들고나는 걸 지켜보면서 마음을 가라앉히고, 마지막으로 베다에서 비롯되어 구루들 사이에서 전승되어 온 고대의 요가 기법을 활용한다. 여기까지 하고 난 후에는 고요히 좌정한다. "침묵 좌정을 하지 않는 것은 요리를 해놓고 먹지 않는 것과 같습니다!"

라고 그는 말한다.

"매일 나의 기도는 이렇게 시작합니다. '하늘의 아버지, 거룩하신 어머니, 친구, 사랑하는 하느님, 예수 그리스도와 모든 세대의 성인, 선각자들께 고개 숙여 기도합니다. 저를 무지에서 지혜로, 번뇌에서 평화로, 욕망에서 평온으로 이끌어 주옵소서'라고요. 그 다음으로는 더없는 기쁨을 누리고 그것을 다른 이들과 함께 나눌 수 있도록 건강과 활력, 깊은 내적 고요함을 청합니다. 그렇습니다. 정말로 신께서 내게 말씀을 내려주시기를 원하는 것입니다. 물론 말씀이라고 해도 직관의 형태로 오겠지요. 바깥 어디에서가 아니라 내면의 가장 선한 곳, 침묵을 자양분으로 삼는 그곳에서 우러나오는 거죠."

그는 자신이 경험한 침묵의 열매들을 열거해 주었다. "고요한 신체는 잘 관리되는 집과 같습니다. 청결하고, 정돈되어 있으며, 바람이 잘 들지요. 고요한 마음은 나와 내 것, 호와 불호, 미움과 상처, 끌림과 밀쳐냄으로부터 자유롭습니다. 고요한 심장은 사랑, 감사, 관용, 용서, 측은지심으로 가득 차 있지요. 고요한 지성은 독단, 고착됨과 주의주장으로부터 자유롭습니다."

그는 이 네 가지가 자신을 고요의 사원으로 인도하는 경험을 했다고 말했다. "그곳을 '신의 왕국'이라고 불러도 될 겁니다. 모든 것들이 내 위에 더해지는 그런 곳이지요. 이 네 가지가 신의 왕국이 아니라면 다른 무엇일 수 있을까요!"

나는 이 책을 쓰기 위해 떠난 여정의 어디에서도 옴 프라카슈

만큼 열의와 확신에 찬 침묵의 옹호자를 만나보지 못했다. 매일의 수양을 통해 그가 치르는 값을 알고 나면 누구라도 그에게 신소리나 쓴소리를 할 수 없을 것이다. 그는 행복하고 평온하며 충족적인 인간의 모습을 보여주었다. 그야말로 최고로 보기 드문 사업가가 아닐 수 없다.

또한 그는 리시들이 전승해 준 것들이 다 사라지지는 않았다는 사실을 증명해 주는 삶을 살아가는 인물이기도 하다. 그의 이야기는 힌두교의, 다양한 것들을 선별하여 결합하는 픽앤믹스(pick-and-mix)의 특성을 완벽하게 보여주었다.

니자무딘에서 마울라나를 비롯해 수피적 영감의 후원자들을 만난 것은 수피교도들, 즉 신이 우리 안에 거하시며 그분과 닿는 최선의 길은 침묵 속에 있다고 믿는 이슬람 신비주의자들에 대해 더 많이 알고 싶어 하는 내 욕구를 부채질하는 결과가 되었다. 그러나 그때까지는 실제로 존재하는 수피교도를 만나는 일이 내게 일어날 법하지는 않았다.

나는 인도에서 가장 이름난 집안의 자손이며, 이 나라의 전 정보책임관이었던 와자하트 하비불라에게 연락을 취했다. 고상하면서 대단히 영적인 인물인 하비불라는 델리에서 대단하고 훌륭한 사람들의 집이 많이 모여 있는 로디 에스테이트의 쾌적한 저택에 살고 있었다. 그는 딱 보기에도 앵글로포브(Anglophobe, 영국인과 영국에 관한 것들을 혐오하는 사람 - 옮긴이)는 아닌 듯했다. 현관에 '앤 해서웨이의 집'(Anne Hathaway's cottage, 윌리엄 셰익스피어의 아내

앤 해서웨이가 결혼 전에 살던 집. 16세기의 전형적인 농가이다 - 옮긴이) 그림이, 거실에는 영국의 여우사냥 풍경화가 걸려 있었다. 아니나 다를까 그의 아내는, 라호르(Lahore, 파키스탄 북동부에 있는 도시 - 옮긴이) 근처에 살며 대단히 존경받았던 수피교도 바바 파리드의 직계 후손이었다.

하비불라는, 수피의 전통이 반동적 사기에 지나지 않으며 심지어 이단이라고까지 주장하는 이들이 있다고 했다. 또한 무슬림이라면 진짜 이슬람으로 돌아가야 한다는 풍조가 있지만 자신은 이 풍조에 영향을 받지 않았다고 했다. 그의 동료 니잠 칸 역시 하비불라의 견해에 전적으로 동의한다는 점을 분명히 밝혔다. 니잠은 수피 세계에서 발군의 인맥을 자랑하기 때문에 그 자리에 초대된 듯했다.

지금도 수백만 명의 인도인들이 해마다 수피 사원을 찾는다. 수피 사원 중 가장 유명한 곳은 선지자의 머리카락이 보관된 곳이다. 이런 순례의 전통은 인도에서는 매우 활발히 지켜지고 있는 반면 파키스탄에서는 수피 신앙이 미신적인 허튼소리라고 여겨져 자취를 찾아보기가 힘들다.

하비불라에 따르면, 수피의 전통은 7~8세기에 시작되었다. 위대한 무슬림 제국 ― 옴미아드와 압바스 왕조 ― 이 중동의 넓은 지역과 남유럽까지 아우르던 시기였다. 이 무렵 영적인 기질이 특출나게 강했던 일부 무슬림들이 궁정이나 칼리프(이슬람 제국의 주권자의 칭호 - 옮긴이)에 대해 아무 것도 하지 않기로 결심하게 된다. 궁정에 간다는 것은 통치자에 대한 복종의 의미일 텐데, 복종은 오로지 신에게만 하는 것이라고 생각했기 때문이다. 그들은 세속의 삶에서 물러나 봉사하는 데 주안점을 두는 철학을 포용하기에 이르렀다. 그것이야말로 신이 지시하신 일이라고 믿었다.

그들은 고행자들이었고, 늘 가난 속에 살았다. 그들이 입는 수프(suf)는 거칠게 짠 양털 옷으로 세속의 안락한 것들에 관심을 두지 않는다는 표시였으며, 동시에 말을 지극히 아꼈다.

하비불라는 칸 씨가 자신을 델리에서 100마일 가량 떨어진 곳에 살던 수피 — '바바 구립 샤 사비르 시슈티 라흐마툴라'라는 명칭으로 불렸는데, '신성한 자'라는 의미였다 — 에게 자주 데려가곤 했다고 말했다. "거기서 그분과 함께 있는 동안 말을 한 적이 거의 없습니다. 말이 오가지 않았지만, 무언의 대화를 주고받았지요. 그분은 주로 방석에 앉아 있었는데, 내게 옆에 앉으라는 몸짓을 했습니다. 그 몸짓이 그분의 말하는 방식이었어요." 사실 그것은 특별한 호의의 표시였다고 한다.

수피들은 그저 침묵을 유지할 뿐이다. 누구도 그들과 이야기를 나눌 수 없지만, 그러나 말로 전도하지 않아도 그들을 만나는 이들 중 많은 수가 무슬림이 된다. 또한 수피에게는 성자의 분위기가 있다. 수피는 자신을 따르는 자들에게 눈과 가슴을 통해 말할 뿐, 입으로 말하지 않는다.

살아 있는 수피 앞에 이르면 얼굴을 처다보지 못한다. 그를 따르는 자들은 오로지 수피의 발만 바라볼 뿐이다. 그렇게만 해도 수피가 하고자 하는 말을 느낄 수 있다. 나는 인도에 현존하는 수피의 수가 현재 얼마나 되는지 하비불라에게 물어보았다. 아마 20명 내지 25명 정도일 거라는 대답이 돌아왔다. 델리 지역만 놓고 보면 니자무딘에 한 명, 메흐라울리 근교에 한 명, 아쇼크 호텔 근방에 한 명이 있다고 했다.

그 말을 듣고 있자니, 이 셋 중 한 명을 만날 수도 있지 않을까 하는 생각이 스쳐 지나갔다. 또 말을 걸지 못한들 어떻겠는가 싶었다. 내친 김에, 그들을 만나보려면 청을 넣고 어느 정도 기다려야 하느냐고 물어보았다. 사흘 가량 걸린다고 하비불라가 대답했다. 그렇게 오래 걸리면 다음 날 오후에 델리를 떠날 예정이라 나는 만나볼 수 없겠다고 했더니, 칸 씨가 입술을 오므리며 궁리한 끝에, 어쩌면 칼레 바바 ― 검은 성자라는 의미 ― 는 급한 일정이지만 만나줄지도 모른다고 했다. 하비불라가 그분이 기거하는 사원에 비둘기들을 선물한 적이 있으니 특별히 호의를 베풀어줄 수도 있을 거라고 했다.

다행스럽게도 일이 성사되었다. 이튿날 아침 나는 칸 씨의 작은 차에 몸을 싣고 메흐라울리에 갔다. 입구에서 차를 내려 사원 건물까지 150야드를 걸어서 들어가야 했다. 그런데 사원 안에 들어섰으니 신발을 벗고 걸으라고 했다. 바닥이 얼음장같이 차가워서 살이 에일 것 같았지만 그나마 양말까지 벗지는 않아도 된다는 사실에 적잖이 행복해하고 있는데, 옆을 보니 칸 씨는 맨

발이었다.

그곳은 여지없는 빈민굴이었다. 가난한 탄원자들이 진입로 벽에 기대어 우글우글 모여 앉아 있었다. 머릿수건 아래에서 검은 눈들이 우리를 내다보았다.

출입문에 이르는 동안 칸 씨는 연신 땅에 머리를 조아리고 입을 맞추었다. 그렇게 계속 절하며 나아간 끝에 한 남자를 만났다. 그는 사원의 기부금 담당자였는데, 수피를 가리켜 "신이 침묵 속에서 말씀을 내려주는 사람들"이라고 했다.

사원 관리자가 나오더니 맨 머리로 18명의 수피가 묻힌 묘역에 접근하면 안 된다고 하면서, 식당 점원 스타일의 흰 모자를 내주었다. 그 모자를 써야 칼레 바바를 만나기 전 먼저 묘역에 들러 예를 갖추는 칸 씨를 따라갈 수 있었다.

맨 앞에 자리한 가장 큰 무덤은 18인의 수피 중에서도 가장 위대한 시에드 쿼타부딘 박티아르 카키의 것으로, 그야말로 장엄하고 아름다웠다. 높고 은빛으로 빛나는 유리 돔 아래로 5미터에 달하는 사각형의 무덤이 있고, 붉은 꽃과 흰 꽃이 온통 뿌려진 녹색 천이 그 위를 덮고 있었다. 칸 씨가 꽃 한 다발을 주어서 나도 무덤 위에 꽃을 보탰다.

칸 씨는 내게 장미꽃잎 한 장을 주면서 먹어보라고 하고는, 자신은 천천히 무덤 주위를 돌며 황금색 기둥마다 입을 맞추었다. 세상을 떠난 수피의 축복을 받기 위해 무릎을 꿇은 채 기도를 올리는 사람들도 있었다. 마당 전체에서 수백 마리의 비둘기가 쉴 새 없이 날아다녔다.

　잠시 후 칸 씨는 벽에 박혀 있는 대리석 명판 하나를 보여주었다. 그 옆에는 녹색 페인트 칠이 된 잠긴 나무 문이 있었다. 명판은 바바 파리드가 기도를 하던 곳을 나타내며, 문은 그가 은둔하던 조그만 방으로 들어가는 입구라고 했다. 칸 씨는 또, 묘역을 나설 때는 뒷걸음질 쳐서 물러나는 법이라고, 나도 그렇게 해야 한다고 말했다. 여왕을 알현하고 물러날 때처럼 하라는 것이었다. 참으로 깊은 우러름과 신심이었다.

　마침내 칼레 바바를 만날 시간이 되었다. 다행히도 그는 사람들과, 심지어 낯선 이와도 기꺼이 이야기를 나누겠다고 했다. 대리석 계단을 올라가 조그만 안마당으로 들어가니, 예의 수피가 책상다리를 한 채 살을 에는 추위를 덜어줄 한 줄짜리 전기 히터를 켜고 방석에 앉아 있었다. 덥수룩한 턱수염에, 회색 망토를 입었고, 노란 머릿수건을 두른 모습이었다. 검은 눈이 찌르는 듯 깊고 날카로웠다.

　내가 발을 깔끔하게 웅크려 보이지 않게 깔고 앉지 못하고 오히려 다리를 내민 모양새로 앉자, 칼레 바바는 노골적으로 불쾌한 표정이 되어서는 "발 치우세요"라고 소리를 질렀다. 그리고는 잠시 마음을 가라앉힌 뒤 차 한잔을 내오게 했다.

　주위를 둘러보니 두 명의 제자가 함께 자리하고 있었다. 그 중 한 명은 영어를 좀 할 줄 아는 의사였다. 그를 통해 칼레 바바가 여든다섯 살이라는 사실을 전해 들었다. 칼레 바바는 자신의 건강과 활력에 대해 대단히 만족해하고 있었다.

칼레 바바는 스물두 살 때 메흐라울리에서 메카까지 6년을 꼬박 걸어서 순례를 했다. 그의 진짜 이름은 ― 의사가 말해주었다 ― 무함마드 샤리프 시슈티였다. 칼레 바바는 그냥 별명이었다.

의사는 이어, 이 수피가 결혼한 적이 없다고 했다. "이곳은 여자를 들이는 것이 허락되지 않습니다. 물론 여자들을 위한 기도는 하지만 여자를 가까이 들어오게 하지는 않습니다." 그는 수피가 지녀야 하는 덕목을 일러주었다. "그분은 모든 사람들을 똑같이 대합니다. 왕이거나 거지이거나. 그분께는 만인이 똑같습니다. 그분은 다른 이의 집에 가지 않습니다. 초대를 받아도 가는 법이 없어요." 실제로 그 의사가 수피를 만나기 위해 그곳을 드나든 세월이 18년이지만 수피가 자신의 집에 온 적은 한 번도 없었다고 했다.

"그의 온 삶은 신께 바쳐졌습니다. 그분이 이곳에 처음으로 오셨을 때는 폐허나 마찬가지였어요. 그런데 지금은 새 모스크를 일으켜 세우셨지요. 직접 칠까지 하셨어요. 이제는 당신을 위한 기도도 하실 겁니다." 나는 수피에게 침묵의 가치가 무엇이냐고 물었다. "물질적인 것에 대해 생각하지 않을 때 비로소 평화가 찾아옵니다"라고 그는 답했다. "나는 세상에서 떠나왔지만 인간애는 버리지 않았기 때문에 사람들을 평화로 이끌 수 있는 것입니다. 사랑은, 평화의 한 종류이지요."

신이 그에게도 말을 걸었을까? "물론입니다. 기도할 때는 나를 온전히 잊어버리는데, 그 순간 신께서 내 앞에 계시는 걸 느낍니다. 아니요, 목소리를 들은 적은 한 번도 없어요. 다만 신의 생각이 침묵 속에서 내게 오는 거지요. 신께서 흡족해하실 때는 수피의 입을 통해 나오는 말이 신의 말씀입니다."

접견 시간이 끝나가고 있었다. 칼레 바바는 내가 익숙지 않은 웅크린 자세로 있다가 몸을 일으키느라 애를 먹는 모습을 보면서 즐거운 기색이었다. 자신은 그런 것으로 힘들어하지 않는다는 걸 시연해 보이기까지 했다.

"칼레 바바를 뵈다니 정말 운이 좋으신 겁니다"라고 칸 씨는 재삼 강조했다. "신께서 당신을 위해 길을 열어주신 거예요." 마지막에는 수피가 내게 악수를 청했다. 그의 손이 바이스를 쥐듯 내 손을 꽉 잡았다. 나올 때 다시 한 번, 칸 씨는 뒷걸음질로 물러나야 함을 내게 주지시켰다. 나름대로 상쾌한 만남이었다.

그리고 절묘하게 딱 맞춘 듯한 순간에, 기부금 담당자가 나타나 목적이 있는 듯한 차 대접을 하겠다고 했다. 이내 그는 사원을 방문한 사람들의 기부 내역이 세밀하게 기록된 장부책을 끄집어냈다. 100루피를 내겠다고 하자 그의 표정이 언짢아졌다. 대개는 200이나 500을 냈다고 손가락으로 목록을 짚어 보여주며 말했다. 나는 사원 문 앞에서 기다리는 가난한 사람들을 떠올리며 500루피를 내겠다고 급히 정정했다. 그제야 그는 엄숙한 어조로 말했다. "신께서 당신의 선물을 받으시기를."

그런데 사원에서 벗어나자마자 정작 칸 씨는 "저 사람은 반절 성자밖에 아닙니다. 진정한 성자는 수피뿐이에요" 라고 기부 담당자의 흉을 보았다.

돌아오는 길에 나는 칼레 바바의 모습을 다시금 떠올려보았다. 아무리 생각해도 그는 주위의 기분을 좋게 해주는 온화한 수피는 아니었다. 하긴 성자들의 모습도 천차만별일 수 있을 것이다.

11

성자와 성녀

성자가 록스타의 인기에 버금갈 정도로 대중을 사로잡는 나라
는 지극히 드물다. 그런데 인도는 이 몇 안 되는 나라에 속한다.
놀라운 것은 수많은 사람들이 성자를 찾아 정기적으로 모이며,
그 수 또한 어마어마하다는 것이다. 그들은 신나는 음악이나 지
옥불을 외치는 전도사의 음성을 듣기 위해서가 아니라 오로지
도덕적, 정신적 또는 사회적 메시지를 담고 있는 성자의 이야기
를 듣기 위해 모인다.

성자의 이야기 중에는 크리슈나 신이나 마하트마 간디의 생애
에 얽힌 이야기도 많지만, 가장 인기 있고 신망이 두터운 이야기
는 모라리 바푸(Morari Bapu. 'bapu'는 '영적인 아버지'라는 의미)가 들
려주는, 대부분의 힌두교도들이 가장 좋아하는 책인 고대 서사

시 《라마야나》이다.

모라리 바푸는 다양한 《라마야나》 버전 중 17세기의 위대한 인도 시인 툴시 다스가 비슈누 신의 화신인 왕자 람과 람의 아내인 시타 두 사람의 모험을 자세히 풀어낸 버전을 인용한다. 이렇게 힌두적 상상력의 최고봉이라 할 이야기를 카타(katha, 산스크리트어로 이야기라는 뜻. 여기서는 성자 이야기의 설화적 전승 형태, 또는 청중들에게 이야기를 들려주는 '이야기회'를 가리키는 것으로 보임 - 옮긴이) 또는 스토리텔링으로 듣는 일은 종교적인 행사처럼 자못 엄숙하기까지 하다.

모라리 바푸의 카타는 장장 아흐레 동안 이어지며 수십만 명을 사로잡는다. 노천의 황량한 공터에 엄청나게 큰 천막이 세워지며 — 여름에는 선풍기가 달린다 — 매일 아침 서너 시간씩 그가 이 서사의 한 대목을 들려주고 나면 청중들은 제자리로 돌아가 들은 이야기를 반추한다. 그런 식으로 아흐레 동안 이야기를 완결 짓는 것이다.

한 대목이 끝날 때마다 대규모 군중은 일제히 간단한 인도 음식 — 밥, 달(dal, 인도와 동남아시아에서 콩을 주재료로 만드는 요리 - 옮긴이)과 채소 카레 — 으로 끼니를 때운다. 돈을 걷는 일은 일절 없다. 카타를 주최한 이가 비용을 모두 부담한다.

짧은 점심시간이 끝나면 사람들은 사방으로 흩어졌다가 다시 모이는데, 갔다가 이튿날 다시 오는 이들도 더러 있다. 냉소적인 시각으로 보면 오로지 공짜 밥에 끌리는 것이 아니냐고 하겠지만, 만약 그렇다고 해도 그 긴 시간 동안 땅 위에 카펫이나 시트 한 장 깔고 웅크리고 앉아 이야기를 듣는 것은 녹록한 일이 아니다. 결국 진정한 공짜 점심이란 없는 법이다.

아이러니하게도, 뭄바이의 광대한 지하철로 모라리 바푸를 뒤따라가 알게 된 것은, 그 사람처럼 자타공인 언변이 뛰어난 사람조차도 침묵에 남다른 가치를 둔다는 사실이었다.

그가 지내는 공동주택에 다다르자 반 다스쯤 되는 남자들이 화려한 색의 조그만 천막을 뒷마당에 쳐놓고 그날의 늦은 이벤트를 준비하고 있었다. 그 중 한 남자가, 구제라트에서 있었던 지난번 카타에는 50만 명이 넘는 사람들이 모였다면서, 자기들이 그 행사에 돈을 낸 열혈 팬들이라고 했다. 정말 그 인원이 모였을까 하는 의심이 들었지만 잠자코 있었다. 아무튼 그들에게서는 과거 내가 몇몇 복음주의 기독교 집회에서 느꼈던 과장된 듯한 즐거움과는 사뭇 다른, 대상을 우러르지만 유쾌하고 호의적인 유머가 잘 섞인 분위기가 뿜어 나왔으니까.

먼저 도착해 있던 수많은 사람들에다 속속 도착하는 사람들까지, 점점 늘어나는 인파 속에 섞여 기다리면서, 바푸와의 만남이 그저 단체 행사에 그치고, 내가 기대했던 일대일 대화로는 이어지지 않을지도 모른다는 걱정이 들기 시작했다.

그러나 그건 기우였다. 곧 나는 건물 옥상으로 안내되어, 햇볕을 가릴 수 있게 차양이 쳐진 2인용 정원 의자에서 벌써부터 기다리고 있는 바푸를 만날 수 있었다. 그는 순백의 옷차림에, 짧은 회색 머리카락, 진회색의 잘 다듬은 턱수염을 한 65세의 남성으로, 불타는 건강미를 보여주는 사진 속 인물 같았다.

고결한 느낌이 강하게 풍기기보다는 그 누구보다 사심 없는 편안한 얼굴이었고, 이야기를 나누어 보니 과연 인도 구루들 특유의 성자인 체하는 면 없이 사려 깊고 온화한 사람이라는 인상을 받을 수 있었다.

그는 십대 시절부터 자신만의 《라마야나》 이야기를 들려주기 시작했으며, 지금은 인도 전역에서는 물론 미국과 호주(물론 청중은 턱없이 적지만)에서도 카타를 열고 있다고 했다. 스토리텔러로서의 카리스마와 쉬운 화법은 그가 수많은 사람들을 불러모으는 원동력이었다. 그렇다 해도 그 많은 사람들이 모일 수 있는 다른 비결이 있지 않을까 생각했다. 인도인들이 이야기를 즐기며, 특히 익숙한 이야기를 대단히 사랑하는 특성을 지녔다고 해도 아흐레 동안이라니?

여러 차례 참석했던 사람들이 말하듯, 그의 카타가 청중들에게 어떤 부담도 주지 않고 요구하는 것도 없기 때문인 것일까? 사실 모라리 바푸는 어떻게 살아야 한다거나, 매일 사원에 가야 한다거나, 누구에게(혹은 자신에게) 기부를 하라거나 하는 말을 하지 않았다. 달리 말해 그에게는 누구를 변화시키겠다는 욕망이 없었다.

그가 《라마야나》를 자신의 버전으로 들려주는 것은 최선의 삶을 사는 법, 좋은 사람이 되는 법에 대한 예를 제시하기 위해서였다. "훌륭한 삶으로 안내하기 위함입니다"라고 그의 딸 라디카가 말했다. "인도에서는 '이렇게 또는 저렇게 해야 한다'고 하지 않습니다. 아버지 역시 참석한 사람들에게 한 번 왔다고 매일 와야 하는 건 아니라고 말씀하세요. 이야기 도중에 잠드는 사람이 있어도 전혀 개의치 않으시고요." 즉 사람들은 그의 이야기를 들으며 '평온의 의미를 구현하는 성자들에 가까워짐'이라고 하는 축복을 쌓아가는 것이다.

그후에 이어진 대화는 50만 명이 성자의 행적이 담긴 이야기 하나를 듣자고 모이는 것만큼이나 신기했다. 늘 대중에게 이야기를 들려주는 모라리 바푸도 사실은 침묵의 예찬자였고, 오랜 세월에 걸쳐 뭇사람들의 스승으로 존경받고 있지만 그 역시도 여전히 답을 찾고 있다는 것이었다.

그는 매주 토요일을 침묵의 날로 보낸다고 했다. 또한 카타가 열리는 기간 동안에도 매일 이른 아침에 장시간의 명상을 하며, 일 년에 한 차례 특별한 달을 보내기도 한다. 주로 8월 한 달을 온전히 침묵하면서 지내는 것이다.

"침묵의 달에도 종종 찾아오는 사람들을 만나기는 합니다만, 전혀 입을 열지는 않습니다." 상대가 당황하지 않느냐고 물었더니 그는 이렇게 대답했다. "그 반대입니다. 내가 침묵하면 사람들도 마찬가지로 침묵합니다. 건강한 전염이지요!"

한참 동안 침묵을 지키면 마음에 일어난 그 어떤 소란도 진정이 되고 더러움이 씻겨 내려간다고 했다. 그러나 억지로 해서는 안 된다고 했다. 침묵은 수고로움이 아니라는 것이다. "뭔가 하려고 애를 쓰면 그것 자체가 침묵에 훼방이 됩니다." 그는 툴시다스의 시를 인용했다. "좁은 길에서는 다른 무엇을 할 여유가 없으니, 오로지 침묵과 함께할 따름이다."

이때쯤 그를 따르는 사람들 이삼십 명이 옥상으로 올라왔고, 그들 중 몇몇은 큰 목소리로 그의 대답에 나름의 해석을 붙여가며 대화에 끼어들었다. 그들은 자신들의 구루 앞에서도 전혀 삼가거나 거리낌이 없었다.

바푸가 침묵 수행을 하기 시작한 것은 30년 전, 바깥세상의 소음이 그를 어지럽히던 때였다. 첫 분기점은 그 외부 소리들에 의한 괴롭힘이 멈춘 순간이었다. 그러나 그때도 내면의 목소리 형태로 들리는 소음은 멈추지 않았다. 그러다 어느 순간, 내면의 소리로 인한 괴로움도 그쳤다. 그리고 마침내 세 번째 분기점이 보였고, 그것을 넘어서자 완전한 고요를 안과 밖 모두에서 경험하기 시작했다.

그러나 그는 이 과정을 쉽게 생각하며 무턱대고 따라하는 것을 경계했다. 그가 했던 방식으로 침묵에 잠기는 것은 함정과 위험이 수반되기 때문이다. "그 단계로 접어들면 아무리 성인군자 같은 사람이라도 미쳐버릴 수 있는 심각한 위험수가 있습니다"라고 그는 말했다.

그 자신은 어떻게 그 위험에 맞설 수 있었는지 물었더니, "그런 순간에 나는 신, 또는 내가 '실존자(Existence)'라고 부르는 분에게 자비를 구했습니다. 조화로움을 유지하기 위해 절실히 필요한 것이 바로 알라의 자비입니다. 균형을 잡아주시는 건 그분의 자비예요." 그의 말은 예전에 만났던 이집트의 수도사를 떠올리게 했다.

그의 말은 연습해서 나오는 상투적인 말과는 완연히 달랐다. 그는 자신이 경험한 것의 더 어두운 측면에 대해 이야기해 주고 있었다.

그렇다면, 이렇게 위험을 동반하는 침묵 속에서 그는 신 또는 실존자와 실제로 소통을 했던 것일까? "침묵은 신께서 그리로 들어오실 수 있는 문입니다. 계속해서 말을 하고 있으면 그분께서 들어오고 싶어 하시는 문을 닫아버리는 것이 됩니다. 나는 고요하고 순수하며 끊임없이 이어지는 침묵의 힘에 대단한 경의를 보내는데, 그분께서 그리로 들어오시면 그 순간 침묵이 흐트러지는 느낌이 듭니다."

신이 달갑지 않은 침입자의 성질을 지녔다는 것은 사뭇 낯선 관념이었다. 도대체 왜 흐트러지는 느낌이 되는 것일까? 이유를 물어보았더니 다소 놀라운 대답이 돌아왔다. "나는 침묵을 대단히 중시하기 때문에 스스로 그 속으로 흡수되어 들어갈 때는 그 어떤 것도 더 필요치가 않습니다."

그러나 간디도 내면의 목소리, 즉 소금 행진(Salt March, 영국 식민 치하의 인도에서 1930년 3월 12일 마하트마 간디가 인도인들을 인솔하여 소금세의 폐지를 주장하며 아쉬람에서 단디까지 행진한 사건. 단디 행진이라고도 한다 - 옮긴이)을 하라고 일러준 목소리에 의해 영감을 받은 적이 있고, 또 한 번은 단식을 해야 한다고 상당히 분명하게 이야기하는 말을 듣기도 했었는데 그건 어떤 경우일까? 심지어 어느 정도나 단식하느냐고 간디가 묻자, 또다시 "21일 동안"이라는 분명한 대답이 돌아왔다고(간디가 2차 세계대전 중 인도 독립을 요구하다 수감되자 영국에 항의해 단식 투쟁을 벌인 일을 가리킴 - 옮긴이) 하는데 그 일에 대해 바푸는 어떤 생각을 하고 있을까?

모라리 바푸는 고개를 저었다. 자기는 그런 경험을 해본 적이 한 번도 없다고 했다. 국민을 이끄는 지도자들은 민중을 돕기 위해 그런 식의 영감이 필요했겠지만, 자기는 그런 인물이 아니라는 것이다. "물론 나의 침묵 역시 돌처럼 굳어 있는 게 아니라 굽이쳐 흐르면서 함께 나눌 수 있는 기쁨, 사람들을 향한 사랑, 따뜻함을 포함하고 있기는 합니다. 나는 그렇게 믿고 있어요."

수십만 명의 사람들이 찾아와 자신의 이야기에 귀를 기울이는데도 교만해지지 않을 수 있는 특별한 비결이 있을까? 그는 빙그레 웃으며 이렇게 대답했다. "아마도 내가 단순하고 평범하기 때문에 사람들이 찾는 듯합니다. 그러나 겸손한 마음을 한결같이 지니는 방법이라는 게 무엇인지는 잘 모르겠습니다." 그래서 그는 누구의 사고방식도 바꿀 뜻이 없음을 사람들에게 확인시켜주기 위해 끊임없이 노력한다고 했다.

나는 그가 겸손한 태도를 지켜나가는 방법을 모르겠다고 대답한 것에 감명받았다고 말해주었다. 그건 마치 달라이 라마가, 최고의 종교가 무엇이냐고 묻는 사람들에게 한 대답과 닮아 있었다. 그의 대답 역시 "모르겠다"는 것이었다(교황이나 캔터배리 대주교에게 같은 질문을 하면 어떤 대답이 나올지 궁금하다).

"우리의 성전인 우파니샤드에 이런 구절이 있어요. '안다고 주장하는 사람은 아무 것도 모르는 것이며, 모른다고 말하는 이가 모든 걸 아는 것이다.'"

그는 카타에서 말을 하는 동안에, 그 자신도 이해할 수 없는 범상치 않은 일들이 생기는 때가 있다고 덧붙였다. "백 퍼센트 확신할 수는 없지만 서너 시간을 쉬지 않고 말하는 와중에 내가 고요의 상태에 들어섰다는 걸 느낄 때가 있습니다." 도대체 이런 일을 어떻게 설명할 수 있을까?

수피 신비주의자들도 이와 꼭 같은 경험을 한다고 그는 말했다. 제자들을 향해 말을 할 때 누군가 다른 이가 자신을 통해 말하고 있는 듯한 느낌을 갖는다는 것이다. 그건 나 같은 사람만이 아니라 바푸 스스로에게도 대단히 신비스러운 일이었다.

바푸는 음흉한 속내를 감추거나 젠체하는 법이 없는, 어떤 의미로 성자였다. 그는 비현실적인 주장으로 스스로를 속이지도, 모든 답을 다 알고 있다고 허세를 부리지도 않았다. 그는 이전에 내가 겪은 자칭 '슈퍼 구루'들과는 거리가 멀었다. 적어도 내게는 그저 정직한 인도 사람처럼 보였다.

인도에는 성자와는 아무 상관없이, 즉 침묵의 실천에서는 상대적으로 덜 철저하지만 마찬가지로 정직한 사람들이 많다. 마하트마 간디의 손자이자 그의 전기를 쓰고 중서부 미국의 대학에서 가르치는 일을 하는 라즈모한 간디가 그런 사람이다.

라즈모한 간디는 자신이 고요한 상태에 들어서면 처음 몇 분간은 근심과 걱정거리들이 느껴진다고 한다. 그래서 고요함에 들어서는 순간이 의외로 괴로울 때가 많지만, 잠시 후 그런 감정은 가라앉고 아주 다른 무언가로 대체되는데 그것들이 바로 평화로움, 잔잔함, 안심되는 느낌 등이다. "마찬가지로 측은지심의 정서가 떠올라오는 경우가 있어요. 그럴 때면 부담으로 받아들이지 않고, 좋은 마음으로 다른 이들을 생각하기 시작합니다. 사람들에게 좋은 일들이 일어나기를 바란다는 것은 그들에게 무엇을 해줄 수 있을까를 생각하는 것입니다. 따라서 침묵은 평화, 희망, 강인함을 선물해 주지요."

라즈모한에 따르면, 침묵을 느끼는 순간에는 말이나 글보다 더 나은 소통이 이루어진다. 아마도 그 안에서 사람들과 더 가까워지고 그들과 하나가 되는 느낌을 갖는 것이리라. 그래서인지 그는 대화를 나눌 때보다 침묵할 때 상대에 대해 더 깊은 통찰을 지니게 된다고 한다. "침묵 속에서는 숱한 편견과 선입관이 희미해지고 다른 사람들을 더 뚜렷이, 삼가는 마음으로 보게 됩니다. 이전에 판단하기 모호했던 미덕이나 장점들이 한층 잘 드러나기도 해요."

라즈모한은 또 자신이 얻는 대개의 영감은 길을 걸으면서 곰곰이 생각하는 순간에 온다고 털어놓았다. 대개 길을 걸을 때는 제대로 방향을 찾아가고 있는지, 발을 잘못 디디지는 않는지 양쪽으로 신경을 쓰느라 한 가지에 완전히 집중하지 못한다는 걸 감안하면 놀랍지 않을 수 없는데, 아무튼 그에게는 역사적이거나 학문적 또는 실제적인 질문에 대한 해법이, 걷는 도중에 갑자기 놀라운 선명함으로 눈앞에 나타나며, 게다가 그런 일이 꽤 자주 일어난다고 했다.

"때때로 침묵의 시간 동안 목소리를 들은 것 같은 생각이 들 때가 있습니다. 손목을 두드리는 느낌을 받은 적도 두세 번 있었어요. 침묵의 시간이 없었더라면 나는 어떤 사람이 되었을까요? 지금보다 훨씬 더 혼란스럽고, 훨씬 더 불만족스러우며, 훨씬 더 까다로운 사람이 되었을 겁니다. 맙소사, 그렇습니다. 침묵은 은혜예요! 저평가되고, 이해받지 못한 채, 침묵은 지금도 겸허하게 기다리고 있습니다."

인도의 성자들은 좋든 나쁘든 매우 폭넓은 평가를 받아왔다. 그런데 이들과 대응관계에 있는 여성들의 영향력은 미미했다. '여성 쪽에서는 침묵의 가치에 대한 확신이 적었던 것일까?' 하는 의문이 들 정도였다. 이런 질문을 하기에 가장 알맞은 대상은 누가 뭐래도, 간디의 가장 위대한 제자인 비노바 바베(Vinoba Bhave)가 인도 중부의 와르다 근처에 설립한 파우나르 아쉬람의 힌두 여승들 30인일 것이다.

여승들이라면 적어도 그 동안 이야기를 나눴던 남자들보다는 좀 더 잘 대해주지 않을까 내심 기대하며 파우나르 아쉬람을 방문하기로 했다. 그런데 막상 그곳에서 맞닥뜨린 손님 접대는 좀 당황스러울 정도였다.

나그푸르에서 택시를 타고 도착하자마자 먼저 눈에 들어온 것은 큼직한, 사실은 좀 과하다 싶을 만큼 웃자란 채소밭을 빙 둘러서 있는 나지막한 건물들이었다. 남자 관리인인 가우탐 바자즈의 따뜻한 환영인사를 받으며 손님방으로 안내되어 간 것까지는 좋았다. 그런데 정작 모습을 드러낸 방은 좀 충격적이었다.

수건도(요청을 해서야 가져다주었다), 더운 물도, 거울도, 화장지도 없었으며, 오로지 갓 없이 매달린 전구 하나가 빛을 밝히고 있었다. 그 외에는 단단하게 뭉쳐진 짚더미가 침대랍시고 놓여 있었다. 비누까지도 직접 만들어 모양이 고르지 않았는데, 바자즈의 설명에 따르면 사들여오는 비누에는 종종 소기름이 함유되어 있어 어쩔 수 없다고 했다.

식당에도 갖춰진 것이 전혀 없었다. 이튿날의 아침식사는 거칠게 간 밀가루를 주재료로 만든 차파티(둥글넓적하게 구운 인도식 밀가루빵 - 옮긴이)였는데, 전날 만들어두었다 내온 듯 차게 식은데다가 군데군데 부서져 있었고, 작은 사발에 담긴 데운 우유가 전부였다. "참 독특한 식사군요!"라고 나는 옆자리의 여승에게 소곤거렸다. 그녀가 빙그레 웃으며 말했다. "영적인 수행을 돕는 음식이랍니다." 그러자 두 번째 여승이 "신성한 음식입니다!"라고 딱 자르는 말투로 말했다.

"뭘 찾고 계신지 알겠어요"라고 세 번째 숙녀가 밝게 말했다.

"커피를 마시고 싶으신 거지요?"라더니 그녀는 이내 커피 한 잔을 만들어 건네주었다. 여승들 대부분은 바닥에 쪼그리고 앉아 자기 몫의 음식을 먹었고, 손님을 포함한 전원이 자기가 먹은 접시를 나뭇재 ― 믿거나 말거나 ― 로 씻었다. 아무튼 오래 살고 볼 일이다.

물론 손님만 고생인 건 아니었다. 여승들 역시 수고를 아끼지 않았다. 새벽 4시에 일어나고 저녁 8시 30분 소등에 맞추어 잠자리에 들어야 하는 것 외에도, 직접 옷을 짓고 빨래와 청소를 하며, 채소를 기르는 것도 이들의 일과였다. 소금 같은 기본적인 물품을 사는 때 외에는 거의 시장에도 가지 않았다.

모두 마하트마 간디가 정한 11가지 서약을 철저히 따르는데, 거기에는 순결, 자발적 청빈, 비폭력 등이 포함되어 있었다. 다만 세속의 권위에 대한 복종의 서약은 제외되었다. 한 여승의 말에 따르면 "인도의 어디에도 복종의 서약은 없습니다. 우리의 종교 관념으로는 사람은 온전히 자율적이어야 해요. 종교는 어떤 의미로든 인간을 자유롭게 해줄 수 있어야 합니다."

식사 후에 연장자인 듯한 한 여승이 나를 한 쪽 구석으로 데려갔다. "당신이 아서야 할 건, 이곳에 있는 모든 사람들이 독자적이라는 겁니다. 책임자도, 원장도, 감독도 없어요. 먹고 싶은 곳에서 먹고, 언제 기도를 하든 혹은 하지 않든 각자가 선택해요. 완전한 자유를 누리는 거지요."

그것은 그간 내가 마주쳤던 어떤 수도원의 규칙과도 달랐지만 그들에게는 잘 맞는 것 같았다. 무엇보다도 이곳보다 더 활기차고 충족적인 여자들의 공동체를 본 적이 없었기 때문이다. 새벽이 밝아오기 전 어둠 속에서 들리던 그들의 노래는 아직까지도 귓가에 선하다.

나는 눈에 띄게 열의가 넘치는 '프라비나 데사이'라는 여승의 거처를 찾아가, 그녀의 조그만 뜰에 앉아서 이야기를 나누었다. 프라비나는 고등법원 변호사의 딸이었는데, 47년째 파우나르에서 지내고 있었다. 다섯 살 때부터 한결같이 신과의 진정한 유대를 열망해 왔으며, 한시라도 빨리 승려가 되고 싶었다고 했다.

전통적으로 리시(rishi)들은 하루 중 묵상을 위한 두 차례의 시간대를 지켜왔다고, 그녀는 말했다. 첫 번째는 새벽 4시에 시작해서 해뜨기 전까지의 한 시간 반 가량인데, 이때는 전 오존층 ― 오존이 형성되는 대기층 ― 이 대지에 가까이 내려와 대단히 기운을 북돋우며 심신을 상쾌하게 해준다. 리시들이 추천한 두 번째 시간대는 저녁 6시에서 7시 30분까지이며, 묵상 후에 일몰을 지켜볼 수 있다.

그 시간에 무엇을 얻을지는 각자의 믿음에 달려 있다. 스스로에 대한 믿음이 있다면 명상을 통해 믿음과 확신이 무시무시할 만큼 커질 수 있고, 우주에 대한 믿음을 가진 사람이라면 그릇되거나 진실하지 않은 모든 것에 대항해 분연히 일어설 수 있는 용기를 얻게 된다. 바로 소울파워(soul-power), 즉 신이 자신의 몸과 영혼, 지성 안에 계심을 깨닫는 것이다. 소울파워는 불꽃처럼 빛나며, 세속과는 온전히 동떨어져 있다. 감각적, 정신적, 정서적인 경험을 넘어서며, 현대적 삶과도 아무런 상관이 없다. 다만 또 다른 세상으로 가는 한 걸음인 셈이다.

그렇지만 거기 그렇게 앉아만 있으면 지루하지 않을까? "지루하다니요!" 프라비나는 거의 외치듯이 말했다. "세상에, 우린 하루 종일 그러고 있을 수 있어요. 황홀하고, 매력적이고, 즐겁고, 행복한 걸요. 언제나 침묵하는 것이 말하는 것보다 더 행복합니다. 나는 앉아 있는 것이 좋고, 그 시간을 기다리는 게 좋습니다. 명상을 제대로만 하면, 침묵은 고결한 소통이 된답니다."

그녀에게 침묵은 자기 본위의 기분전환 같은 것이 아니었다. 그녀는 비폭력이 세상의 더 큰 힘으로 작용하여 핵폭탄을 좌지우지하는 이들의 기운을 눌러주기를 염원하며 명상을 한다고 말했다. 그녀의 기도는 늘 그 한 가지였다.

신의 메시지를 받느냐는 물음에 대해서는, "항상 그분께서 내게 무슨 계시를 주실지 주의를 기울이고 있습니다"라고 답했다. 물론 계시를 느끼는 경우는 극히 드물지만 그 순간이 되면 무조건 따른다고 했다. 계시는 큰 일을 앞두고 내려지는 경향이 있는데, 보통의 '생각'과는 아주 다르며, 이 세상에 속한 것이 아니라 초자연적인 특질을 지닌 것이라 한다.

"인도에서는 인지권(人智圈, 인간의 사고 영역)이라는 걸 믿습니다. 거기에 인간의 실제적이며 영적인 지혜가 보존되지요. 선조들 — 세상의 위대한 남자와 여자들이 포함된 — 이 익혀온 교훈

들입니다. 침묵 명상을 할 때 이 지혜의 과실들이 우리에게로 전달되는 것입니다."

다르게 표현하면, 프라비나는 올바른 마음으로 명상을 하면 누구라도 인류가 전승해 온 지혜의 문을 두드릴 수 있다고 주장하고 있었다. 어떤 의미로는 비범하고, 풀어 말하면 참으로 남다른 생각이 아닐 수 없다. 아니나 다를까 그녀는 침묵에 대해 시적인 관념을 지니고 있었고, 시인들은 부풀려진 생각을 지닐 수 있게 허락된 사람들이라고 여겼다. 왜냐하면 그런 생각 속에 진리의 요체가 들어 있을 수 있기 때문이다.

"성전에는 침묵이 말과 동시에 이루어지지는 않으며 마음의 성질을 지녔다고 씌어 있습니다. 침묵 속에서 얼음처럼 서늘하고 담담하게 내면의 균형을 유지하는 거예요. 감각을 통해 보고 느끼는 것은 끊임없는 유동성 속에서 떠올랐다 사라지는 덧없는 현상일 뿐입니다. 우리가 추구해야 할 것은 그런 것이 아니라 영속적인 진리입니다. 그러려면 침묵과 균형이 대단히 중요해요. 제겐 세상에서 가장 귀한 것이 바로 침묵입니다."

프라비나와 헤어져 그녀가 들려준 이야기의 의미를 나름대로 이해하려 애쓰고 있다가 또 한 명의 여승을 만났다. 역시나 범상치 않은 분위기를 지닌 이 승려의 이름은 우샤(Usha)였는데, 새벽이라는 뜻이라고 했다. 나이가 80세였고, 외면할 수 없는 침착함과 우아함이 몸 전체에서 배어 나왔다. 프라비나처럼 우샤도 영혼 속에 시를 품고 있었다.

"침묵은 심장의 위대한 동굴로 들어간다는 의미입니다"라고 그녀가 말문을 열었다. "침묵 속에서 나는 신이 일별하시는 찰나의 눈길을 찾을 수 있어요. 그러나 그것을 표현하기에 말은 너무 빈약합니다. 아시겠지만 비노바 바베는 십만 명이 참석한 곳에서 침묵 기도를 올렸습니다. 그런 기도를 수년 동안 계속했어요. 그 공동의 침묵 속에서는 종교나 카스트, 언어로 인한 문제가 일절 없었지요. 그분의 방식은 M2A, 즉 명상(meditation) 둘, 행동(action) 하나였습니다."

그녀는 내가 쓰고 있는 책에 대해 생각해 보았다고 했다. 침묵 명상에서 비롯되는 말은 영원성의 특질을 지니고 있는 것으로 여겨진다면서, 말하지 않음이 감각을 누르고, 생각하지 않음, 즉 무념무상이 마음을 누르며, 마음을 비우면 무언가가 샘솟아 올라 공중에 떠다니게 된다고 했다. 그렇게 뭇 욕망이 사라질 때 신과 하나가 되어간다는 것이다.

우샤는 또 한 명의 여승을 소개시켜 주었는데, 최근에 일 년간의 침묵 수행을 한 사람이었다. 일 년 내내 한 마디도 하지 않고 오로지 글로만 사람들과 소통했다고 한다.

그녀는 조용하다기보다 수줍음을 타는 듯한 숙녀였다. 나는 말을 돌리지 않고 똑바로 물어보았다. "무슨 이유로 그렇게 긴 시간 동안 침묵하기로 결심한 겁니까?"

"내 결심이 아니었습니다"라고 그녀는 대답했다. "일 년을 온전히 침묵하라는 내면의 음성이 뚜렷이 느껴졌어요. 이유는 알 수 없었어요. 어쩌면 나의 내적 발달에 필요한 수행이었는지도 모릅니다. 그러나 그것이 그분에게서 온 것이라고 느꼈기 때문에 받아들였어요. 그래서 전혀 힘들지 않았습니다. 만약 내가 결정해서 하는 것이었다면 힘들다고 생각했을 것 같아요. 가끔은 내면의 음성이 내가 원치 않는 것을 하라고 할 때도 있지만 그럴 때도 늘 따릅니다. 아, 음성이라고 할 수는 없겠어요. 뭐라 설명할 수 없지만, 음성과는 아주 다른 성질이니까요."

그녀는 25년 전의 어느 날 아침에 잠자리에서 일어났을 때도 똑같은 존재가 느껴졌다고 한다. 그 존재가 자신을 향해 고개를 숙이더니 앞으로 절대 돈에 손을 대면 안 된다고 일러주었다. 그때까지 자신에게 그런 식의 직관 같은 건 전혀 없었는데도, 순순히 그러겠다고 했다. 내면의 음성이 지시했기 때문에, 오로지 그 이유만으로도 받아들이기가 어렵지는 않았다고 한다.

"지금은 직관이 오고, 그 다음에 음성이 느껴진다는 걸 알게 됐어요. 직관은, 물론 나한테는 일상처럼 잦은 경험은 아니지만, 좀 더 자주 찾아옵니다. 그에 비하면 음성은 아주 특별한 순간에만 나타납니다. 당연히 복종해야 한다고 느끼지요. 내면의 음성에 따르지 않는 건 음식에서 소금을 빼겠다고 결심하는 것과 같습니다. 오래 버티지 못하지요." 그녀에게는 내면의 음성이 마치 소금처럼 귀중한 존재였다.

여승은 자리에서 떠나기 전에 자신의 이름을 밝히지 말아달라고 부탁했다. 그녀가 나와 나눈 이야기는, 비밀은 아니지만 신성한 것이기 때문이라며.

파우나르를 떠나면서, 아침에 먹은 매력적인 음식을 다시 한 번 떠올려 보았다. 의외로 식사의 내용이 그렇게까지 중요한 문제는 아니라는 생각이 들었다. 그건 그저 밥 한 끼였다.

12

정적인 삶을 택하다

아침 여덟 시쯤 대학 캠퍼스 안에 사람이 단 한 명도 없기란 쉽지 않은 일일 것이다. 그런데 아이오와 주 페어필드에 소재한 마하리시 경영대학교가 그런 곳이었다. 그곳을 방문했을 때, 바보같이 나는 방 안에 열쇠를 둔 채 밖에서 문을 잠가버렸다. 누군가 도와줄 사람이 있을까 하고 여기저기 헤매다녔지만 사람이라고는 눈 씻고 찾아도 보이지 않았다.

절박한 심정으로 내가 묵고 있던 마하리시 남성 평화 궁전 — 바로 옆이 마하리시 여성 평화 궁전이었다 — 로비의 긴급전화기를 들었는데, 거기서 나오는 메시지는 이미 내가 용케도 알고 있는 나의 현재 위치였다.

그제야 나는, 이곳 미국 유수의 — 신기하고도 매혹적인 현상인 ─ 초월 명상(Transcendental Meditation, TM) 센터에 다니는 1,300명의 학생들과 교직원들이 한 명도 빠짐없이 길 아래쪽의 두 황금색 돔에 모여서, 또는 각자의 방에서 꼼짝도 하지 않고 명상 중일 것이라는 사실에 생각이 미쳤다. 이전에 방문했던 다른 TM센터처럼 여기도 아홉 시 이전에는 아침식사가 시작되지 않을 것이라는 것도. 초월 명상을 엄숙하게 수행하는 이들에게는 아침식사 전의 두 시간이 더할 나위 없이 신성하게 여겨지기 때문이다.

구사일생으로 TM 수행자가 아닌 친절한 안전요원을 만나 그의 차를 얻어타고 조그맣고 쾌적한 페어필드 시내로 향했다. 그런데 놀라운 것은 시내 역시 그 시간 동안은 놀랄 만큼 조용하다는 점이었다. 아마 주민들 중 꽤 많은 이들이 TM을 수행하기 때문이 아닌가 하는 생각이 들었다. 달리 어떻게 해볼 도리가 없어서 주유소에서 블루베리 머핀과 차 한 잔으로 빈 속을 달랬다.

솔직히 말해 인도의 성자인 마하리시 마헤시 요기(Maharishi Mahesh Yogi, 이름 자체가 위대한 선지자라는 뜻)의 사상에 바탕을 두고 설립된 기관이 미국 중서부의 멀고 조그만 도시에 존재하는 것도 그렇지만, 미국의 대학교에서 침묵을 기반으로 하는 교육이 이루어진다는 것은, 주 7일, 하루 24시간 내내 온 나라에서 말과 음악의 카니발이 벌어지는 미국의 현재를 생각하면 놀랍지 않을 수 없는 일이다.

이 대학에서는 정말로 침묵을 가장 중요하게 여긴다. 모든 학생들이 상당한 양의 명상이 포함된 과정을 완수해야 하며, 이와 관련해 대학 당국이 정해놓은 기준을 채우지 못하면 다음 학기로 넘어갈 수 없다.

"학기마다 적어도 70회 이상 그룹 명상에 참여해야 해요." 경영학 박사 과정을 밟고 있는 케냐 출신 학생의 말이다. "이틀간의 합숙 코스도 받아야 하고, 또 학기마다 모든 학생들이 참여하는 회합이 있는데, 거기에서 명상에 관한 토론과 개인적 경험의 공유가 이루어집니다."

학생들은 명상할 때마다 신분 확인카드를 인식기에 대서 명상 그룹에 참여했다는 걸 증명해야 한다. 일정 횟수 이상 참여하지 않았을 때는 그 사실을 지적하는 전자메일이 날아온다. 그러면 학기 때마다 두 차례씩 명상을 충실히 이행하는지를, 지정된 TM 교사에게 별도로 확인받아야 한다. 그래서 마하리시 남성 평화 궁전의 몇몇 방 앞에는 '진행 중인 TM 기법 개인 확인'이라는 표가 붙어 있다. 더 놀라운 것은 모든 학생이 매일의 아침 수업을 십 분 동안의 의무적인 명상으로 끝낸다는 사실이었다.

페어필드 캠퍼스에서 이 모든 일들이 일어나게 한 당사자인 마하리시가 미국과 영국에서 TM을 가르치기 시작한 것은 1950년대였다. 영국인 추종자들에게는 그가 그곳에 도착한 1959년 12월 13일이 기념일이나 마찬가지였다. 새로운 인생이 시작된 날이기 때문이다. 마하리시는 세계 평화 창조라는 커다란 포부를 밝혔지만 이를 위해 사람들에게 제시한 영적 수련은 의외로 매우 간단했다. '하루에 두 번 20분씩 명상할 것'이 그것이었다.

마하리시의 메시지는 뻔히 보이는 종교적인 내용을 담고 있지 않았다. 철학이나 신념 체계와도 상관이 없었으며, 도덕적으로나 영적으로 어떠해야 한다는 조건을 제시하지도 않았다. "각 개인의 인생사는 TM 수행과 상관이 없습니다." TM의 영국 총괄 감독인 리처드 존슨의 말이다. 고백과 참회로 점철되는 옛 방식의 자갈길은 TM의 관심사가 아니라는 것이다.

TM이 약속한 것은 침묵 속에서 내면의 소음이 잦아들면 수면 상태, 꿈결, 깨어남의 너머에 있는 제4의 상태, 즉 깨달음의 상태를 경험할 수 있다는 것이었다. 또한 이 상태에 도달한다는 것은 가장 깊은, 가장 최선의 자아를 깨닫게 된다는 것이기도 했다. 바로 이 깨달음의 순간이 '초월'의 순간이다. 초월의 순간은 그 자체로도 축복이며, 사람들이 평온과 안정을 찾을 수 있도록 도와준다.

옥스퍼드의 TM 교사인 앤 마리 윌슨에 따르면, TM을 수련하면 자기도 모르게 심신이 편안해져서 매우 깊은 수준, 굳이 비유하자면 잠자는 것의 두 배에 해당하는 깊은 휴식을 취할 수 있다고 한다.

이 모든 것들이, 조직화된 종교에 실망하고 힘들어하던 사람들에게 큰 반향을 불러일으켰다. TM이 삶의 스트레스와 불협화음으로부터 도피처를 제공해 주었기 때문이다. 무엇보다도 수양이 되면서도 죄책감을 강요하지 않는 것, 탈속적인 평화로움의 느낌을 주는 것, 너무 많은 것을 요구하지 않는 것이 그들에게 어필했다.

TM의 영어권 홍보담당자인 찰스 커닝엄은, 이 나라 사람들 대부분은 영적인 이유로 TM을 하는 것이 아니라고 말했다. 대개는 바쁜 일상에 대처하는 힘을 얻기 위해 수행을 하며, 차분한 느낌, 감정 조절, 숙면, 정서적 강건함 등을 기대한다는 것이다.

TM의 영향력은 비틀즈 같은 유명인들이 마하리시의 시류를 탄 후 급속도로 확산일로를 걸었다. 자격을 갖춘 TM 교사들이 속속 배출되었고, 덕분에 부담스럽지 않은 비용으로도 과정에 참여하는 것이 가능해졌다. 강좌에 등록한 이들에게는 담당 교사가 30가지 범위에서 각 개인의 개성과 필요에 맞추어 윌 수 있게 고른 만트라(mantra)가 주어진다. 그리고 자신에게 부여된 만트라를 누구에게도 누설하지 않겠다는 다짐을 한다.

TM이 삶의 온갖 단계에 이른 많은 이들에게 생명줄이 되어주었다는 것에는 의심의 여지가 없다. 자신의 어머니에게 말을 거는 일이 너무 힘들었던 앤 마리 월슨은 명상을 시작한 이후 모녀 관계가 한결 편해졌고, 옥스퍼드 재학 중에 명상을 배운 배리 스피다치 역시 더 잘 자고, 훨씬 더 많이 웃게 되었다.

허트퍼드서의 초등학교 교장인 캐럴 브랜슨은 1975년 알코올 의존증이 있는 남편과 결혼하고부터 고통스럽고, 불행하고, 지치는 기분이었다고 한다. 그러다 우연히 TM을 알게 되었고, 이야기나 한번 들어보려고 찾아갔다가 "말쑥한 정장 차림의 말씨가 차분한 남자"를 만나, 사고 나면 곧 유행이 지나버리는 옷보다는 차라리 명상을 배우는 데 40파운드를 쓰는 편이 낫겠다고 결정하게 되었다. 결과적으로 TM이 아니었으면 살아갈 수 없었을 것이라고 그녀는 말했다.

은퇴한 공인회계사 스티븐 워렌은 스물여덟 살이던 1975년 TM을 처음 알게 되었을 때 대단히 스트레스가 많은 시기를 지나고 있었다고 한다. 그래서 집에 도착하면 늘 셰리 주를 두 잔씩 하는 버릇이 생겼다. 마흔 살쯤 되었을 무렵엔 신경쇠약에 걸릴 것 같은 두려움이 엄습했다. 우연히 TM 포스터를 보게 되었는데, 심신증(심리적인 원인으로 신체에 일어나는 병적인 증상 - 옮긴이)을 경감시켜 준다고 되어 있었다. "그래, 저거야!"라고 생각하며 센터를 찾아갔다. 아마도 인도인 구루가 나와서 동양의 알아듣기 힘든, 완곡한 표현들을 줄줄이 늘어놓겠거니 했는데, 정작 그가 만난 사람은 정장을 차려 입은 세련된 젊은이였다. 당장 그를 따라갔다.

워렌은 TM에 관해 아주 조금 배우고 나자 생애 가장 아름다운 단잠을 잘 수 있게 되었다고 했다. 돌처럼 뭉쳐 있던 긴장도 풀어지기 시작했다. 하루 두 차례 20분씩 하는 명상을 시작하고 나서는 한 번 더 꿀 같은 단잠을 잘 수 있었음은 물론이다. 그렇게 한 주를 보낸 월요일 아침, 그는 직장에서 다른 사람이 되어 있었다. 일에 관련해 생각을 짜내고 있을 때 누군가가 방해를 하면 대뜸 화를 내는 대신에 "좋은 아침, 잘 잤어요?"라는 말을 건네게 된 것이다. 워렌은 TM이 자신의 심신을 두루 건강하게 만들어주었다며 매우 흡족해했다. 얼핏 들으면 '나 다시 태어났어요'의 한 버전인 것 같은데, 다만 흔한 종교적 지론은 따라붙지 않았다.

20분 명상에서 결실을 맛본 사람들 중에서 더 깊은 단계로 나아가고자 하는 이들을 위해 1975년 마하리시는 더 요구사항이 많은 수행 양식을 내놓았다. TM 시디 프로그램(수행의 깊이가 깊어짐에 따라 초자연적 능력을 개발할 수 있게 한 초월 명상의 한 프로그램 - 옮긴이)이 그것이다. 나는 서포크의 렌들섬에 있는 캐럴 브랜슨의 숙소에서 하룻밤 묵으면서, TM 시디 프로그램에 관한 한 강도를 낮춘다는 것은 있을 수 없는 일임을 알게 되었다.

다섯 시가 조금 넘어서 도착했는데 나를 맞이하러 나와 있을 줄 알았던 캐럴의 모습이 보이지 않았다. 그녀는 이미 이른 저녁의 수련을 위해 명상실에 입실한 후였고, 명상을 방해하는 건 용납이 되지 않았다. 시디 프로그램은 매일 아침과 저녁 두 차례씩, 매번 두 시간 동안 명상을 하게 되어 있었고, 시간을 포함해 규칙이 엄수되었다.

캐럴을 대신해 나온 리처드 존슨이 안내하는 대로 신발을 벗고 ― TM 라이프의 또 한 가지 특징은 동양적인 풍습을 따라 하는 것이다 ― 침실로 갔다. 침실은 내가 그때까지 보아온 어떤 방보다 깨끗했다. 티끌 하나도 찾아볼 수 없었다. 만약 하늘나라로 가는 길이 있다면 그 방 같은 곳일 거라고 생각될 정도였다.

마침내 캐럴이 나타났다. 그녀는, 다른 티에머(TM의 수련자 - 옮긴이)들이 자기들의 수련 방법이 틀렸다고 생각할까봐 신경이 쓰이는 듯, 두 시간 동안 무엇을 했는지 구체적으로 들려달라는 부탁에 약간 내키지 않는 표정을 했지만 결국 입을 열었다. "호흡 수련, 요가, 수트라 — 베다에서 비롯된 경문으로 만트라와 마찬가지로 다른 사람에게 말해서는 안 됨 — 암송, 그리고 요가 식의 날기" 등등을 했다고 말한다.

"난다고요?" 내가 물었다. "네. 어떤 지점에서는, 즉 내면의 아주 깊은 수준에 이른 상태에서 특별한 수트라를 암송하면 날기도 합니다. 몸이 바닥에서 떠올라요."

그녀에 따르면 어떤 이들은 결가부좌를 한 상태에서만 난다고 하며, 자기는 59세이고 몸무게도 있고 해서 자세가 어떻든 날 수 있으리라고는 전혀 기대하지 않았는데, 수트라를 암송하고 난 직후, 찰나의 순간에 몸이 위로 붕 떴다는 것이다.

"이상할 게 하나도 없어요"라고 존슨이 말했다. 시다(shida, 완벽한 깨우침을 얻은 요가 수행자들을 이르는 말 - 옮긴이)들은 모두 날 수 있다는 것이다. 발포 고무 매트리스 위에 앉아 수련을 계속하다 보면 어느 지점에 이르러 초월의 순간에 '일종의 충동' 같은 것이 느껴지며 조금도 힘들지 않게 몸이 저절로 솟구친다고 했다. 그저 폴짝 뛰어오른 게 아니라는 것은 꽤 오랫동안 공중에 떠 있는 사람들을 통해 증명이 가능하다고 했다.

이 경험은 당사자에게도 지극히 복되지만 — 이들 사이에서 가장 선호되는 말이다 ― 기본적으로는 자기 본위적인 수련이 아니라고 존슨은 말했다. 한 공간 안에 있는 사람들의 일정수가 함께 공중부양을 하면 공간 전체의 부정적 기운이 해체되고 긍정의 흐름이 창출되기 때문이라고 한다. 어떻게 보면 수도원이나 수녀원에서 얻을 수 있는 이점과 크게 달라 보이지는 않는 것이, 사실 공동체를 이루는 신앙 집단에서 얻고자 하는 것은 결국 일맥상통하는 게 아닐까? 모름지기 덕행은 그 자체가 행하는 이에게 보상이 되며, 다른 사람들은 거기서 영감을 얻어가는 것이므로.

존슨은 이어, 영국 전역의 시다들이 공중부양을 일시에 동기화할 수 있는 것도 그런 까닭이라고 했다. 이들 사이에서 합의된 공중부양 시각은 아침 여덟 시와 저녁 여섯 시였다. 독자들 중에 이런 이야기가 너무 터무니없다고 생각하는 사람은 비(非)신자들의 입장에서는 기독교의 교리도 마찬가지임을 한번 되새겨보기 바란다.

캐럴 브랜슨이 사는 렌들섬의 작은 TM 부지에는 60채의 집이 있고, 그 집들은 모두 베다 건축의 원리에 따라 '침묵의 집'으로 설계되어 있다.

각각의 집에는 지붕에 있는 돔형의 돌출 부위에서부터 좌정실의 유리 패널까지 집 안을 통과해 빛을 맞아들이는 곳에 브라흐마스탄(brahmastan), 즉 고요한 중심이 있다. 집을 설계한 존 렌위크는 그곳이 '침묵의 코어'라고 했다. 한결같이 하늘을 향해 있다고 캐럴이 경건한 말투로 덧붙였다.

각각의 집들은 동향으로 지어졌는데 '자연의 도움을 얻는다'는 의미를 포함하고 있다. 이들에게 동쪽을 향하는 것은 대단히 중요한 의미를 지닌다. 마하라시가 모든 티에머들을 향해, 동향이 아닌 집에 사는 이들은 지체 없이, 집에 불이 난 것처럼 그곳에서 뛰쳐나와야 한다고 선언했을 정도다. 입구는 동쪽 아니면 북쪽에, 안방은 명상실 위쪽에, 버리거나 못쓰는 것들은 남쪽으로 내놓게 되어 있었다.

이러한 구조는 티에머들로 하여금 영적인 삶을 살고 있다는 확고한 느낌을 주었다. 그들은 진심으로 그렇게 믿었다. 캐럴의 표현대로 "내가 되고자 했던 사람이 될 수 있게 도와주는, 사랑과 구원의 집"인 셈이었다. "이 집처럼 나를 사랑해 주는 공간을 가져본 적이 한 번도 없었어요. 이 집은 뉴에이지(New Age, 현대의 서구적 가치를 거부하고 영적 사상, 점성술 등에 기반을 둔 생활 방식을 추구하는 경향 - 옮긴이)를 강요하는 것이 아니라 그저 침묵을 위한 공간이 되어줍니다. 올바른 방향을 일러주는 안내자처럼 말이에요."

흥미롭게도 캐럴과 리처드 두 사람 다 가톨릭 집안 출신이었다. 캐럴은 TM이 정말 괜찮은 것인가에 대한 고민을 꽤 오래 했다고 한다. 그러나 결국 TM이 자신의 신앙을 더 잘 이해하게 도와주었다는 걸 깨닫게 되었다고 했다.

리처드의 경우에는 미사에 참여하는 횟수가 좀 줄었다고 했다. 미국에서든 영국에서든 내가 만나본 TM 지도자 중 많은 이들이 기존의 신앙을 TM 수행으로 대체하고 있었는데, 반면에 기존의 신앙을 계속해서 유지하는 사람들도 적지 않았다. 나로서는 그런 모습이 대단히 인상적이었다. 캐럴도 성체 성사에서 성변화(聖變化), 즉 빵과 포도주가 예수의 몸과 피로 변한다는 것을 여전히 믿는 사람 중 하나였다.

1980년대에 랭커셔의 스켈머스데일에 TM 집단 거주지를 만든 사람들 사이에서는 신심 결여란 있을 수 없었다. 그곳에 모여들어 존재할 것 같지 않은 마을을 현실화시킨 사람들의 목적은 마하리시가 가장 중히 여기는 — 또한 많은 사람들이 충분히 미심쩍게 여길 만한 — 이론 중 하나의 타당성을 증명해 보이는 것이었다. 그 이론은 만약 어떤 공동체의 1퍼센트의 제곱근에 해당하는 적은 인원이 함께 명상을 하면(공중부양도 포함될 수 있음), 그 공동체가 근본적으로 바뀐다는 것이다. 구체적으로는 경제 활동이 활발해지고, 범죄율은 줄어든다는 것. 그리하여 스켈머스데일에 75채의 공공임대주택이 비었을 때, 확고한 믿음을 지닌 티에머들이 영국 전역에서 저마다 북쪽으로 단호한 걸음을 옮겼다. 믿음을 위해서라지만 어떤 면에서는 대단히 희생적인 행동이었다.

흡사 개발도상국 내의 소수민족 거주지와 비슷한 환경이었다고, 과거에 TM 교사였던 런던 출신의 빌 스티븐스가 말했다. "우리가 여기 온 것은 순수하게 하루 두 차례의 명상을 함께 할 수 있을 거라고 생각해서였습니다. 혼자서 명상을 하는 것은 연못에 자갈 하나를 떨어뜨려서 집단의식에 잔물결을 일으키는 것과 같아요. 그러나 많은 사람들이 함께 명상을 할 때는 바위를 던지는 효과가 생깁니다. 큰 파도가 일어서 그 영향이 가시화되는 거죠."

그리하여 하나의 목적 아래 랭커셔의 조그만 마을에 모인 최초의 명상자들은 800명이었다. TM 입장에서는 안타깝게도, 그 정도의 인원으로는 아무 것도 이뤄낼 수가 없었다. 그럼에도 1988년에 이들의 황금 돔이 문을 열었고, 리처드 존슨은 자신들의 집합적 노력 덕분에 리버풀 — 인근 지역을 포괄하는 대도시권 — 의 범죄율이, 다른 지역이 모두 상승하는 것에 역행해 떨어졌다는 주장을 할 수 있게 되었다. 또한 이후 5년 내내 리버풀의 범죄율은 예상 수치보다 낮게 유지되었다.

그러나 그것이 마지막 잔치였다. 이곳 TM 공동체의 인원은 현재 180명밖에 되지 않으며, 믿음과 수련이 높은 수준을 보여주고는 있지만 이들이 이뤄내는 성과는 애초의 목적에 비하면 겸손할 정도에 그친다.

매일 아침과 저녁, 신심이 깊은 사람들 — 대부분 쉰 살이 넘은 이들이다 — 이 남자, 여자로 나뉘어 명상을 하러 돔에 모인다. 그들 중 많은 수가, 침묵에 잠기는 시간을 너무나 귀중히 여긴 나머지 대단히 긴 명상을 요하는 프로그램에 자발적으로 참여한다.

옥스퍼드 졸업생이며 시간제로 일하는 애니 머서를 만났을 때, 그녀 역시 '무적의 집회(The Invincible Assembly)'라는 희한한 이름의 프로그램에 참여하고 있었다. 그녀는 매일 꼬박 9시간씩 돔에서 시간을 보내는 생활을 2주째 하고 있었다.

그러나 갖은 헌신에도 불구하고 TM은 예전의 번영을 되찾지 못하고 있었다. 스티븐스의 추산에 의하면 스켈머스데일 공동체에 있는 공인된 TM 교사의 수가 50에서 100명에 달하는데, 그 중 실제로 TM 수업을 하는 이들은 소수에 지나지 않는다고 했다. 스티븐스 자신도 20년 동안 TM 교사로 일했지만 얼마 전에 그만두었다. 다른 이유가 아니라 "빈털터리로 지내기 싫어서"였다. 지금 그는 건설회사의 전무로 일하고 있다.

"스켈머스데일에서 TM을 배우는 사람들은 월 10명 정도입니다." 타이터스 머서도 같은 이야기를 했다. "수용 가능한 인원은 1,000명인데 말이죠. 인근 지역의 수요가 충분치 않아요."

이와는 대조적으로 미국에서는 TM이 제2의 바람을 일으키고 있는 분위기다. 나는 묵고 있던 아이오와의 페어필드에서 출발해 다소 웅장해 보이는 이름을 지닌 베딕시티(Vedic City, 베다의 도시라는 뜻 - 옮긴이)까지 잠깐 다녀왔는데, 260가구의 집이 한결같이 마하리시 원칙에 의거해 지어져 있었고, 그곳의 존 하겔린 박사가 전미 TM 행정국장이었다. 그는 한때 라자(raja, 인도의 국왕 또는 조직의 수장 - 옮긴이)로 불렸으나 미국식 타이틀을 더 마음에 들어했다.

존 하겔린 박사는 하버드와 유럽 원자핵 공동 연구소(CERN), 옥스퍼드를 거쳐 TM으로 온 물리학자로, 큰 몸집에 자신감이 넘치는 표정이었으며, 터틀넥 스웨터와 재킷을 말쑥하게 차려입고 있었다.

그에 따르면, TM은 미국에서 놀랄 만한 르네상스를 맞이하고 있다. 그가 행정국장을 맡은 지난 2년 반 동안에만도 미국 내 TM 수련자의 수가 7배 늘었으며, 월 수백 명이던 프로그램 참여자가 2,000명으로 상승했다. 또 350곳의 공립학교가 교내 프로그램에 TM 과정을 신설했고, 대학교용 특별 프로그램도 해마다 50퍼센트씩 늘어나고 있다.

그렇다면 이런 현상의 이유는 무엇일까? 존 하겔린 박사는 엷은 미소를 띠며 이렇게 대답했다. "주요한 이유 중 하나는 TM에 대한 과학적 연구가 한층 더 발전했기 때문입니다. 위스콘신 의과대학에서 실시한 9년간의 연구 끝에 TM 수련이 심장마비와 뇌졸중을 47퍼센트까지 줄여준다는 사실이 밝혀진 것은 한 가지 예에 불과합니다."

뿐만 아니라 TM에 관심이 없던 미국 의학협회에서까지, '정말로 엄청난 보도자료'를 통해서 당뇨병을 경감시키는 효과에 대해 '대단히 긍정적'이라는 의견을 내놓은 것이다. 하겔린은, TM이 일련의 연구 성과를 필요로 하게 된 것은 과학 시대를 살아가는 현대인들에게, 마치 알약을 팔 때 약효에 대한 증거를 제시하듯 눈에 보이는 무언가를 제공하기 위해서였다고 말한다. 말하자면 대학의 연구 결과는 TM이 의약품보다 더 저렴하고도 효과적이라는 사실을 보여주는 것이었다.

그는 이어, 마하리시가 전후 서구 세계에 명상을 소개한 최초의 인물이었으며, 이후 비틀즈가 TM을 퍼뜨리는 역할을 했다고 말했다. 그러자 많은 사람들이 TM의 꽁무니에 매달리려고 애썼고, 어느새 다양한 명상 기법을 뒤죽박죽 섞은 것들이 난립하는 상황이 되었다. 사람들은 어떻게 해야 좋을지 누군가 향방을 일러주기를 원했고, 연구 결과는 TM 쪽을 가리켰다. 하겔린이 하고자 한 말은 TM이 단순히 오래된 명상법이 아니라 '증거를 기반'으로 한 명상 수련이라는 것이었다.

미국에서 TM의 상황이 점점 좋아지는 또 다른 이유는 대단히 고객 지향적이라는 점이다. 2008년에 타계한 마하리시는 엄청난 카리스마와 영향력을 지닌 인물이며 세계 평화에 대한 이야기를 많이 했지만, 이런 이슈에 이끌려 명상을 시작하는 미국인은 백 명 중 한 명 정도에 불과하다고 한다. 사람들의 관심사는 세계 평화가 아니라 혈압을 낮추고 자녀들의 학교 성적을 올리는 것이었다.

이에 따라 TM은 여전히 세계 평화에 기여하지만, 동시에 혈압을 낮추고 뇌졸중을 예방하며, 자녀들의 ADHD(주의력 결핍 및 과잉 행동 장애) 문제를 해소할 수 있게 돕는 역할도 적극적으로 하기 시작했다. 즉 TM은 "세계 최고의 명상 프로그램"을 보유하고서, 이제는 그것을 사람들이 이해할 수 있는 언어로 풀어서 제공하고 있다는 것이다.

달리 말하면, 하겔린은 창설자의 콧대 높고 장황한 목적을 좀 아래쪽으로 묻어두고 대신에 TM에 실질적으로 이익이 될 목표, 즉 건강에 대한 미국인들의 열망에 부합하는 강령을 앞세우고 있는 것이다.

TM의 보병이라 할 실무자들도 이런 방침에 전적으로 동의한다. 배리 스피다치는 연구 자료가 절실했다고 말한다. 많은 사람들이 TM을 '괴짜'로 여기면서 증거를 요구했다는 것이다. "우리는 허풍선이 약장수가 아닙니다. 우리 이론을 뒷받침해 줄 연구 자료가 있습니다." TM의 미국 홍보담당자 중 한 명인 켄 초킨의 말이다.

일생을 묵상으로 보낸 불교의 석가모니와 기독교의 성인들은 지금 같은 상황을 상상할 수도 없을 것이다. 그러나 그들에게는 명상이 상품이 아니었겠지만, 우리는 미국에 살고 있고, 어디나 그렇듯 미국은 상품에 보증이 필요한 나라다. 이것이 바로 TM이 다시 한 번 일어서기 위해 연구 쪽으로 방향을 선회한 이유이다. 하겔린은 2~3년 안에 영국의 TM도 같은 방식으로 똑같은 르네상스를 맞이하게 될 것이라고 확신했다.

TM은 사람들의 신뢰를 얻기 위해 과학 연구를 일말의 거리낌도 없이 적극적으로 받아들였다. 1970년 이래로 600건의 연구 자료가 130개의 저널에 게재되었다. 연구 결과는 한결같이 정기적인 명상이 삶을 여러모로 개선시킨다는 것이었다. ADHD를 지닌 어린이의 집중력 38퍼센트 개선, 수학 성적과 운동 수행 능력 상승, 범죄율 하락, 우울증 경감 등의 연구 결과가 마치 포도

탄처럼 우르르 사람들을 향해 날아갔다.

하겔린은 이렇게 덧붙였다. "하루 두 차례의 명상으로 IQ 지수가, 심지어 노인층에서도 상승합니다. TM으로 평생 동안 지능과 창의력을 높일 수 있어요." 특히 대학생들은 대학 재학 중인 4년 동안 지능이 조금씩 떨어지는 것이 일반적인데, TM 수행을 하면 해마다 IQ 레벨이 상승한다는 사실을 검사 결과로 알 수 있다고 한다. 그는 하버드 학생들에게도 똑같은 현상이 적용될지 궁금하다고 했다. 거기서도 TM이 효과를 보일 거라는 자신감의 표현이었다. 모르긴 해도 묵상의 긴 역사에서 하겔린만큼 달변인 옹호자는 없지 않을까 싶다.

마하리시의 원칙 중에서 TM이 절대로 포기하지 않는 것은 구성원의 1퍼센트의 제곱근에 해당하는 사람들이 함께 명상을 하고 공중부양을 하면 해당 공동체 또는 국가를 변혁시킬 수 있다고 하는 부분이다. TM에서 발간하는 간행물에 따르면, 2006년에 남부 네덜란드의 한 마을로 공중부양이 가능한 티에머, 즉 요가 플라이어 400명이 모인 적이 있었다. 그 결과 그 마을의 경제가 전년 대비 두 배 이상 빠르게 성장했고, 주식시장이 극적으로 상승했으며, 범죄와 사고율이 낮아졌다고 한다.

간행물에는, 이와 똑같은 일이 미국에서도 있었다고 쓰여 있다. 2006년 페어필드에서 '무적의 미국 집회'가 열리자 이듬해 7월까지 주식시장이 27퍼센트 상승했다는 것이다.

이런 극적인 '결과들'이 가능하다는 믿음에 힘입어, TM은 페어필드 지역에 2,500명의 요가 플라이어로 구성된 영구적인 집단을 결성하기로 했다. 전국의 상급 TM 전문가들을 초빙해 캠퍼스 안이나 주변에 거주하게 했으며, 이들의 생활을 보장해 주는 의미로 매월 830달러의 돈을 지불한 것이 그 일환이었다.

더 놀랄 일은, 인도에서 1,000명의 베다 현자들을 영입한 부분이다. 베다 현자들은 어린 나이 때부터 구루에게서 사사 받으며 십대 시절을 아쉬람에서 보낸 젊은 남성들이었다. 이들 인도인들을 지원하는 업무를 담당하는 제퍼슨 에이킨스에 따르면 "미국 인구의 1퍼센트의 제곱근이 대략 2,000명이니까, 그 인원을 보강할 만한 전문가 그룹이 필요했던 것"이라 한다.

이 현자들은 2~3년 정도의 기간 동안, 멀리서 보면 단정한 군대 막사같이 보이는, 울타리가 쳐진 나지막한 흰색 건물에서 따로 지낸다. 모두들, 두 말 할 필요도 없이 요가 플라이어들이며, 다른 티에머들이 황금 돔에서 공중부양을 시도할 때 별도의 플라잉 홀에서 동시에 플라잉을 한다.

"인도의 현자들은 매우 만족스럽게 지내십니다"라고 이들의 인도인 감독 브후펜드라 데이브가 말했다. 그의 말에 따르면 인도 현자들은 주로 울타리 안에서 일상을 영위하지만, 틈틈이 크리켓 경기도 하고 일 년에 두 차례씩 여행도 한다. 40인의 인도인 요리사가 음식을 장만하므로 요리도 만족스러워한다. 그야말로 2~3년 동안 피정하는 것이나 마찬가지다.

"마치 인도를 한 조각 떼어내어 미국 한복판에 떨어뜨린 것과 같습니다." 베딕시티의 시장인 밥 와인의 말이다. 그는 뉴질랜드, 케냐, 아르메니아, 파키스탄에서 TM 본부의 수장도 겸하고 있다.

와인 시장에 따르면 그 결과 지금은 2,000명이 매일 아침과 저녁에 명상과 공중부양을 하고 있다고 하는데, 솔직히 말하면 아직까지 미국 경제에 특별히 도움이 되는 효과를 내놓지 못하고 있는 점에서는 다소 허풍스러운 느낌이 없지는 않다.

아무튼 여러 해 동안 TM이 많은 사람들에게 크건 작건 도움을 준 것은 분명한 사실이며 지금도 마찬가지다. 누구라도 페어필드에서 마주치는 사람들보다 더 편안하고 사분사분한 사람들을 만나기란 아마 힘들 것이다. 특히 그곳의 학생들은 대학 전체에 감도는 친밀한 분위기를 사랑하며, TM 시디 프로그램에 기꺼이 등록할 만큼 명상에 상당한 가치를 부여한다.

"전에 있던 시라쿠사의 대학과는 아주 많이 달라요"라고 그래엄 토페이가 말했다. 그는 안나푸르나 다이닝 커먼스라는 별난 이름을 지닌 식당에서 만난 학생이다. "그곳에서는 죽을 힘을 다해 공부해서 24세가 되면 첫 월급을 타는 것이 목적입니다. 그러나 여기서는 자아의 개발을 가장 중요하게 여겨요. 그리고 침묵이 모든 것의 중심에 자리잡고 있습니다." 그렇더라도 일 년에 수업료를 3만 2,000달러나 낼 정도로 가치가 있는지 물어보았다. "열 배의 가치가 있죠"라는 것이 그의 대답이었다.

세상 누구도 침묵의 가치에 대해 티에머들보다 더 분명하고 감사하는 태도로 말하지는 못할 것이다. 이들은 침묵을 "미개발된 잠재력의 바다"라고 표현한다.

다만 나 같은 관찰자에게는 이들의 주장이 약간 과장되어 보이는 정도에 그치지만, 이 열렬한 옹호자들을 제외한 다른 대부분의 사람들에게는 그저 어처구니없는 것으로만 치부되는 점이 좀 안타깝다.

13

내려놓음

부활절이 되면 앨버커키(미국 뉴멕시코 주 중부의 도시 - 옮긴이)에는 두 개의 미국이 차례로 모습을 드러낸다. 아침에는 일출 미사에 수천 명이 참여하고, 저녁에는 끊임없이 이어지는 자동차들이 도시의 중심가를 따라 엉금엉금 기어서 행진하는 것이다. 차들은 일제히 창문을 열고 음악을 요란하게 틀어놓았으며, 마치 본디지 기어(bondage gear, 쾌감을 얻기 위해 신체를 결박한 사람 - 옮긴이)처럼 상반신을 드러낸 남자들로 가득하다. 차량의 행렬 옆 보도에는 남자들보다 좀 더 몸을 드러낸 여자들로 발 디딜 틈이 없다. "저게 다 하룻밤을 같이 보낼 상대를 찾으려고 떠돌아다니는 거예요"라고 호텔 종업원이 냉담하게 말했다.

이곳이 바로, 프란체스코 수도회 수사이며 다양한 기독교 세계의 전 지구적 구루인 리처드 로어 신부가 기반을 닦은 그 도시다. 로어 신부의 터전은 이 도시의 남서쪽 변두리에 있는 대단히 소박하고 나지막한 건물이다. 현관 입구도 매우 단출했고 안쪽의 홀에만 작은 분수가 물을 뿜어 올리고 있었다.

홀을 지나 뜰로 안내되어 125년 된 미루나무 그늘에 앉으니, 꿀벌들이 클로버 사이로 부지런히 날아다니는 것이 보였다. 제도화된 종교에서 흔히 하는 식의 화려한 장식이 전혀 없어, 소위 성스러운 분위기는 느껴지지 않았다. 속도와 소음에 사로잡힌 나라 속의 소박한 오아시스라고 할 만했다. 여기서는 시간이 주인이 아니라 종이며, 침묵은 기본 설정이다.

로어 신부는 의외로 그다지 두드러지는 인상이 아니었다. 겉보기에는 성직자 같지도 않았다. 그는 항공 재킷에 야구 모자를 쓰고 비너스라는 이름의 래브라도 견을 데리고 나타났다. 키는 중간 정도에 머리가 벗어졌고, 회색 턱수염은 다소 숱이 성글며, 피부는 불그레해서 혈색이 좋아 보였다. 얼핏 보면 은퇴한 약제사 같은 느낌이었다.

그의 모습에서 평범하지 않은 것은 오로지 눈 ― 예리하고, 반짝이며, 통찰하는 듯한 ― 이었다. 어떤 면에서는, 마찬가지로 눈에 띄지 않는 차분한 외모에, 낮은 목소리로 큰 의미를 담은 이야기를 하는 마하트마 간디를 떠올리게 했다. 간디는 모국의 해방을 위해 목숨을 내놓은 사람이었고, 로어는 식민지 억압에 대한 저항은 아니지만 자유로운 국가에서 스스로 숨막힐 듯한 자아의 족쇄에 묶여 살아가는 이들을 설득하는 일에 헌신했다.

로어 신부는 1986년에 행동과 명상 센터(Center for Action and Contemplation)라는 좀 특이한 이름(순서가 거꾸로 되어야 하는 것 아니냐고 생각할 수도 있을 법한 이름이다)의 기관을 설립했다. 한 젊은 여자가 이름이 그렇게 지어진 이유를 설명해 주었다. "CAC는 늘 뭔가에 맞서는 이들의 사회 활동을 '고무'하기 위해 설립되었습니다. 로어는 그들의 저항이 정의와 평화를 바탕으로 하면서도 진정한 겸양을 갖춘 후 '행동'으로 옮겨지지를 바랍니다." 다시 말하면 로어는 사람들의 열정이 무디어지는 걸 바라지 않고 다만 그 열정을 순화시키고자 하는 것이다.

이 점에서 그는, 다른 숱한 측면에서도 그렇지만, 미국의 복음 전도자들이 보여주는 대중적인 스테레오 타입(매우 단순하고 일반화된 기호로 특정 사람이나 사물을 사회적으로 구분 짓는 것. 고정관념 - 옮긴이)과 완전히 다르다. 그의 성격과 삶의 태도는, 잘 연습된 답을 거침없이 쏟아내는 현란한 쇼비즈니스와는 정확히 반대의 성향을 지녔다.

그는 12년째, 센터에서 1마일 가량 떨어진 작은 은신처에서 지내고 있었다. 그는 프란체스코 수도회의 높은 분에게, 자기가 더 깊은 곳으로 나아가려 했다면 지금처럼 대중이나 구루들 앞에 서는 것을 줄이고 더 큰 침묵과 고독을 벗삼아야 했을 것이라고 말한 적이 있다고 했다.

그는 깨어 있는 시간 중 4~5시간을 가급적 혼자서 글을 쓰고,

뜰을 가꾸고, 청소를 하는 등의 일로 소일한다. 이 시간이 그에게는 입은 다문 채 귀를 열어두는 침묵 수행의 시간이다.

그는 이 시간이 성공적이지 못할 때가 꽤 있다고 순순히 털어놓는다. "문득 스태프 한 분이 못마땅하게 행동한 것을 떠올리면서 이런저런 걱정을 하기 시작합니다. 그러다가 결국은 나 자신의 잘못을 깨닫게 되죠. 그러면 이렇게 혼잣말을 해요. '지금 너는 그 일에 집착해서 마음에 그릇된 걸 새기고 있어.' 오늘도 그랬습니다. 침묵 수행을 한다고 해놓고 곧 찾아올 손님과의 대화를 연습하고 있었어요." 툭하면 잘못을 저지르는 구루와의 만남이라니, 신선한 충격이 아닐 수 없었다.

로어 신부는, 교리의 엄정함에 대해 신앙의 온갖 표준규격 난에 일일이 표시하는 스타일로 일반적인 그림을 제시하지 않는다. 그는 가톨릭 신앙과 그에 걸맞은 포용력 있는 태도를 지녔다. 그에게 최선의 종교란 어떤 것인가 하고 물으니 이렇게 대답했다. "어떤 종교라도 신을 경험할 수 있게 이끌어줄 수 있습니다. 기독교가 그분과의 실질적 합일을 이끌어내 주지 못하고 힌두교가 그렇게 해주면 힌두교가 그의 참된 종교가 되는 거지요." 과연 달라이 라마에 필적하는 포용력이다.

그러면서도 그는 다른 종파의 형제들에게 위협사격을 할 준비까지 갖추고 있었다. "개신교에서는 나에 대해 우려합니다. 그분들은 너무 '말'에 묶여 있어서 좌뇌에서 우뇌로 옮겨가는 것조차 하지 못합니다. 끝없는 설교와 성서에 대한 논쟁만 되풀이하지요." 아울러 프란체스코 수도회에 대한 자기비판도 잊지 않았다. "우리에게는 강력한 도덕적 전통이 없어요. 그래서 늘 가볍고 비(非)교조적이라는 말을 들어왔지요."

아이러니하게도, 침묵을 깊이 신봉하는 이 사람은 25권의 책을 써서 전세계에 열렬한 독자들을 확보하고 있는 저자이기도 하며, 그의 책 《위로 떨어지다(Falling Upward)》는 출간되기도 전에 아마존에서만 최소한 6만 부가 선주문으로 팔렸다. 그 자신의 말과 달리 그의 영적인 예민함과 비교조적인 마음가짐이 대단히 많은 사람들에게 매력적으로 느껴진다는 반증이다.

그렇다면 침묵이란 무엇이며, 어떤 가치가 있는 것인가? 이 질문에 로어는 "침묵하지 않고서 신에게 다가가는 경험을 할 수 있을까요?"라고 반문했다. 그만큼 침묵이 중요하다는 말이다. 그에게 침묵은 단지 청각을 통해 감지되는 소음을 차단하는 차원이 아니다. 그에게 침묵은 자신과 관련된 많은 것들을 내려놓게 하는 역할을 한다.

로어에 따르면, 누구든 침묵을 제대로 경험하고 싶으면 자신이 지닌 어젠더를 내려놓아야 한다. 스스로 세워놓은 자아와 상(image, 像)에 대한 애착을 버려야 한다. 진심으로 자신에게 달라붙어 있는 걸 떼어내지 못하면 결국 자신의 어젠더 속에만 머물 뿐이다. 흔히 말하는 "자신을 죽이지 않으면 안 된다"는 것이다. 로어는 이를 "자신을 버리지 않으면 안 된다"로 바꿔 말했다.

물론 그가 버리라고 하는 것은 자신의 조그만 부분, 거짓된 자신, 세상의 도전에 맞서기 위해 구축해 두었던 자아, 즉 자신의 역할과 타이틀이다. 세상을 살아가기 위한 방편으로 구축한 스스로의 의미와 정체성이다. 대개 이것들을 너무 심각하게 받아들여서 모두가 거기에 사로잡혀 버렸다는 것이다.

그는 이런 것들을 모두 떼어내 버린다는 것이 말처럼 쉽지 않다는 것도 알고 있었다. 왜냐하면 거짓된 자신을 계속 지니는 것이 사는 데 훨씬 유리하기 때문이다. 세상은 우리에게 자아 위주로 살라고 보상까지 해주며 부추긴다. 즉 우리가 신을 마음에 품고 진정한 자신으로 살아가기를 바라지 않는다. 그 이유는 단순하다. 진정한 자신으로 살아가는 이들은 세상이 마음대로 할 수 없기 때문이다. 로어는 웅변 투로, 테레사 수녀님을 누가 마음대로 움직일 수 있겠느냐고 물었다.

로어는, 침묵을 충실히 수행하는 데 따르는 또 다른 전제조건은 '온 존재로서 임하는 것'이라고 했다. 침묵이라고 하는 것은 단순히 방 안에 앉아 정해둔 시간 동안 말을 하지 않는다는 의미가 아니다. 온 존재로서 침묵에 임한다는 것은 머리와 가슴의 공간을 열고 준비된 몸으로 기다리는 것이다. 머리와 가슴뿐만이 아니라 몸이 똑같이 중요한 것은 몸이 수많은 상처를 기억하고 있기 때문이다. 따라서 그가 말하는 '온 존재로 임함'은 머리와 가슴과 몸의 준비, 기꺼이 하려는 의지, 그리고 상처받기 쉬운 취약성까지 포함한다.

그렇게 온전히 임하지 않고서는 부담과 책임에서 벗어날 수 없다고 로어는 말한다. 침묵은 무엇보다 부담과 책임을 내려놓는 것, 달리 말해 기꺼이 핸들에서 손을 떼는 것이다. 책임지기를 멈추었을 때에야 우리는 다른 종류의 진실, 즉 있는 그대로의 세상, 원래의 자신을 마주할 수 있다. 자신의 눈이 판단의 기준이 아니라 신의 눈으로 사람들과 사물을 보는 것이다.

"침묵은 판단이라고 하는 오류에서 벗어나게 해주는 유일한 방책입니다. 우리는 너무나 자신의 시각으로 자신을 평가하는 데 익숙해져 있어서 툭하면 '이렇게 하면 나한테 뭐가 남지?' '내가 이걸 좋아하는 건가, 아닌 건가?'라고 묻습니다. 진정한 침묵은 평가하지 않으며, 오로지 가치를 부여할 뿐입니다. 사물을 낱낱이 해체하지 않고 원래의 모습을 고스란히 받아들이는 거지요. 우리는 자신이 얼마나 자주 마음을 앞세워 진실을 가리며 살아가는지 깨닫지 못합니다. 매 순간 자신이 생각하는 방식이 자신이라고 여기지요. '나는 생각한다. 고로 나는 존재한다'라는 말로 유명한 철학자 데카르트는, 내게는 자신의 생각을 최고로 여기는 서구 철학의 오만함을 보여주는 인물일 따름입니다."

로어 신부는 이어, 신의 눈으로 세상을 보고자 한다면 자신의 선호 ─ 자신의 눈에 누구 또는 무엇이 좋고 나쁜 것 ─ 가 판단의 기준이 되지 않는 침묵의 영토 속으로 들어가야 한다고 했다. 그러나 '이 모든 것이 나에게 무슨 득이 되는 걸까?' 하고 묻게 되는 게 인지상정이 아니겠느냐고 내가 말했다. "거기서 시작하면 안 되지요." 로어가 맞받았다. "그건 이미 실용주의, 실리적 자아에 호소하고 있는 것입니다. '여기서 나한테 남는 게 뭐지?' 라고 했나요? 좋습니다. 나도 여러분이 기대하던 걸 많이 얻게 되기를 바랍니다. 상상하던 것보다 더 많이 말이지요. 그러나 더 중요한 것은 신성과의 합일입니다."

나는 그에게 기독교에서의 침묵과 동양의 명상이 어떻게 다른 지를 물었다. 로어는 그 둘이 크게 다르다고는 생각하지 않았다. 다만 동양의 명상은 대부분 자신의 사고의 흐름에 대한 집착을 끊어내는 양상을 취하고 있는데, 기독교의 묵상은 그보다 더 나 아간다고 했다. 따라서 동양의 종교에서 하는 것처럼 몸의 자세 나 고행, 심지어 명상의 과정에서 얻어지는 성과에 그렇게 무게 를 둘 필요가 없다는 것이다. "우리가 의지하는 것은 오로지 내 면의 소리, '성령이 내 안에 거하신다'고 하는 그것입니다."

따라서 로어는 동양의 명상 형식에서 많은 것을 배웠다는 생 각에 동의하지 않았다. 내면의 소리는 동시에 모든 곳에 존재하 며, 그 자체로서 은총이기 때문이다. 따라서 어떤 형식이든 우리 가 자신의 정신이 지어낸 꾸밈과 덧씌움에서 벗어나기만 하면 언제나 깊은 목소리와 함께할 수 있다고 했다. 그래서 때로는 시 인들이 성직자들보다 내면의 소리를 더 잘 듣기도 하는 것일까?

내면의 소리는 어떤 방식으로 나타날까? 침묵 속에서도 발화 (locutions, 머릿속의 관념을 언어를 이용하여 문장 단위로 실현한 것. 언술 또 는 언표라고도 함 - 옮긴이)가 이루어질까? "나는 한 번도 발화라는 말을 써본 적이 없습니다"라고 로어는 말했다. "그건 좌뇌만 사용하는 사람들의 이야기입니다. 그럼요, 그건 귀에 들리는 말이 아니에요."

그렇다면 사도 바울이 다마스쿠스로 가는 길에 카우카브에서 낙마(바리새인 바울, 즉 사울이 다마스쿠스로 그리스도교인들을 박해하러 가다가 "사울아, 사울아. 네가 어찌하여 나를 박해하느냐"라는 하나님의 음성과 눈부신 빛에 눈이 멀어 말에서 떨어진 후 그리스도교로 개종한다는 성서의 내용을 가리킴 - 옮긴이)한 것은 어떻게 된 것일까? 그는 신께 자기가 무엇을 해야 할지 여쭈어, 도시로 들어가라는 답을 들었고, 사흘 후 음식도 물도 없는 그에게 신은 '곧은 길(Straight)'로 하여 유다라는 사람의 집으로 가라고 명했다. 성경의 이 부분을 보면 신이 대단히 명확한 언어를 사용한 것처럼 보이지 않은가?

로어는 신이 그런 방식을 택할 수도 있다는 걸 부인하지는 않았다. 개중에는 자기가 들은 내면의 소리가 너무 명확하고 실감이 나서 사람의 목소리와 똑같았다고 하는 이들도 있는 것이 사실이지만, 그러나 대개의 경우 내면의 소리는 음성적인 특질을 지닌 것이 아니라고 했다.

일반적으로 내면의 소리는 생각이나 신념과 더 가까우며, 깊은 느낌이나 심지어 꿈의 양상을 띠기도 한다. 융은 우리가 '큰 꿈(great dream)'을 꿀 때는 그것이 누군가의 메시지임을 곧잘 알아차린다고 했다. 즉 신이 꿈을 통해 계시를 내리기도 한다는 것이다.

로어는 사람들이 발화를 들었다고 주장할 때 대개 자신들의 문화에서 통용되는 어휘로 풀어내는 경향이 있다는 사실을 자주 접했다. 어느 스위스인은 오지에 깨끗한 물을 제공해 주는 봉사 단체를 따라 과테말라로 가기로 결심했다면서 신의 목소리의 증표들을 보여주었고, 포르투갈 파티마 마을에서 온 세 명의 어린이는 나무에서 잎이 떨어지는 것처럼 영혼들이 지옥으로 떨어져 내리는 것을 보았다고 했는데, 그에게는 이것이 1910년의 포르투갈 가톨릭주의(포르투갈은 1910년 혁명으로 군주 정치 체제가 폐지되고 공화국이 되면서 정치와 종교가 분리, 종교의 자유가 이루어졌으나, 오랫동안 반종교개혁의 터전이었던 이곳에서 가톨릭의 보수성이 오히려 강화된 것을 이름 - 옮긴이)의 메아리처럼 느껴졌다.

이처럼 내면의 소리가 매우 다양한 방식으로 존재한다는 것은 분명해 보인다. 다만 한 문화, 한 종교에 국한되지 않고 널리 나타나며, 반드시 현재의 편안함 너머에서 찾아야 한다는 공통점이 있기는 하다.

사실 누구라도, 신에게 자신이 원하는 방식으로 소통해 달라고 요청할 수는 없는 일이다. 동성애자나 결혼을 두 번 한 사람들은 신이 사랑하지 않는 사람들이니 자신들도 그들을 박대해야 한다고 말하는 이들이 있다. 그것은 마치 신이 카인에게 표지를 붙인 것처럼 자신이 누군가에게 표지를 붙일 수 있다고 생각하는 것이다.

로어는, 미국의 병(病)은 화려하고 거대하며 부유하고 예뻐 보이는 겉치레에 있다고 말했다. 그것은 쇼맨십에 지나지 않으며, 깊이의 결여가 미국인들을 실체에서 멀리 떼어놓는다는 것이다. "사물의 깊은 데로 나아가면, 설사 그것이 나쁜 것일지라도 거기에서 신을 만날 수 있습니다. 껍데기에만 머물면 신을 이용하는 것밖에 하지 못합니다. 일부 복음주의자들이 예수를 그저 한낱 소비상품으로 만들어버리는 행태를 보면, 그 어리석음에 울고 싶어집니다. 우리를 심원으로 이끄는 침묵에 대해 미국인들이 알레르기 반응을 보이는 현실이 걱정스럽습니다."

로어가 말하는 침묵이란, 큰 그림으로 나가는 문이 되어주며 또 큰 그림이 놓일 수 있을 만큼 광대한 것이었다. 단순히 자기 반성에 그치는 것이 아니며, 사물에 대한 '생각과 의견'을 반추해 보는 것에 그치지도 않는다. 사람이 지닌 의견이란 건 결국 스스로를 둘러싼 생각에서 벗어나지 못하기 때문이다. 그가 센터의 명칭에서 '행동'을 앞에 둔 이유가 바로, 사람 사는 세상에서 온몸으로 겪어내지 않고서는 관념적인 생각과 의견에서 더 나아가지 못하기 때문이다. 그것은 자기 배꼽을 응시하는 것과 다를 게 없는 것이다.

로어가 말한 것과 같은 의미의 침묵을 찾아보기로 했다. 콜로라도의 스노매스에 있는 세인트베네딕트 수도원이 가장 알맞을 듯했다. 이 수도원은 로키 산맥의, 활 모양으로 굽은 계곡 정상의 널찍하고 오목한 곳에 아늑하게 자리잡고 있었다. 어느 모로나 풍경 속에 섞여들어 두드러진 데가 없는 것이, 꼭 '웬만하면 사람 눈에 띄고 싶지 않아요'라고 말하는 것 같았다.

다소 음울해 보이는 외관이, 그나마 짙은 색의 소나무 소택지에 가려 거의 눈에 들어오지 않았다. 수도원을 빙 둘러싼 눈 덮인 산마루는 엘크(큰 사슴의 일종 - 옮긴이) 방목장으로, 그 중 두 군데의 높이는 무려 1만 4,000피트를 넘었다.

이런 풍경에서는 침묵조차도 타인의 접근을 용납하지 않는 위엄과 강렬함으로 중무장하고 있을 것만 같아서 기껏 계곡을 가로질러 찾아온 피정객으로서는 주눅이 들 수밖에 없었다. 다음 번에 다시 올 때는 백색 소음(텔레비전이나 라디오의 주파수가 맞지 않을 때 나는 것과 같은 지지직거리는 소음 - 옮긴이)을 유발하는 기계라도 한 대 준비해 와야 할 것 같았다. 아니나 다를까 나를 맞이한 접수 담당자의 아들도 카펫 청소기 소리를 아주 좋아했다고 한다.

이른 아침부터 코요테가 길게 울부짖어 방문객의 기상을 재촉했다. 이 피정의 집에는 누구라도 미사에 참석하러 이동하다가 흑곰과 맞닥뜨릴 수 있다는 경고의 글이 심심치 않게 붙어 있다. 경고문에는 "눈을 마주치지 마세요"라고 쓰여 있다. "팔과 재킷을 가급적 높이 들어서 최대한 몸집이 커 보이게 하세요. 뛰지 말고 천천히 뒷걸음질하세요." 그리고 끝에 이런 글이 덧붙여져 있다. "손가락으로 십자가를 만드세요. 마지막 피정이 될 수도 있습니다."

내가 스노매스에 온 것은 토머스 키팅을 만나기 위해서였다. 키팅은 토머스 머튼만큼 이름이 알려져 있지는 않지만 머튼 못지않게 전세계에 걸쳐 수많은 사람들의 삶에 지대한 영향을 미치는 트라피스트 수도회의 수사이다. 그는 자신이 경험한 동양 종교의 지혜와 기독교의 묵상적인 전통을 조화시키기 위한 탐구를 많은 책 속에 담아낸 저술가이기도 하다. 그가 제안하는 방법을 향심 기도(Centering Prayer, 그리스도와의 합일을 추구하는 전통적인 묵상기도를 현대에 맞게 제시한 기도 방법론의 하나 - 옮긴이)라고 부른다.

계곡을 가로질러 이른 봄의 눈보라를 헤치고 걸어가 수도원의 구내 서점에서 키팅을 기다렸다. 흑곰과 마주치지 않은 것이 어디냐고 행운에 감사하면서. 서점을 보니 이곳이 얼마나 폭넓고 깊이 있는 곳인지를 다시 한 번 느낄 수 있었다. 누구나 알 법한 두 명의 수피교 시인들, 루미와 하피즈의 번역본들이 눈에 띄었고, 《아미시의 길(The Amish Way)》(아미시는 보수적인 프로테스탄트교회의 교파. 현대 기술 문명을 거부하고 집단적으로 소박한 농경생활을 함 - 옮긴이)이라고 하는 책도 보였다.

키팅이 88세였기 때문에, 꽤나 비관론자인 나는 내가 그곳에 다다르기 전에 그에게 무슨 일이 생기지나 않을까 좀 걱정했던 것이 사실이다. 하등 그럴 필요가 없었는데 말이다.

그는 온몸을 감싸는 형태의 옷을 입고 나타났다. 골격이 크고, 얼굴이 넓적하고, 태도가 온화했다. 그는 나이로 나를 압도하려 들지 않았다. 정적이고 안정된 성품에서 비롯된 당당함이 엿보였다. 그가 영적인 영토 ― 나도 아주 조금은 아는 ― 를 두루 여행한 사람임을 감지할 수 있었다.

할 얘기가 많을 것 같은 느낌이 들었다. 내게는 수수께끼 같은 이야기들일 수 있겠지만 무척 듣고 싶었다. 아니나 다를까, 키팅은 자국 사람들이 침묵에 대해 보이는 반감이 당황스럽고 슬프다고 했다. 많은 이들이 심지어 이어폰을 끼고 잠을 자더라고 했다. "미국과 영국 두 나라에서 공히 침묵은 불신과 두려움 때문에 적잖이 억눌려 왔습니다. 많은 교회들이 예배 시간 동안 침묵에 시간을 할애하지 않게 되었습니다. 이것은 문화가 종교를 압도하고 있다는 의미지요. 침묵은 우리의 본성에 속하는 것으로서, 인간됨의 필요 불가결한 측면입니다. 침묵이 없이는 어떤 인간적 발전도, 성숙도 이룰 수 없습니다."

일생을 침묵에 바친 사람의 말이기는 하지만 너무 강한 주장이 아닌가 싶었다. 그렇게 단정하듯 말할 수 있는 것일까? 키팅은 내 질문 뒤에 숨은 몰이해에 깜짝 놀란 듯했다. 그는 "우리의 본성이 절대적으로 고요하기 때문"이라고 답했다. "결국, 우리가 무엇에서 비롯된 것인가요? 침묵이지요. 그러면 우리가 장차가게 될 곳은요?"

그는 침묵에 대해 이렇게 정의했다. "만물은, 신을 포함해서, 침묵에서 시작되었습니다. 침묵은 어딘가로 가서 얻을 수 있는 것이 아닙니다. 침묵은 우리가 지냈던 집인데, 그 집에는 한계도 경계도 없어요. 또한 문, 창문, 천장, 바닥도 없지요."

그의 말은 쉽게 나온 것이 아니었다. 오히려 신중하고 깊은 사려에서 나온 것이었고, 통찰과 경험의 깊은 우물에서 길어 올려진 것들이었다. 그에게 귀를 기울이면서 나는 크고 풍요로운 영혼 앞에 서 있는 기분이 되었다. 때로 그가 이끄는 곳으로 따라가기가 벅차기도 했지만 최소한 노력은 해보리라 마음먹었다.

그는 침묵이란 신을 온전히 경험할 수 있는 최선의 방법이라고 했다. 언젠가 그는 침묵을 신의 모국어라고 불렀는데, 그건 사람들의 주의를 끌기 위해 의도된 시적 진술에 지나지 않았다. 그가 의미한 것은 모국어란 것이 누구든 가장 편안하게 소통할 수 있는 언어이므로, 신과 대화하고 싶으면 그분이 가장 편안해하는 소통의 매개인 침묵을 이용하라는 뜻이었다.

침묵이 이렇게까지 중요하게 여겨지는 것은, 기독교 신앙에서 신의 세 인격인 성부, 성자, 성령의 삼위일체와 관련되어 있기 때문이라고 키팅은 설명했다. 그는 이를 '삼위일체의 신비'라고 불렀다.

키팅에 따르면, 성부인 신은 무한한 침묵으로서 일체의 가능성과 모든 잠재성을 품고 있으며, 성부께서 스스로를 비워 그 아들에게로 흘러갔으므로 성자인 예수는 '실현'의 가능성이 되었다. 이것이 곧 자신을 온전히 내어놓는 희생이다. 그런 다음 성자께서도 역시 자신을 비워 도로 그 아버지께 흘러가, 당신 자신보다는 오히려 성부 안에서 거하시므로, 그 희생의 열매가 성령이다.

여러 해 전에 우연히 영국 국교회의 사제 한 분에게서 삼위일체를 세 가지 용도로 쓰이는 엔진오일에 비유한 이야기를 들은 적이 있다. 그로서는 어떻게든 이 어려운 개념을 좀더 쉽게 이해시키려는 의도였겠지만, 내가 그렇게 상상력이라고는 없는 시시한 사람으로 보였나 싶은 생각을 했었다. 그에 비해 키팅의 말은 나를 깊이 감동시켰다. 그 동안 들은 삼위일체에 대한 어떤 설명보다도 아름다웠다.

키팅 같은 이는 과연 어떤 식으로 침묵 수행을 할까? 이에 대해 그는 "하루 종일 침묵을 향해 나 자신을 열어둘 뿐"이라고 대답했다. "물론 잊어버리기도 합니다!" 그는 침묵을 향해 자신을 연다는 것이 침묵이 무엇인지를 안다는 말은 아니라고 했다. 단지 침묵이 거기 있다는 것, 그 속에서 진정한 나, 진실된 나 자신을 찾을 수 있다는 것을 안다는 것이다. 아무도 진정한 자신을 알지 못하므로.

그렇다면 향심 기도란 정확히 무엇일까? 키팅에 따르면, 다른 기도의 형태와 뚜렷이 구분되는 이것은 '비움'이라는 뜻을 지닌 그리스어 '겸허'(일반적 겸허가 아니라 예수가 인간의 몸으로 태어남으로써 스스로를 낮추었다는 의미임 - 옮긴이)의 태도를 바탕으로 한다. 즉 자신을, 쓰레기를 내어버리듯 비운다는 의미다. 여기에는 말하지 않는 것은 물론 생각하거나 기억하지 않는 것까지 포함된다. 그런 채로 오로지 성령에 귀 기울이는 것이다. 그렇다고 하여 말로 하는 기도를 격하시키는 것은 아니며, 다만 신과의 나눔 또는 대화가 가능한, 심지어 그분과 소통할 수 있는 더 친밀한 수준으로 기도한다는 의미다.

다시 말해 가슴을 통해 신과 대화할 수 있게 스스로를 개방하는 것이다. 따라서 향심 기도는 신이 미세한 안내의 표시, 즉 무엇을 해야 한다거나 무슨 말을 해야 할지에 대한 메시지를 짧은 문장으로 내려주실 때, 이를 놓치지 않도록 늘 깨어 있으면서 한 순간도 방심하지 않게 해주는 역할을 한다. 그렇다면 신이 우리에게 무언가를 하라고 하면 꼭 그대로 해야 하는 것일까? 그는 이렇게 대답했다. "대개 그 일들은 특별히 무엇을 하지 않고도 실현됩니다."

키팅은, 우리가 할 일은 전달되는 메시지가 신의 말씀이 맞는지 주의해서 살피는 것이라고 했다. '거짓 자신' 역시도 메시지를 보낼 수 있기 때문이다. 예를 들어 앞에 있는 사람의 코에다 주먹세례를 퍼부으라는 말을 들었다고 하면, 누구라도 성령이 내려주시는 말씀이 아닐 거라는 짐작 정도는 할 수 있을 것이다.

따라서 우리가 해야 할 일은 자신의 감정과 마음을 신의 의지에 복종하겠다는 결심과 합쳐지게 하여, 신께서 가슴으로 전하는 것에 겸허히 순종하는 것이다. 즉 분석하지 않고 직관적으로 받아들이는 것이다. 분석은 마음(mind)의 작용에 속하며, 항상 무언가에 대해 말하고 생각하려는 경향이 있는 반면, 가슴(heart)은 말이나 일체의 논리적 전개 없이 내용을 전한다.

향심 기도를 행하는 방법은 대단히 단순하다. 키팅에 따르면 하루 두 차례 20분씩 침묵하면 된다(듣기에는 TM과 무척 비슷하다). 너무 많이 하는 것도, 너무 자주 하는 것도 좋지 않다. 적당한 정도로 실천하면서 신중하게 나아가는 것이 중요하다. 결국 침묵 속에서 무엇과 마주칠지는 아무도 모르는 것이고, 처음에는 과거의 고통스러운 상처를 들추는 끔찍한 시간이 될 수도 있기 때문이다. 침묵에는 그만큼 다양한 가능성이 내재되어 있다는 이야기다.

그러나 다행히 침묵은 한꺼번에 '괴로운 이야기 전체'를 들려주지는 않는다. 친절한 침묵은 우리가 감당할 수 있을 만큼의 비율로 억압된 상처를 점진적으로 노출시킨다. 그렇게 하여 거룩한 심리치료사를 점점 더 신뢰할 수 있게 준비시켜 주는 것이다.

침묵을 수행하면서 우리가 발전시켜 나가야 할 또 한 가지는 다른 사람과 대화를 할 때와 똑같이 답을 기다리는 자세이다. 그 답이 어떠할 것인지는 자신의 재량이 아니지만, 그렇다고 하여 답을 얻기 전에 가버리면 안 된다는 것이다. 기다리는 것 또한 경청의 일부이다. 키팅은 향심 기도를 하고자 하는 사람들이 신과의 대화를 포기하고 나가버리지 않게, 그리고 인내를 가질 수 있게 격려하는 것이 자신의 중요한 책무라고 여겼다. 어쨌든 우리는 비용을 지불하지 않고 궁극적 실재(Ultimate Reality)로부터 매우 고가의 서비스를 받고 있는 것이므로 인내는 최소한의 비용인 셈이다.

침묵 수행에는 우리가 겪는 주요한 사건들 — 인간관계의 맺음과 끊김, 이혼, 질병, 죽음 — 에 대한 통상적인 반응을 내려놓는 것도 포함되어 있다. 이런 일들에 즉각적인 반응을 보일 것이 아니라 진실로 영적인 응답을 하는 것이다. 즉 일어나는 일을 신의 뜻으로 받아들이며, 신께서 그 일로 우리에게 뭔가를 기대하신 다는 것을 언제나 믿는 것이다. 그러다 보면 기도는 점차로 살아 있는 대화로 바뀌게 되며, 결국 어느 지점에 이르면 모든 수고로 움이 끝난다. 더 이상 애쓸 필요가 없어진다. 이는 아무런 생각 없이 그저 되는 대로 내맡기는 것이 아니라 다 비워져서 새로운 것으로 채워지기 시작했다는 의미다.

내가 스노매스를 떠나던 날, 가까스로 봄이 도착했다. 새들이 노래하고 꽃들이 기지개를 켜기 시작하고 있었다. 눈 덮인 산 정 상에 햇살이 밝게 비쳤다. 토머스 키팅에게 작별인사를 하는 일 은 무척 힘들었다. 그는 내게 최고의 미국이었다.

14

침묵의 나눔

평소 퀘이퀴(프로테스탄트의 한 교파. 한국의 대표적인 퀘이커 교도로는 함석헌이 있다 - 옮긴이) 교도의 집회는 조용한 행사일 거라고 상상했다. 침묵까지는 아니어도 적어도 조용하기는 할 것이라고. 그런데 옥스퍼드 '만남의 집' 문에 들어서기가 무섭게 나는 회색 머리의, 잡지 한 묶음을 든 숙녀 한 분께 붙잡혀 꼼짝 없이 긴 '이야기'를 나누게 되었다.

"《피스 뉴스(Peace News)》에 관심 있으세요?" 그녀는 잡지를 사는 것이 거의 의무나 마찬가지라는 듯한 어조로 내게 물었다. "50페니예요."

"평화에는 관심이 있는데, 뉴스에는 관심이 없네요." 내가 대답했다. 의도는 그녀를 막아보려는 것이었는데, 헛수고일 뿐 아니라 어리석기까지 한 대답이었다.

"그렇군요." 그녀는 쌀쌀맞게 맞받아쳤다. "그래도 이 문제에 대해 뭔가 행동은 하고 계시는 거죠?"

"사실은, 평화롭게 푹 자는 걸 실천하는 중이랍니다." 그러나 이 말장난도 그녀를 단념시키기에는 역부족이었다. "우리가 할 일은 해독제를 찾는 것과 같은 시급한 일이에요." 그녀는 옛날 병원의 수간호사 같은 태도로 다시 맞받아쳤다. 한두 마디 말로는 끝내지 않는 침묵의 옹호자라니.

다행히 이후의 집회는 내가 기대했던 것에 훨씬 가까웠다. 방은 더 이상 그럴 수 없을 만큼 단순하고 간소했다. 쿠션이 있는 긴 의자가 네모꼴로 놓여 있어 사람들이 서로 마주보고 앉을 수 있게 되어 있었다. 좀 떨어진 데에는 피아노 한 대와 꽃이 담긴 꽃병 하나가 있었고, 그게 다였다. 겉보기만으로는 영국 세속주의 협회(National Secular Society, 세속주의는 19세기 중엽 유럽에서 유행한 사상으로, 초자연이나 신의 은총, 사후의 세계를 부정하고, 인간의 노력만으로 행복과 발전을 추구한다. 넓게는 다양한 무신론을 포함하기도 한다. 여기서는 종교적인 물건이 전혀 놓여 있지 않다는 뜻 - 옮긴이)의 집회 장소처럼 보이기도 했다.

모인 사람들은 한결같이 장식이라고는 하지 않았다. 드문드문 턱수염이 보였고, 화려한 옷차림은 아예 찾아볼 수 없었으며, 백 명 남짓한 사람 중에서 딱 한 사람만 빨간 베레모를 쓰고 있었다. 또한 꽤 많은 이들이 20대나 30대였다. 영국 국교회 또는 감리교(감리교는 영국 국교회에서 분리되어 나온 교파임 - 옮긴이)의 예배에 서처럼 사소한 잡담을 주고받는 사람은 한 명도 없었다.

한 여자가 간략하게, 마치 침묵을 깨는 것이 내키지 않는다는 듯한 태도로 전 연령대를 위한 예배를 올릴 준비가 되었음을 알 렸다. 그 말은 30분 동안 어린이들이 캐럴과 함께 크리스마스 연극을 선보일 것이며, 그 때문에 피아노를 치게 될 것이라는 뜻이었다.

모두가 다시 조용해졌다. 삼십 분 동안 총체적 침묵이 이어졌고, 오로지 죄송해 죽겠다는 듯 조심스러운 기침 소리만 간간이 들렸다. 신중하고도 엄숙한 침묵이었다. 눈을 감은 사람들도 있었다. 미동조차 거의 없는, 완전에 가까운 부동이었다. 아무도 말을 하지 않고, 아무도 일어서지 않았다. 퀘이커 교도들이 말하는 '감화(感話)의 전달'(deliver ministry, 퀘이커 교도들은 집회에서 내면의 영감에 따라 자유롭게 말을 하며 별도의 설교가 없이 감화가 이를 대체한다고 알려져 있음 - 옮긴이)도 없었다.

궁금했다. 이 사람들에게는 이 시간이 평온하게 흘러보내는 시간일까? 기도를 한다면 누구를 위한 기도를 할까, 자기 자신? 아니면 다른 사람들? 혹은 신께 청원을 드리거나 삶을 바로잡는 것에 대해 깊이 생각하는 것일까? 그것도 아니면 오로지 영성을 추구하는 것일까?

'토트 호미네스, 토트 센텐티아이'(Tot homines tot sententiae, 십 인십색을 뜻하는 라틴어 격언 - 옮긴이)라는 말이 있듯이, 백 명의 퀘이쿼 교도에게 물으면 이에 대한 대답도 백 가지다.

옥스퍼드 러스킨 칼리지의 학장을 역임한 스티븐 여에게 침묵의 핵심은 "받아들임, 내가 아닌 타자(他者)를 발견하는 것, 세상에서 나의 자리를 찾을 수 있게 나를 돕는 것"이다.

그는 침묵 속에서 리어왕을 생각한다고 했다. "맹렬히 사랑을 갈구한 어리석고 무분별한 이 왕은 결국 옷도 걸치지 않고, 어릿광대만을 데리고 황야를 헤매게 됩니다. 결국 그는 철저히 무기력해진 순간에 자신의 인간성을 깨닫습니다. 나도 내 인간성을 찾기 위해 침묵을 추구합니다. 내 자신이 한없이 보잘것없다는 걸 깨달으면서 스스로를 더 큰 맥락에서 바라볼 수 있게 되지요."

미국의 퀘이커 기숙학교에 다녔던 데보라 필게이트는 자신들은 명상을 하는 것이 아니라고 말한다. "명상을 하다 보면 다른 사람과 동떨어지게 되지만 우리가 추구하는 건 일반적인 침묵이에요."

그녀가 집회에 나가서 가장 먼저 하는 일은 자신의 당면한 관심사를 뒤로 하고, 모인 사람들을 마음으로 두루 살펴 한 명 한 명을, 그들이 필요로 하는 것까지 함께 생각하는 것이다. 퀘이커 교도들은 이를 '빛 가운데 붙들기(holding them in The Light)'라고 부른다. 그녀는 자기가 친하게 지내지 못하는 여성이 셋 있는데, 그들에게서 긍정적인 부분들을 찾아보려고 노력 중이라고 털어놓았다.

이언 플린토프는 "침묵 속에서 우리는 영성을 찾습니다. 즉 인격 속에서 하느님께 속한 부분을 찾는 것이지요. 침묵이 영성을 드러내 보여줍니다"라고 말했다. 이언은 총 637회 상연된 연극 〈오블로모프(Oblomov)〉(19세기 러시아 작가 이반 곤차로프의 대표작이며 주인공 이름임 - 옮긴이)에서 한 번도 빠지지 않고 스파이크 밀리건(2002년에 83세로 사망한 영국의 유명한 코미디언 - 옮긴이)의 상대역을 했으며, 대니얼 데이루이스와 주디 덴치 주연의 영화 〈햄릿〉에서 마셀러스 역으로 출연했던 배우다.

"분명히, 명상을 하는 것은 아닙니다. 신과 소통하는 건 더더욱 아닙니다. 그보다는 집중에 훨씬 가깝습니다. 마음을 고요히 하고 내면을 향하는 거지요. 침묵할 거면서 왜 굳이 집회를 갖는가 하면 함께함에 대한 감사의 의미라고 할 수 있어요. 눈을 감는 친구(Friend, 퀘이커 교도들을 프렌드파라고도 함 - 옮긴이)들이 있습니다만, 나는 절대로 그러지 않아요. 함께하는 시간, 장소, 사람들을 온전히 느끼고 싶어서입니다."

잉글랜드 서부에서 퀘이커 집회에 참석하는 마가렛 오스본은 집회에 갈 때만 해도 마음속이 너무 바쁘고 온갖 말로 가득 차 있지만, 이내 많은 목소리들이 떠오른다고 한다. '그건 정말 그러면 안 되는 거였어,' '내가 그걸 기억했던가?' 등등. 그러다가 곧, 침묵이 얼마나 치유가 되며, 마음을 가라앉혀 주는지를 알게 된다. 사느라고 바빠서 균형을 잃어버린 것들을 알맞은 거리에 두고 볼 수 있게 도와준다는 것이다. 세정 또는 조절의 과정이라고 할 수 있다.

"그래서 저는 일을 어떻게 분류해야 좋을지에 대한 인도하심을 청합니다. 때로는 나도 모르게 눈물이 나올 때가 있어요. 그럴 때는 무슨 소리를 들었다고는 할 수 없지만 내 안에 거하심을 의식할 수 있어요. 소리 없는 생각이라고 할 수 있을까요? 분명히 말이기는 한데, 전혀 소리를 느낄 수는 없어요. 저는 그것이 나의 하느님의 음성임을 굳게 믿습니다."

버밍엄 우드브룩센터의 퀘이커 학 교수이며, 벤 핑크 덴들라이언(Ben Pink Dandelion, 산꼭대기의 분홍 민들레라는 뜻이 됨 - 옮긴이)이라는 좀 독특한 이름을 지닌 한 남자는 침묵이 "신 또는 신성 또는 진리 안으로 들어가는 것"이라고 했다. "신을 들을 수 있는 영역에 다가가면서 다른 모든 것들을 떨쳐냅니다. 많은 퀘이커들은 이를 내면의 소란을 초월하기 위해 노력한다고 표현하곤 합니다."

그는 벤저민 스타우트라는 이름으로 태어났지만 1980년대에 무정부주의자가 된 뒤 뜻을 같이하는 이들과 함께 개명했다. 아버지에게서 수동적으로 물려받은 이름에 대한 저항의 의미였다. 새 이름은 '흔치 않으면서 성별이 느껴지지 않는 중성적인 것'으로 심사숙고하여 골랐다. 그리하여 법적으로 그의 이름은 핑크 덴들라이언이 되었지만 평소에는 그냥 벤으로 불리는 걸 더 좋아한다.

그는 이어 "바깥으로 향하는 것이 없으면 내면의 존재로 다가

가는 느낌이 더 커집니다. 내 경우엔 '존재'와 만나는 순간의 느낌이 손에 닿을 것처럼 분명하게 와요. 그 지점에 머무르면 인도하심을 받게 됩니다. 인도하시는 대로 따르는 삶이 바로 '동행하는 삶'이에요. 많은 퀘이커들이 동의하는, 신이 언제나 나와 함께하신다고 하는 그것입니다" 라고 말했다.

"결정해야 할 일이 있으면, 침묵 속으로 들어가 무엇이 잡히는지 더듬어봅니다. 세상 속에서 열심히 살되 지나치게 섞여들어 세상의 일부가 되어버리지는 않으려고 노력해요. 수도회나 수녀원의 방식이 결코 아닙니다. 세속 신비주의라고 할까요?"

스티븐 여에 따르면, 퀘이커들은 집회에서 침묵의 특질에 대해 종종 이야기를 나눈다. 무언가를 일으키는 침묵, 혹은 흐릿하게 가라앉는 침묵 등에 대해 토론하며, 심지어 아무 말도 할 필요가 없다는 주제에 대해서도 토론하며 공감한다. 또 때로는 '대단히 집합적인' 침묵, 즉 모인 이들 모두가 한 마음이 된 것 같은 느낌에 대한 이야기도 나눈다.

사실 '무(無)'로만 비쳐지는, 침묵의 철저하리만큼 복잡다단한 속성을, 실제로 경험한 이들의 말을 듣는 것 이상으로 잘 파악할 수 있는 방법은 없을 것이다. 경험자의 입장에서 침묵은 절실한 순간에 만난 원조이자 구원이며, 전통적인 퀘이커 교도에게는 말보다 우위에 있어 가볍게 다루거나 경솔하게 깨거나 할 수 없는 그 무엇이다.

이들은 집회에서 무언가를 이야기하게 될 때도 순수하게 그 순간의 영감에서 솟아오른 말만 하며, 미리 준비하거나 생각해 두지 않는다. 집회 중에 나오는 말은 침묵에서 비롯된 것이며 동시에, 어떤 의미로는 침묵에 보태지는 것이라고 여긴다.

이들이 이야기하는 내용은 자신이 느끼는 미묘한 계시에 대한 것들이다. 말을 하는 시간은 대개 2~3분 정도이며, 듣는 이들은 그 말을 조용히 되새겨보기 때문에 입을 열어 대답하는 이는 없다. 아무도 한 차례 이상 말을 할 생각을 하지 않는다. 만약 누군가 20분 이상 말을 하거나 두세 차례 말하게 되면 연장자들 중 한 명이 조정해 준다.

한번은 누군가 일어나 "사별에 관해 제가 만든 비디오가 목요일에 나옵니다. 값은 14파운드 99펜스입니다"라고 말하고 앉았다고 한다. 그것은 감화가 아니라 공고 같았다. 그러나 이후 사별이라는 말이 준 느낌은 일련의 아름다운 기부를 이끌어냈다. 그래서 퀘이커들 사이에서는 집회에서 무슨 일이 일어날지 아무도 모른다는 말이 있다.

스티븐 여는 단 한 번도 집회가 잘못된, 즉 쓸데없는 보여주기 식의 방향으로 흐르는 걸 본 적이 없다고 말했다. 집회는 언제나 광고할 만한 가치가 있는 일들과 구두로 표현할 수밖에 없는 일들로 자연스럽게 이루어졌다.

퀘이커 교도들에게 침묵이 대단히 중요한 이유는, 이들이 목회 활동을 오로지 침묵으로 대체하고 있기 때문이다. 다 그런 건 아니지만 적어도 영국과 미국의 전통적인 지역에서는 설교, 집단 기도, 찬송가, 향, 주문, 세례, 성찬식, 사역 봉사 등 크리스트교에서 하는 어떤 격식과 의례도 일절 행하지 않는다.

어찌 보면 대단히 '별나' 보이지만, 이보다 더 핵심적인 독특함은 퀘이커 교가 프로테스탄트의 뿌리로부터 뻗어나왔지만 침묵을 으뜸으로 여기는 유일한 신앙집단이 되었다는 것이다. 말하자면 토크앤싱(talk-and-sing)이 정례적인 것으로 굳어지고 침묵이 무시해도 좋을 정도의 역할로 줄어든 일반적인 서구 종교와는 정확히 반대라는 이야기다. 이들은, 세상 곳곳에서 침묵을 회피하려고 난리가 난 와중에, 침묵이 건전하고 건강한 종교생활의 열쇠라고 꿋꿋이 주장한다. 이 이유 하나만으로도 이들은 일종의 현상이며, 귀중한 존재들인 셈이다.

침묵이 퀘이커 교도에게 선사한 '예정되지 않은' 축복 중 하나는 다양성을 향한 열림이다. 벤 핑크 덴들라이언은 이 부분을 이렇게 콕 집어 말했다. "사람들은 자신들의 믿음을 공유할 필요가 없기 때문에 퀘이커의 다양성을 짐짓 모른 체하려는 경향이 있습니다. 물론 이전에는 퀘이커들 사이에 순수하게 기독교적인 이해가 있었지만, 요즘 퀘이커들은 매우 폭넓게 다양한 것들을 믿을 수 있게 되었습니다."

조사 결과 퀘이커 교도의 75퍼센트는 '신(God)'을 믿지만 그렇지 않다고 터놓고 말하는 이들도 상당수에 이른다. "나는 '신'이라는 말을 좋아하지 않아요"라고 데보라 필게이트는 말한다. "그리고 예수에 관해서는, 어쩌면 그런 인물이 역사적으로 존재했을지도 모르지만 그의 중요성은 완전히 부풀려졌다고 봅니다. 그가 했다는 말은 그의 사후 오랜 시간이 지나서 기록된 거잖아요. 주기도문은 그가 직접 한 말일 것 같은데, 그렇다고 해도 그는 내게 중요한 인물은 아닙니다."

배우 이언 플린토프는 "그런 사람이 있었다는 것은 확실히 믿습니다. 예수가 영감을 주는 말을 했다는 것도요. 그러나 우리는 예수가 성자(聖子)라고 무조건 믿기에는 X와 Y염색체에 대해 너무 많은 걸 알고 있지요." 마가렛 오스본 역시 그에 대한 평가는 아직 이르다고 생각하고 있었다.

플린토프는 이어 "퀘이커들은 어떤 신앙 체계도 받아들이지 않습니다. 사실상 '반교리(anti-doctrine)'라고 하는 교리가 있는 것이나 마찬가지예요. 그리고 이 안티 독트린에 관한 한 매우 일치단결하고 있다고 볼 수 있죠"라고 말했다.

데보라 필게이트도 같은 의견이었다. "우리는 신조 같은 것이 없습니다. 한번은 집회에 불가지론자와 매우 독실한 기독교인이 함께 참석한 적이 있었는데, 평소와 다를 것이 하나도 없었어요." 물론 개중에는 그녀가 '기독교적인 것'이라고 부르는 것을 강요하는 사람도 있기는 하지만 지극히 드물다고 했다.

벤 핑크 덴들라이언에 따르면, 과거 '불확실성'에 대해 매우 확고한 신념을 가졌을 때의 퀘이커리즘은 어쩌면 거의 절대적인 종교 이상의 무엇이 되었을 수도 있었다. 그러나 지금 퀘이커들은 삼위일체와 신의 본질에 대해서는 '불확실성'을 지니면서도 사람들이 신에 의해 인도될 수 있음에 대해서는 무조건적인 믿음을 지니고 있다.

기본적으로 퀘이커리즘은 어떤 식으로든 독단화되는 것에 저항하는 강한 분위기가 늘 있었다. "만약 '유레카! 모든 사람들에게 적용될 답을 얻었어!'라고 누군가가 말하면 퀘이커들은 '다른 데 가서 행복하게 살라'고 할 걸요." 벤 핑크 덴들라이언의 말을 들으면 마치 퀘이커 교가 빈틈이라고는 없는 '의심의 종교'처럼 느껴지기도 한다.

그에 반해, 자신들이 옹호하는 불씨(cause, 사회적 이슈를 가리키는 퀘이커 교의 용어임 - 옮긴이)들에 대해서는 일말의 불평도 하지 않는 분위기다. 환경에 관한 모든 이슈에 적극 참여, 전쟁과 전쟁 준비에 관한 모든 것에 전면적으로 반대, 아프리카의 HIV-에이즈로 고통받는 이들 돕기, 망명 신청자들에의 원조, 동성애자들의 결혼 지원 등에는 어떤 불확실성도 개입하지 않는다.

이는 '좋은 일'이라고 하는 것에 대한 공감이, 종교적 신념이라기보다는 일종의 도덕적 규범으로 받아들여진 경우에 가깝다. 만약 어느 비평가가 이런 것이야말로 종교의 궁극이라고 슬쩍 조롱하는 글을 쓰기라도 할라치면 이들은 아마 이렇게 맞받아칠지도 모르겠다. "모르시겠지만 이 모든 '불씨'들은 저마다 심오한 영적 의미를 지니고 있답니다."

벤 핑크 덴들라이언은 "만약 '친구' 중 누군가가 집회의 기금을 훔친 일로 감옥에 가게 된다면, 그를 내쫓는 것이 아니라 어떻게든 도와주려고 할 것"이라고 말한다. 이와는 반대로, 어느 '친구'가 동성애자나 무슬림을 비판하는 글을 신문에 기고하는 일이 생기면, 아마 십중팔구는 떠나달라는 요구를 받게 될 것이다. 현대의 퀘이커들에게는 이런 행동이야말로 성령(Holy Ghost)에 반하는 죄로 여겨지기 때문이다.

"우리는 이 세상에서 어떻게 살아갈지에 대해 뜻이 완전히 일치되어 있습니다. 정의와 평화를 통해 신의 목적에 다가가려고 노력하는 것이지요. 우리는 대단히 세속적이에요. '지금' 신의 나라를 건설하고 싶어 하죠. 죽음 이후에 관한 이론은 많지 않습니다."

퀘이커 교도들은 평화주의자이기는 하지만, 《피스 뉴스》 잡지를 판매하는 숙녀분께서 이미 보여주었다시피, 자신들의 불씨를 촉진하는 데는 철저하게 완력을 쓸 수도 있는 이들이다. 신념을 위해서는 감옥에 들어가는 것도 주저하지 않으며, 최근에도 군사 자금을 돕는 용도로 쓰이는 세금의 원천 과세 문제로 여럿 투옥된 사례가 있다.

데보라 필게이트는 미국에 있던 시절, 베트남전 반대와 시민의 권리를 외치는 데모에 가담했다가 여러 차례 체포 구금된 적이 있었다. 경찰이 종교를 물었을 때 그녀가 퀘이커라고 대답하자, 그가 '공산주의 동조자'라고 적어넣는 것이 보였다고 한다.

현재 영국에서는 500지역의 퀘이커 집회에서 침묵이 여전히 중심에 놓여 있지만, 전세계적으로는 사뭇 그 양상이 다르다. 벤 핑크 덴들라이언의 추산으로는 전세계 퀘이커 교도의 15퍼센트만이 온전히 침묵 속에서 집회를 연다.

특히 전세계 퀘이퀴 교도의 삼분의 일을 보유한 케냐에서는 집회에서 침묵이 거의 사라졌다. 이는 복음주의(성서에 밝혀져 있는 예수의 '복음'을 중시하는 그리스도교의 입장 - 옮긴이) 퀘이커 교도들의 영향에 의한 부분이 크다. 벤 핑크 덴들라이언은 이렇게 말했다. "그들은 침묵을 신을 기다리는 의미로 이해합니다. 그런데 이미 신을 만났다고 느끼기 때문에 더 이상은 침묵에 대해 생각하지 않고 알지도 못하지요."

미국도 사정이 크게 다르지는 않아서, 십만 명의 퀘이커 교도들이 집회를 열지만 대개 90분간의 예배 중 20분 정도만 침묵에 할애하는 형편이며, 아예 침묵 시간을 갖지 않을 때도 있다. 또한 꽤 많은 경우, 목사가 예배를 집전하며 설교나 메시지가 포함된다.

이뿐 아니라 다른 곳에서도, 퀘이커 교도가 우러르는 침묵이 현대의 소음 중독에 대응하는 역할을 해내지 못하고 있는 것이 현실이다.

그러나 영국과 미국 '일부' 지역에서는 여전히 침묵이 절대적인 영향력을 지니고 있다. 침묵을 퀘이커 집회의 정수이자 깊은 영적 경험의 자궁으로 여기는 이들 모두가, 종교가 있든 없든, 침묵에서 우러나는 심오하고 독자적인 축복을 공유하고 있다.

데보라 필게이트 같은 사람들에게 침묵 속에서 열리지 않는 집회란 간단히 말해서 예배로서의 집회가 아니다. "여러 해 동안 수요 집회에 오는 사람들을 알고 지냈습니다. 만약 그들과 이야기를 나눠보지 않았더라면 나는 절대로 이 방식으로 소통하지 못했을 거예요. 맞아요, 침묵 소통을 말하는 거예요. 그리고 아셔야 할 건 집회가 끝나고 나면 가장 연장자 ─ 95세의 남자 ─ 이신 분이 순전히 침묵에 대한 감사의 인사를 모두에게 건넨다는 거예요."

벤 핑크 덴들라이언에게는 침묵이 "신과 올바른 유대관계를 맺을 수 있으며 '그분'과 직접 조우할 수 있는" 열쇠이다. "침묵은 신께서 우리에게 무얼 바라시는지 들을 수 있는 능력을 줍니다. 만약 집회가 침묵이 아닌 외향적인 것들로 채워진다면 신과의 조우는 대단히 어려울 겁니다."

그들은 집회에 갈 때면 신으로부터 온다고 믿는 '빛'을 구하려고 노력한다. 그리고 그 빛은 침묵이 없이는 찾을 수 없다. 소음 속에서는 절대로 보이지 않는 것이니까.

15

총알보다 나은

아직도 침묵이 단지 시간 낭비일 뿐이라고 생각하는 사람이 있다면 레바논의 베이루트 인근에 사는 이들의 작고 범상치 않은 모임을 들여다보자. 아마도 조금은 다른 시각을 지닐 수 있을 것이다. 이들은 침묵 속에서 얻은 변화와 힘을 바탕으로 자신들의 어지러운 조국에 헌신해 왔다.

어떻게 보면 레바논이 맞닥뜨린 문제들은 누구라도 침묵 속으로 몰아넣을 수밖에 없지 않을까 싶을 정도로 심각하다. 수십 년 동안 레바논은 더 힘센 이웃나라들의 무자비한 공격에 시달려 왔다. 시리아, 이스라엘, 이란이 일제히 레바논이라는 파이에 게걸스러운 손가락을 깊이 담갔다.

더욱이 1975년에서 1990년까지 이 나라는 고통스럽고 잔인한 내전으로 갈가리 찢기는 아픔을 겪었다. 베이루트 시가지의 수많은 건물에는 아직도 탄피와 총알로 움푹 팬 자리들이 고스란히 남아 있다. 현재의 상황도 나을 것은 없어서, 언제라도 다시 분쟁과 혼돈으로 곤두박질 칠 일촉즉발의 위기 시국이 이어지고 있다.

무슬림 공동체의 수니파와 시아파는 극심하게 분열되었고, 기독교 공동체와도 마찬가지다. 레바논이 지금까지 버텨내고 있는 것 자체가 기적이 아닐까 싶을 정도다. 서로 다른 공동체 사이에 철저하고 전적인 중재가 필요한 나라가 있다면(공식 집계상 18개의 공동체) 바로 레바논이다.

내가 베이루트에서 만나기로 돼 있던 사람들은 그처럼 위험천만한 임무를 수행할 자질을 갖춘 이들이었다. 적어도 어떤 면에서는 그랬다. 그 중 두 남자는 각각 수니파 무슬림과 정통 기독교도로 각각 내전 중에 상대 진영의 우두머리급 인물들이었다. 두 사람 모두 자신의 손에 수많은 사람들의 목숨이 걸려 있었다는 사실을 잘 알고 있었다.

두 사람 외에도 시아파 무슬림 둘, 마론파 교도(동방 가톨릭)인 남매, 마론파 변호사와 그의 비서(여자), 그리고 드루즈파(이슬람교 시아파의 한 분파 - 옮긴이) 공동체에서 온 판사, 메노파(기독교의 한 분파 - 옮긴이) 교도, 미국 예수회 사제, 그리스 정교회의 뛰어난 학자와 또 한 사람의 그리스 정교회 교도가 있었으며, 때에 따라 난민 캠프에서 온 팔레스타인 인들이 참여했다. 이 모든 사람을 모일 수 있게 한 사람은 라메즈 살라메라는 이름의, 신중하고 사려 깊은 마론파 변호사였다.

살라메가 이 모임을 시작한 것은 거의 30년 전이었다. '변화의 첫걸음(Initiatives of Change)'이라는 조직을 결성해 이끌었던 것인데, 이들의 활동 중 특기할 만한 것이 정기적인 침묵의 시간이었다. 이들의 주장에 따르면 이 침묵의 시간에 신이 사람들에게 '말을 할 수 있다'고 한다.

원래 살라메는 어떤 신앙도 지니고 있지 않았는데, 점차로 침묵이 "삶 속에 신이 살아 계시게 하는 공간"이 되어주었다. 나중에는 '변화의 첫걸음'(이후 IofC)과는 관계를 지속하지 않게 되었지만 ─ 역할에 대한 부담 때문에 ─ 정기적으로 침묵의 시간을 갖는 것은 계속했다.

1975년 내전이 시작되었을 때 그는 별 생각 없이 기독교 진영에 합류해 소총을 지급받았지만, 자신이 오래 전부터 이미 군대와 맞지 않다는 걸 확인할 수 있을 뿐이었다. 그 뒤 그는 '나의 왕국은 이 세상 것이 아니다'라는 그리스도의 말씀과 만나게 되었고, 자기가 목숨의 위협을 무릅쓰고 하는 행동이 그리스도의 왕국을 위한 것이 아님을 깨달았다. 그는 진정으로 그리스도의 왕국을 위하는 싸움에 참여하고 싶은 깊은 바람을 느꼈다.

처음에는 소총을 내려놓아야 한다는 강박적인 생각만 할 뿐 달리 무엇을 어떻게 해야 할지 몰랐다. 결국 소총을 반납하고 나서 며칠 후, 그는 전쟁 전에 함께 일했던 무슬림 동료 변호사들을 만나야겠다고 생각했다. 그러나 그들은 적진 후방의 서⒄ 베이루트에 있었다.

그는 그것이 얼마나 위험한 일인지를 알고 있었고, 저쪽으로 갔던 사람이 다시는 돌아오지 않았다는 이야기도 들었다. 그러나 전화를 걸었을 때 오랜 친구들의 반응은 오로지 보고 싶다는 간절한 바람뿐이었다. 그는 택시를 이용해 첫 여행을 감행했다. 그 과정은 지독히 끔찍했지만 그는 이후로도 몇 차례나 친구들을 만났으며, 그렇게 대화가 시작되었다.

처음에 그는 IofC와 다시 접촉하는 걸 내켜하지 않았지만 오래 알고 지낸 캐나다인 가톨릭 사제가, 자기가 보기에는 그가 이 일을 하도록 부름을 받은 것 같다고 이야기해 주었다. 고심 끝에 사제의 충고를 받아들이기로 하고, 몇몇 옛 IofC 친구들을 베이루트로 초대했으며, 이들이 합심하여 서로 다른 공동체 모두에게 열려 있는 정기 모임을 갖기 시작한 것이다.

살라메는 이 만남이 거의 30년을 이어져 오고 있다는 사실에 스스로도 놀라워했다. "매번 모일 때마다 이것이 마지막 모임일 거라고 스스로에게 말하곤 했습니다. 때로는 두드러지거나 극적인 일들이 아무 것도 생기지 않아서 다들 지루해하기 시작한 건 아닌가 걱정하기도 했지만 결국 아무도 그만두지 않았어요."

모임은 그의 사무실 가까이에 있는 건물에서 열리며, 10~20명 사이의 인원이 격주로 모인다. 모임의 형식 자체는 아주 단순하지만 내용은 대단히 특별하다.

간단한 개회의 말이 오가고 나면 모두 15~20분 정도 완전히 침묵에 잠긴다. 그들의 표현에 따르면 "신의 음성을 듣기 위한" 시간이다. 그리고 정직, 결백, 이타, 사랑이라고 하는 가치들에 비추어 스스로의 삶을 돌아보는 시간이다. 그런 다음에는 전적으로 솔직하게 다양한 생각들을 공유한다. 살라메는 가족이나 일에 관해 스스로 바꿀 필요가 있는 것들을 공유한다고 말했다. 이를테면 달라져야 하는 것, 바로잡아야 하는 것들이다. 그들은 이런 것들을 완전한 신뢰의 분위기 속에서 솔직하게 털어놓는다.

"진정한 솔직함이란 것이 흔한 것은 아니지만 다행히 우리 모임은 그렇습니다. 오랜 세월에 걸쳐 쌓아온 우정이 바탕이 되어, 한 명도 빠짐 없이 자신의 삶을 가감 없이 개방할 수 있게 되었어요. 우리는 결핍이나 실패에 대해서도 솔직하게 털어놓습니다. 우리만의 우정의 힘이죠. 또한 우리의 우정이 남다른 깊이를 지닐 수 있었던 것은 침묵과, 모든 것의 기본이 되는 절대적 도덕 기준 때문이라고 생각합니다. 나에게는 침묵이 초자연적인 힘과는 아무 상관이 없어요. 오로지 진리(Truth, 대문자로 시작할 때는 주로 '신'의 의미임 - 옮긴이)와 만나기 위해 꼭 필요한 공간일 뿐이에요."

살라메는 인간의 본성이 극적으로 변하지 않는 한, 즉 이기심과 오만을 극복하지 않는 한 사회가 더 나은 방향으로 변화하지 않을 것이라는 굳은 신념을 지니고 있었다. 그들의 모임에서는 그들 스스로 먼저 변화해야 한다는 데 초점을 맞추고 있었다. 그렇지 않고서는 나라의 현실이 개선될 희망이 없다고 여기기 때문이다. 이들의 신념은, "우리가 세상에서 보고 싶은 변화가 바로 자기 자신일 수 있게 노력해야 한다"는 간디의 어록과 완벽히 일치한다.

살라메는 말했다. "나는 복음 중, 그리스도께서 여호와의 신전을 향해 가고 있는 젊은이에게 하신 말씀을 좋아합니다. '멈추어라, 그보다 앞서 해야 할 것이 있다. 우선 가서 네 형제와 화해하라!'고 하신 말씀입니다. 나한테는 이 말이, 용기 있게, 내가 저지른 잘못을 되돌리기 위해 노력해야 한다는 의미로 들립니다. 나자신의 잘못을 고백하고 바로잡기 위해 노력하려는 의지야말로 세상을 평화롭게 할 열쇠라는 것이지요. 이런 정신이 우리의 기본적인 동지의식을 형성하고 다른 계획들을 가능하게 했습니다."

그들 모임의 기독교인들이 지니는 침묵의 관념은 무슬림들의 것과는 또 다르다. 무슬림에게 신은 말없이 영감을 불어넣는 존재이다. 그래서 그들은 침묵의 시간 동안 신의 영감을 기다린다는 생각을 더 선호한다.

한 명이 침묵 시간에 겪은 것을 이야기하면 다른 사람은 아무런 대꾸도 하지 않는다. 경험에 대한 의견이 오가기 시작하면 자기 이야기를 할 누군가의 기회를 앗아버리는 결과가 될 수 있기 때문이다. 만남의 시간이 한 시간 반 정도라서 모두 골고루 기회를 가지려면 그럴 수밖에 없다. 게다가 좋은 친구들의 침묵은 그 자체로도 충분한 의견의 역할을 하며, 신이 각자에게 직접 말할 기회를 주는 것이기도 하니까.

정치 이야기는 하지 않는다. 분열을 초래할 위험 때문이다. 그들도 그 생각을 안 하는 것은 아니고, 언젠가는 정치적 입장을 취해야 할 때도 있겠지만, 그때까지는 그 문제에 연연하지 않겠다는 것이다.

"우리 모임은 다른 것들을 위한 사전준비의 의미를 지니고 있어요. 수년 동안 변화와 화해에 대한 개인적인 경험을 쌓아오면서 우리가 더 큰 상황을 위해 할 수 있는 것들이 있다는 걸 느끼게 된 거죠. 그 동안 우리가 중요하게 여기는 가치들을 퍼뜨리기 위해 노력해 왔고, 많은 사람들이 뜻을 합쳐주었습니다. 대개는 즉흥 기도로 모임이 마무리됩니다. 무슬림 친구가 시작하면 기독교인 친구가 이어가기도 하고 그럽니다."

1984년, 내전이 여전히 격렬하게 치러지던 때에 레바논의 서로 다른 공동체들 사이에 대화의 필요성이 그 어느 때보다 절실해지자 살라메와 그의 친구들은 뭔가 해야겠다고 생각했다. 그들은 대화의 장이 될 일련의 연례 모임을 시작했다. 초기에는 각 공동체 간의 골이 너무 깊어서 회의를 안전하게 치러낼 수가 없어 키프로스(시리아의 서쪽 지중해상에 위치한 공화국 - 옮긴이)까지 가서 겨우 회의를 열었다.

필요성이 워낙 절실했기 때문인지 반응이 뜨거웠다. 목사, 무슬림 종교 지도자, 주교, 재판관, 의회 의원들이 대거 참석했다. 다마스쿠스(시리아 남부의 도시 - 옮긴이)를 경유해 날아오기도 하고,

주니에(베이루트 북쪽에 위치한 도시 - 옮긴이) 항구에서 배를 타고 오기도 했다. 모인 이들은 며칠을 함께 지내면서 기탄없이 시국에 대해 이야기를 나누었다. 계속해서 다시 오는 사람들도 있었고, 더러는 빠져나가 자신들만의 그룹을 이루기도 했다. 이런 식으로 여러 다리 놓기가 이루어졌다. 이 회의가 많은 사람들의 삶에 근본적인 영향을 미친 것이다.

한 차례의 대화 후 주니에로 되돌아오는 배 위에서 살라메는 교황 요한 바오로 2세가 레바논의 기독교인들에게 "화해와 화합의 효모가 될 것"을 촉구하는 말을 라디오를 통해 들었다. '좋아, 교황의 말씀이 바로 우리가 노력하고 있는 그것이야.'

이 무렵, 이들의 모임에 매우 놀라운 사람들이 모여들기 시작했다. 그 중 한 명이 내전에서 기독교 진영의 정보 부(副)국장이었던 아사드 샤프타리였다. 기독교의 높은 계급들 사이에서 쓰라린 불화가 있은 후 그는 가족과 함께 베카 계곡에 있는 자흘레(베이루트 동쪽에 있는 베카 주의 주도 - 옮긴이) 시내로 이사했는데, 이미 그의 아내는 한때 그의 전우였던 이들로부터 위협을 받고 있었다.

옛 전우들은 다섯 차례에 걸쳐 그를 죽이려고 했으며 ― 한번은 로켓 추진식 수류탄으로, 한번은 폭탄으로 ― 그의 집과 사무실을 탈취했다.

그들 부부가 평화와 변화 모두를 원한다고 알려진 이 모임과 처음으로 만난 것은 자흘레에서였다. 만남은 주로 사람들의 집을 옮겨 다니거나 마론파 주교의 거처에서 이루어졌다. 처음에 샤프타리는, 레바논에서 누구나 그렇듯, 이들에게 다른 의도가 있는 것은 아닌지 대단히 의심스러워했다.

"그 모임 분들은 대단히 긍정적인 이야기들을 들려주더군요. 그러나 나는 그때 이런 생각을 했어요. '나는 여기 주교의 거처에 있고, 이 사람들은 세상을 바꾸고 싶어 해. 그러나 나는 레바논이 내가 원하는 방식으로 존재하기를 원해. 온전히 기독교도들의 손으로만. 무슬림은 모조리 몰아내 버려야지. 그 사람들은 다시 낙타 등으로나 돌아가라고 해.' 아마 레바논의 수많은 기독교인들이 같은 생각을 했을 거예요."

모임에서 샤프타리에게 이어진 다음 질문은 "당신은 변할 준비가 되셨나요?"라는 것이었는데, 그는 변해야 할 것이 아무 것도 없다고 대답했다. 스스로 대단한 사람이라고 여겼기 때문이다. 또 그들이 지킨다고 하는 네 가지의 가치에 대해서도, "나는 완벽하게 정직하고 결백합니다. 부끄러워할 일은 전혀 하지 않았고, 사랑에 대해서도 아무 문제가 없어요. 나를 사랑하는 사람을 나 역시 사랑하며, 미운 사람은 사랑할 필요가 없으니까요"라고 대답했다.

그도 그럴 것이, 그는 무기를 지니고 호위자들을 거느린 젊은 보스였다. 사람들이 늘 그가 대단하다고 말했기 때문에 스스로 완벽하다고 생각할 수밖에 없었다. 그런데 모임에 있던 사람들은 질문에 대해 절대로 곧장 답을 하지 않았다. 그저 그의 말을 귀 기울여 듣고는 몇 가지 좋은 사례를 제시해 주었다. 그러고 나서는 그가 어떻게 살지 결정하게 했다. 한 번도 재촉하거나 떠민 적이 없었다.

그 다음이 침묵의 차례였다. 그는 나름대로 기도와 명상을 생활화하고 있었기 때문에 잘되었구나 싶었다. 그는 매월 첫 번째 목요일에는 늘 교회에 나가 두 시간씩 앉아서 성체 예배를 드리고 있었다. 그가 모임에서 충격을 받은 것은 기도란 한 방향의 소통을 뜻하는 게 아니라는 그들의 생각이었다.

그때까지 그는 항상 신에게 이런저런 말씀을 올렸다. "이것이 필요합니다, 저것을 원합니다, 그것을 하고 싶습니다" 등등. 그런 다음에야 "제 삶을 축복하소서" 같은 약간의 경배가 이어졌다. 처음부터 끝까지 요구만 한 것이다. 그런데 이 사람들은 신의 음성을 경청한다는 이야기를 했다. 그에게는 완전히 새로운 개념이었다.

처음 침묵의 시간에 함께해 보려고 했을 때는 도저히 잘 되지 않았다. 지옥 같았다. 너무 많은 생각이 휘몰아쳐서 결국 달아나야 했다. 무수한 자아와 맞닥뜨려야 했는데, 그건 자기 안에 너무나 많은 잘못이 들어 있다는 의미였기 때문에 받아들이기가 쉽지 않았다.

전쟁 중에 저지른 죄와 마주한 것은 훨씬 더 뒤의 일이었다. 전쟁을 하고 있을 때는 내 나라, 나의 신앙, 내가 속한 공동체의 이름으로 행하는 죄가 스스로 쉽게 용인이 되었으며, 마음 속에

담을 둘러치고 그 속에다 모두 봉인해 구석으로 몰아넣고 있었기 때문이었다.

첫 침묵의 시간 이후 그는 혼자 있는 시간을 피하려고 애썼다. 늘 사람들 사이에 섞여 있으려 했고, 혼자 있게 되면 텔레비전이나 라디오 소리를 최대한 높여서 켜놓았다. 그리고 침묵의 시간에 다시 참여할 때는 양심을 아주 작은 이슈들로만 국한시켜 작동시키는 식으로 대처했다. 그는 신을 삶의 한 영역으로만 제한해 받아들이면서 이렇게 되뇌었다. "지금은 거기 계시는 걸로 충분합니다."

말하자면 침묵의 시간에조차 '진정으로 마음 열기'를 회피한 것이다. 회피할 수 있는 꼼수도 꽤나 다양했다고 그는 말했다. 이를테면 터놓고 이야기를 나누는 시간에는 자신에 대해 꾸밈없이 내보이는 것이 아니라, 정직과 이타심에 관한 일반적인 이론만 읊는 것이다. 이렇게 그는, 처음에는 자기 안에 대단히 큰 어두운 측면이 있다는 걸 외면했다.

이 어두운 측면은 전쟁이 벌어지는 동안 샤프타리가 자신이 생각하는 것 이상으로 대단히 많은 사람들의 죽음에 직접적인 책임이 있다는 사실이 포함되어 있었다. "누군가를 죽일 때는 항상 자신의 일부도 같이 죽이는 겁니다"라고 샤프타리는 말했다. 살인기계가 되어 아무 것도 느끼지 않는 단계가 되는 것이야말로 가장 위험하다고도 했다.

오랫동안 이 그룹의 모임에 참석하면서, 자흘레에서뿐 아니라

나중에 베이루트에서의 모임에서도 그는 이 어두운 부분과 맞닥뜨리는 걸 회피했다. 그러나 시간이 흐르면서 신을 맞아들였던 작은 영역이 조금씩 더 커지기 시작했다. "신의 자리가 더 커지는 과정은 지금까지도 진행 중입니다. 결코 멈추지 않아요. 내가 인간이 되어가는 거라고 생각합니다." 그렇게 그는 고해의 순간으로 나아갔다.

"정통 교회에서는 그렇게 하기가 쉽지 않더군요. 모임에서도 내 문제를 털어놓기는 했지만 고해를 통해 죄 사함을 받을 수는 없는 자리여서, 기꺼이 내 이야기를 들어주실 마론파의 사제 한 분을 찾아가 고해성사를 했습니다. 그분께 여러 번 찾아갔지요."

샤프타리는 자신들의 실패에 대해 그처럼 정직하게 털어놓는 사람들의 모임을 만나지 못했더라면 결코 고해의 지점까지 나아갈 수 없었을 거라고 확신하고 있다.

이 무렵 살라메는 대화를 위한 회의를 조직하고 있었고, 샤프타리는 거기에 무슬림도 참석하리라는 걸 알았다. 그는 마침내 마음을 열고 가슴 속에 담긴 것들을 꺼내놓을 때임을 깨달았다. 그는 무슬림을 적대시하게 된 모든 이유들을 긴 목록으로 작성했다. 그들이 팔레스타인 편에 선 것, 친(親)아랍적인 것, 국가의 최종 형태로서의 레바논을 믿지 않는 것, 그리고 기독교인들을 죽이는 것 등등.

"그들 눈앞에 목록을 들이밀 작정으로 거기 갔다가 정말 놀랐습니다. 무슬림들이 기독교도들에 대해 작성한 목록이 훨씬 더 길었거든요. 그렇게 함께 있기 시작하면서, 당연한 말이지만, 그들에 대해 많은 걸 알게 됐습니다. 이전에는 무슬림이라고 하면 무조건 '그들'이나 '저들'이라고 했던 것이, 이제는 무함마드, 알리, 하산 등등 저마다의 이름을 부르게 되었지요."

몇 년이 지나는 동안 천천히, 샤프타리는 무슬림이 말하는 것을 받아들일 줄 알게 되었고, 이해하게 되었으며, 마침내 많은 부분을 사랑할 수 있게 되었다. 나중에는 국가적인 사건이 생겼을 때도 그들의 눈을 통해 상황을 파악하려고 노력하게 되었다. 심지어 사건의 주동인물 몇 명과는 침묵의 시간을 함께하면서 생각을 공유하기도 했다.

요즘 그는 레바논에 대해 아주 포괄적인 생각을 하게 되었다고 한다. 좋든 싫든 아랍 국가라는 사실을 받아들이게 된 것이다. 어쨌든 그들은 아랍 말을 하며, 프랑스 인이 아니라 아랍인인 것은 사실이었으므로. 물론 그의 아버지는 여전히 〈라 마르세예즈〉(프랑스 국가 - 옮긴이)를 끝까지 다 부를 줄 알지만 말이다. 그는 페니키아의 뿌리가 기독교도들만 독점할 수 있는 정체성이 아니라는 걸 안다. 무슬림들 역시 페니키아 인들이다(고대에 레바논은 페니키아였으며 페니키아 문자가 지금의 아랍 문자로 발전했다. 또한 1943년 레바논은 프랑스로부터 독립했다 - 옮긴이).

그 뒤 어느 날, 샤프타리는 아들의 친구 하나가 회교 사원 근처에만 가도 심한 메스꺼움을 느낀다고 하는 말을 듣게 되었다. 그는 그 나이일 때 자신도 그랬던 것을 떠올리며, 이런 감정들이

대를 이어 내려온다는 사실을 새삼스럽게 깨달았다. 그는 자신이 할 수 있는 일이 어떤 것들이 있을지를 고민했다.

아이디어는 침묵의 시간 중에 떠올랐다. 레바논 사람들에게 전쟁 중에 자신이 한 일들을 설명하고, 사죄하며, 자신이 할 수 있는 한 바로잡을 준비가 되어 있음을 알리는 공개편지를 쓰자고 생각한 것이었다.

그러나 아이디어만 있었지 잘될 거라는 확신은 전혀 없었다. 자신은 물론 가족과 친구들까지 큰 위험에 빠뜨릴 수 있는 일이었다. 라메즈 살라메에게 어떻게 생각하는지 물어보았더니, 그는 어떤 대답도 하지 않았다. 다만 빙그레 웃으며 고개를 끄덕였다. 그게 대답이었다.

샤프타리는 집으로 가서 3분짜리 길이의 편지를 석 장에 걸쳐 썼다. 능숙하지는 않았지만 고대 아랍어로 썼다. 그걸 아내에게 보여주면서 의견을 물었더니 "누가 쓴 건가요?"라고 물었다. "내가 썼소. 사람들에게 발표하려고"라고 대답했더니, 그의 아내는 "난 백 퍼센트 당신 편이에요"라고 말해주었다.

그는 편지를 가지고 통신사들을 찾아갔다. 그러나 어쩐 일인지 언론에 공표되지 않았다. 닷새째 되던 날 전화를 걸어 이유를 물었더니, 그날 밤 전쟁 동료였던 이들로부터 전화가 왔다는 것이다. 편지를 철회하라는 내용이었다고 한다. 그는 편지에 '우리'라는 말을 쓰지 않았으며, 순전히 개인적인 이야기로 썼다는 것을 상기시켜 주었다. 전쟁 동료들이 샤프타리에게도 직접 전화한다고 했다는 말을 듣고 그는 모든 전화를 차단하고 편지 발표를 계속 추진했다. 결국 편지는 유수의 신문인《알 나하르(Al Nahar)》에 게재되었다. '나의 희생자들께 드리는 공개 서한'이라는 제목이었다.

편지에 대한 기독교 측의 반응은 미미했다. 그러나 무슬림과, 특히 팔레스타인 인들 사이에서는 파장이 꽤 컸다. 무슬림 정보부인 보안위원회의 수장이 아사드 샤프타리에게 전화를 걸어 감사를 표했을 정도였다. 그 편지는 샤프타리에게 대중적 인기가 아닌 존경을 가져다주었다.

그때부터 그는 삶의 큰 부분을, 전쟁 중에 저지른 일에 대한 보상에 할애했다. 학교와 대학을 찾아가 자신이 겪은 일들과 변화하기 위해 기울인 노력에 대해 들려주며, 평화를 위해 일하는 26개의 NGO 그룹을 위해 코디네이터로도 봉사하고 있다. "그 누구도 전쟁에 대해 말하지 않습니다. 모두가 기억상실증에라도 걸린 것처럼 말입니다. 나는 내전이 어떤 것인지 알려주는 여러 캠페인에 참여하면서 젊은이들에게 꾸준히 이야기를 들려줍니다." 많은 젊은이들이 그에게 고맙다고 말한다. 자신들의 부모는 어떤 이야기도 해주지 않기 때문이다.

그 정도면 고통을 덜 수도 있을 법한데, 그는 여전히 자신이 한 일들에 대해 슬퍼한다. "나는 여전히 고통스럽습니다. 사람들은 고해성사를 했는데 왜 괴로워하느냐고 말하지만, 내 고통은 내 힘으로 되돌릴 수 없는 것들 때문이에요. 그 중에서도 고

문당한 사람들을 생각할 때가 가장 힘듭니다. 이런 딜레마들에는 답을 얻을 수가 없네요. 많은 이들이 이미 목숨을 잃었고, 그 부모들은 늙어가고 있다는 사실이 죄책감을 배가합니다. 어린아이가 총을 들고 있다는 소리를 들으면 많이 슬픕니다. 그럴 때마다 '이 정도로는 어림도 없어'라고 스스로에게 말합니다."

여전히 샤프타리는 자신의 실패와 결점에 대해 터놓고 이야기를 나눌 수 있는 모임에 참여하고 있다. "낙담할 일이 생기면 언제든 친구를 찾아가 도움을 청할 수 있어요. 일종의 솔직한 공동체라고 할 수 있을 겁니다. 이런 관계야말로 더 큰 일을 할 수 있는 든든한 힘이 됩니다."

가장 가까운 친구 중 한 명인 수니파 무슬림은 샤프타리보다 몇 년 후에 모임에 참여했다. 두 사람이 우정을 쌓게 된 데에는 전쟁의 경험과 침묵의 가치가 큰 역할을 했다. 이전에는 도무지 가능할 것이라고 상상해 보지도 않은 우정이 실현된 것이다.

모히에딘 시합은 1995년에 베이루트에서 가장 중요한 지구의 무크타르(시장에 해당)가 되었고, 최근 네번째로 재당선되었다. 그는 신성한 가문 ― 선지자의 어머니가 그의 일족 출신이다 ― 의 후손이라는 것과 자신의 뿌리가 "아랍의 존귀함과 이슬람교의 가르침으로 충만"한 것을 자랑스러워한다.

내전이 발발했을 때 시합은 고작 열여덟 살이었다. 살라딘 (Saladin, 십자군 전쟁 당시 큰 승리를 이끌어 이슬람 세계의 해방자이며 구원자로 추앙되는 인물 - 옮긴이)을 도와 십자군을 패배시킨 높은 가문의 자제로서 그는 즉시 무슬림 군에 들어갔으며, 오래지 않아 어린 나이임에도 대장이 되었다.

그가 전술을 계획했고, 어디를 공격할지를 결정하는 것도 그였다. 100명이 넘는 집안사람들이 그들 지역에서 싸웠다. 피비린내 나는 잔혹한 전쟁이었다. 종종 칼과 개머리판으로 거리 육탄전을 벌이기도 했다. 수많은 아군이 목숨을 잃었고, 그로 인해 복수의 열망이 활활 타올랐다.

직접 온갖 극악무도한 행위를 저지르기도 했다. 1976년에 그들은 기독교도들의 공격에 대한 앙갚음으로 베이루트 남쪽 30킬로미터 부근에 있는 알다모르라는 작은 마을을 공격하라는 명령을 받았다. 그들은 그 마을을 레바논 지도에서 지워버렸고, 그는 마을 이름이 있던 자리에 '알모아마라'라는 단어를 써넣었다. '파괴된 도시'라는 의미였다.

그는 무려 13년 동안 전투를 했다. 기독교도들과만 싸운 것이 아니라 1978년 이스라엘이 레바논을 1차 침공했을 때는 이스라엘과도 싸웠고, 1982년의 2차 침공 때도 마찬가지였다. 그들이 베이루트를 7일간 점령했을 때는 레지스탕스를 조직한 사람 중 한 명이었다. 그들은 적을 곰 사냥 하듯 사냥했다. 그 역시 세 차례 부상을 당했다.

"그 시절 나에겐 삶도 미래도 없었어요. 내가 장래에 대해 생각하기 시작한 것은 서른세 살이 되어서였어요. 일자리며, 결혼이며 그런 거요. 온갖 피와 시체를 지겹도록 보고 난 후에야, 내

손으로 온갖 잔악한 행위를 저지른 후에야, 우리가 한 일들이 옳은 것이었던가 하는 의문이 들기 시작했습니다. 스스로에게 삶과 종교, 운명에 대해 질문을 던졌고, 숱한 죽은 이들을 생각했습니다. 왜 그 모든 일들이 일어나야 했던 걸까요?"

그는, 기독교도들은 무조건 자신들이 채색한 것처럼 '안티 무슬림'이었던 것인지에 대해 자문해 보았다. 사촌동생 히샴과 함께 기독교 지역에 들어가 자신의 의문을 풀 수 있을 만한 증거들을 찾기 시작했다. 그에게 기독교도들은 한결같이 부유하고, 프랑스 어를 쓰며, 고등교육을 받았으며, 친 이스라엘 노선을 걷는 이들이었다. 정말이지 무슬림이라면 질색을 하는 기독교도들을 찾아내어, 전쟁 중에 자신들이 한 모든 행동들이 전적으로 정당한 것이었다고 스스로 확신할 수 있기를 바랐다. 그래야 편히 잘 수 있을 것 같았다.

그러나 정작 그가 본 기독교도들은 무슬림보다 더 가난하지는 않을지라도 무슬림만큼이나 가난했으며, 프랑스 어를 쓰지도 않았고, 교육을 그리 많이 받지도 않았다. 또 그들 중 90퍼센트는 친 이스라엘 지지자가 아니었다. 정말 충격이었다. 그제야 시합은 자신이 잘못된 길을 걸어왔다는 걸 깨닫게 되었다.

자신이 뛰어든 전투에서 죽임을 당한 모든 이들을 되살릴 수는 없지만, 적어도 조국에서 다시는 그 같은 일이 재발하지 않도록 노력은 할 수 있을 거라고 생각했다.

샤프타리처럼 모히에딘 시합도 화해를 위한 활동을 시작했다.

1993년 그는 베이루트 전역의 기독교도들에게 손을 내밀어 가난한 이들을 돕는 단체를 발족했다. 이 단체는 세기의 전환 시점까지 눈에 띄게 성공적인 성과를 거두었으며, 그 무렵 그는 처음으로 시장에 뽑혔다.

시장이 되고 얼마 지나지 않아 사촌인 히샴이 라메즈 살라메라는 사람에게서 전화가 왔다고 전해주었다. 그는 기독교 설교 단체인 줄 알고 응하지 말라고 말했다.

그런데 히샴의 생각은 달랐다. 만나서 나쁠 것이 뭐 있겠느냐는 것이었다. 가봐서 그런 성직자와 맞닥뜨리면 인사만 하고 돌아서자고 했다. 히샴이 먼저 그들과 만났다. 그 사람들은 설교 같은 건 하지도 않았으며 이슬람을 대단히 존중하는 태도를 보여주었다.

그때부터 히샴은 일 년 동안 그 모임에 참석했다. 그리고 모히에딘 시합에게 이런저런 이야기를 들려주었다. 모임에서 아사드 샤프타리 ― 전쟁 중에 이름을 들어본 적이 있는 ― 를 만났는데, 사람이 완전히 달라졌고, 거기서는 절대로 개종을 시키거나 사람을 바꾸려 들지 않으며, 그저 원래 하던 식으로 자신의 종교를 지킬 수 있게 도와줄 뿐이다 등등.

시합으로서는 그들이 지키는 네 가지 기준이 전혀 새롭지 않았다. 모든 종교에서 공통적으로 지향하는 것이라고 생각했기 때문이다. 그런데 침묵에 대해서는 달랐다. 히샴이 아무리 열정적으로 이야기해 주어도 이해가 되지 않았다. 적어도 그가 아는 이슬람에는 침묵의 시간이 없었던 것이다.

시합은 2000년에 처음으로 라메즈 살라메의 모임에 찾아갔다. 그러나 여전히 의문은 풀리지 않았다. 그 문제를 해결하지 않고는 다시 가면 안 되겠다고 생각했다. 그러나 침묵의 시간은 누가 가르칠 수 있는 것이 아니고 느껴야 하는 것이라는 생각도 들었다. 그는 가장 고통스러운 순간을 겪어본 사람이 깨달음을 얻을 기회도 잡는다는 신념을 지니고 있었기 때문에 자신의 경험을 믿고 더 노력해 보기로 했다. 세 번인가 네 번 더 찾아갔을 때 드디어 느낌이 왔다. 그 전에는 한 번도 발견하지 못했던 삶의 새로운 국면을 신이 열어주고 있다는 것을 알 수 있었다.

"내가 큰 문제들을 지닌 사람이라서 더 깨우침이 필요한 것일까요? 그건 잘 모르겠습니다만, 내 어깨에 지난 시절 저지른 잔악한 행위들이 얹혀 있는 것만은 사실이었어요. 어쨌든 나는 서너 번 침묵의 시간을 시도한 끝에, 무엇을 해야 할지 신께서 인도해 주고 계신다는 걸 알게 됐습니다. 그분은 마치 배의 항로를 지시해 주는 등대처럼 '조심해라. 여기는 암초들이 있지만 항구가 가깝다'라는 식으로 깨우침을 주기 시작하셨습니다."

침묵의 시간을 지키기 위해 계속 노력해 나가면서, 신으로부터 오는 깨달음과 단순히 자신이 생각한 것 사이의 구별에도 더 익숙해졌다. '2시 30분에 모임에 참석할 것'이라는 생각이 들면 그건 자신에게서 나온 것이었다. 마찬가지로 하루 일과에 관한 생각들은 모두 신의 지시와는 무관했다. 반면에 '오늘 네가 형제에게 함부로 말해서 그를 화나게 했어. 저녁에 찾아가 바로잡아' 같은 평범하지 않은 생각은 신에게서 온 것이었다.

침묵의 시간은 우리에게 많은 것을 준다고 시합은 말한다. 어두운 영혼을 밝히는 촛불이 되어주고, 영혼이 스스로 쇄신할 수 있는 공간을 제공해 주는 것도 침묵하는 시간이다. 그에 따르면 침묵의 시간에서 첫 5분 동안은 일, 돈, 온갖 근심 걱정 같은 그날의 상처와 압박감으로부터 영혼이 치유되는 느낌이 된다. 처음에는 영혼이 사방으로 흩어지지만 이내 다시 한 덩어리로 모이게 되고, 그런 다음에는 긴장이 풀리며 신의 가르침에 귀 기울일 수 있게 된다.

"요즘은 매일 한 시간씩 침묵의 시간을 갖습니다. 다섯 시에 일어나 아침 기도를 하고, 코란을 읽고, 커피를 마신 후 사무실에 나갑니다. 일곱 시부터 여덟 시까지는 사무실 문을 닫아두었다가 여덟 시가 되면 문을 열고 사람들을 맞이해요."

그는 신으로부터 받은 메시지를 쉬운 것부터 가능한 한 빨리 실천한다. 예를 들어 라메즈 살라메에게 전화해서 회담을 다른 식으로 했어야 한 게 아니냐고 물어보거나 누군가에게 사죄하는 일들은 그 즉시 하는 편이다. 이런 실천적인 일 말고 좀 더 영적인 일들, 이를테면 하루 다섯 차례 기도하는 것 같은 일들도 한다. 기도는 네 차례가 아니라 꼭 다섯 차례가 되도록 해야 한다. 또 코란에 나타난 예수와 마리아의 행적에 대해 기독교도들과 대화를 나누되, 셰이크(sheikh, 이슬람교의 수장 - 옮긴이)에게 코란에 입각한 바른 대화의 방식을 확인받는 일 등도 있다.

"침묵의 시간은, 말하자면 우리 생활의 구동 휠 역할을 합니다. 아침마다 그날 하루 어떻게 행동해야 할지를 신께서 일괄 지시해 주는 시간인 셈이지요. 때로 신의 지시는 분명하지만 잘 수행하지 못할 때가 있는데, 그건 어떻게 보면 당연한 일이에요. 우리는 인간이니까요!"

나는 침묵 자체를 유난히 의심스러워했다는 그의 지난 모습을 떠올렸다. 그러나 내가 보기에 시합은 침묵을 아주 명쾌하고도 자연스럽게 실천하는 듯했다. 심지어 그는 〈침묵의 메시지〉라고 하는 팸플릿도 만들었다.

"우리 모임에서는 침묵의 시간을 자신에게 국한시키지 않습니다"라고 그는 말했다. "우리 자신을 변화시키려 노력하고, 그것이 사회와 우리 조국을 변화시키는 출발점이 되기를 바랍니다. 그저 개인적인 차원에서만 그치면 그 효과란 집에 가서 깊이 잠 잘 수 있는 것밖에 안 되지요!" 그에게는, 레바논이 필요로 하는 것들이 이처럼 절실하고 광범위한 때에 개인적 차원의 종교를 고집하는 것은 편협하고 부적절할 뿐 아니라 경멸받아 마땅한 태도였다.

"내 사무실은 나라를 변화시키려 노력하는 사람들의 벌집이나 마찬가지입니다. 모두가 나의 과거, 변화된 과정을 알아요. 내가 맡은 일에 충실하면 공동체에서도 변화가 일어납니다. 나는 표를 얻기 위해 속이거나, 법을 어겨가며 타협하거나, 돈을 쓰지 않습니다. 누구에게도 돈을 주는 법이 없어요. 정직이 돈보다 낫습니다. 이런 것이 나를 백 퍼센트 더 나은 무슬림으로 만들어주었어요."

그는 라메즈 살라메, 아사드 샤프타리와 같은 모임에 있다는 것이 즐겁다고 한다. 그들 사이에는 조화로움이 있으며, 그는 그들을 전적으로 신뢰한다. 그들은 함께 초중등학교와 대학에 가서 이야기하고, NGO 활동을 공유하며, 조국을 재건하는 일에 각자 할 수 있는 최선을 다한다. 그는 아사드 샤프타리와 함께, 레바논에서 어떤 일이 일어났고 현재 자신들이 어떤 일을 하는지 보여주는 영상을 만들어 유네스코에 보내기도 했다. 두 사람은 이제 막역한 친구 사이가 되었다. 둘이서 보름간 미국 여행을 하며 이야기를 나누기도 했다.

샤프타리는 둘 사이의 돈독한 우정이 마치 꿈만 같다고 여긴다. 그의 아들은 시합의 사무실에서 도보로 5분 거리에서 일하며, 시장인 시합은 만약 공동체 사이에 유대가 깨지는 일이 생기면 샤프타리의 아들을 자기 집으로 데려가 보호하겠다고까지 했다.

"시합이 그 말을 했을 때, 마치 카프카를 읽는 느낌이 들었습니다. 서로 적이었던 사람이 이제는 내 아들을 보호해 줄 수 있는 사람으로 탈바꿈해 있었으니까요."

시합도, 레바논의 상황이 여전히 일촉즉발이라는 사실을 누구보다 잘 알고 있다. "심각하죠. 아마 앞으로 5~6년 정도는 위기 상태가 지속될 겁니다. 대(對) 헤즈볼라(미국, 이스라엘을 적대시하는 레바논의 이슬람 시아파 무장세력 - 옮긴이) 이스라엘 전쟁이 일어날지도 모르고, 수니와 시아파 무슬림 간에 내전이 일어날 현실적인 위험도 있지요. 그래서 계속해 신뢰를 구축하고 다리를 놓아 나가야 한다는 겁니다. 또 다른 내전을 막고 싶다면 훨씬 더 많이 노력해야 해요. 무슬림 사이의 분열이 기독교 공동체의 분열보다 더 크고 위험합니다."

모임의 구성원들 모두가 자신들이 앞으로도 더 잘 할 수 있을 것이라는 확신을 지니고 있다. "우리도 레바논의 문제들에 대한 해결책이 당장 현실화되리라고는 생각하지 않습니다." 라메즈 살라메의 말이다. "그건 신께서 하실 일이겠지요. 그러나 어느 날 갑자기 불쑥 이뤄지지는 않을 거예요. 우리는 그 동안 '선함'의 효모가 되기 위해 노력해 왔고, 어쩌면 그 덕분에 우리나라 안에 화해의 작은 물꼬가 만들어졌을 수도 있지만, 분명 실패를 겪기도 했으며 그것 또한 부정할 수 없는 사실입니다."

샤프타리도 이렇게 말했다. "우리는 다만 신께 쓰일 수 있는 존재가 되기 위해 노력할 따름입니다. 일의 결과는 모르며, 개의치도 않습니다. 신을 위해 일할 수 있도록 노력하는 사람이 되는 것뿐입니다. 그것이 아니면 스스로 신이 되겠다는 것이나 다름없지요. 나는 질문조차도 하지 않으려 합니다. 무슨 일이든 그저 그분께 맡길 뿐이에요. 분명히, 우리가 훨씬 더 잘 할 수 있을 것이라는 확신이 있습니다만, 그렇지 않더라도 매년 수천 명의 학생들을 만나고, 우리와 만나지 않았더라면 전쟁에 뛰어들었을 젊은이 중 단 한 명의 삶이라도 바꿔놓을 수 있다면 그것으로 족합니다."

'라메즈와 친구들'은 작은 모임이다. 그러나 삼십 년 넘게 이어져 온 이들의 충실함과 영속성은 이미 중요한 결실을 맺었다. 시간이 흐르면서 정치인, 판사, 중앙은행의 임원 등 높은 지위에 있는 인물들까지 지지자로 확보하게 된 것이다. 이 사람들은 모임에 참석하지는 않지만 이들이 하는 일을 전적으로 신뢰한다.

누가 알겠는가, 침묵 속에서 벼려진 정직과 신뢰의 이 작은 네트워크가 레바논의 어두운 시간을 밝히는 불씨가 될지?

16

침묵의 힘

나는 지금도 오래 전 싱가포르에서 어느 날 저녁에 있었던 일을 완전히 이해하지는 못하고 있다. 그런데도 지금 그 이야기를 하는 건, 많은 부분 그 일이 이 책을 쓰기로 결심하게 된 이유가 되었기 때문이다. 그날 저녁의 마지막 순간에 나는 침묵의 힘에 대해 절대적인 믿음을 지니게 되었던 것이다.

그야말로 유별난 경우였고 전혀 예기치 않았던 일이었지만 그 일이 내 인생의 경로를 바꿔놓았다. 나는 "정장 한 벌과 골프 클럽을 가져오기 바람"이라고 적힌 장교 훈련 소환장을 받고 영국 공군으로 복무 중이었으며, 1955년에 자원하여 싱가포르에 파견되었다. 굳이 해외 파견을 자원한 이유는 모험을 해보고 싶어서였다. 18개월 동안 보드민(잉글랜드 남서부의 도시 - 옮긴이) 같은 데서 달걀과 감자튀김을 먹는 것보다는 그 편이 훨씬 나을 거라고 생각했다.

싱가포르에서 친구도 사귀게 되었다. 그도 나처럼 잉글랜드 북부 출신이며, 마찬가지로 영국 공군 창이(Changi, 싱가포르 동쪽 끝에 위치한 지역 - 옮긴이) 기지의 교육과에서 일했다.

짐은 쾌활하고 솔직한 기독교도였는데, 우정이 진전되어 가면서는 나를 극도로 짜증나게 하는 성향을 보이기도 했다. 어느 날 둘이 사무실에 앉아 있는데, 그가 영국에 돌아가면 무엇을 하고 싶으냐고 물었다. 나는 옛날부터 《맨체스터 가디언(Manchester Guardian)》지에서 일하고 싶었다고 대답했다. 그러자 짐은 "아, 그러니까 너는 개인적인 공명심이 좋은 거라고 생각하는 거네"라고 말했다.

몇 가지 이유로 — 내가 다소 성마른 탓도 분명히 있었다 — 참견하는 듯한 그의 말에 나는 엄청나게 화가 났다. 무엇보다 그 말이 정곡을 찔렀기 때문이었다. 한 번도 입 밖으로 꺼낸 적은 없었지만, 성공의 사다리를 오르고자 하는 야망이야말로 내 삶의 원동력이었던 것이다.

나는 그에게 공명심이 인간에게 자연스러운 일이 아닌 이유가 있으면 대보라고 따졌다. 더 화가 나는 건 짐이 그냥 웃기만 할 뿐 더는 말을 하지 않는 것이었다.

그런 일이 있고 두 달 후쯤, 저녁식사 후에 짐의 방에서 커피를 마시고 있을 때였다. 짐은 무슨 말 끝에, 내가 지금껏 자기가 보아온 사람 중에서 가장 자기중심적인 사람이라고 아무렇지도 않게, 그러나 아주 분명하게 말했다. 이번에는 내 반응이 한층 더 거셌다. 나는 그 방 세면기에서 비누를 집어 짐에게 던졌다. 그는 전혀 동요하지 않는 표정이었다. 정말로 사람을 조바심 나게 하는 스타일이었다. 다음번에는 그가 무슨 말을 할지 도무지 감을 잡을 수가 없었다.

그로부터 몇 주일 후에 그 일이 일어났다. 상황은 똑같았다. 또 다시 나는 짐의 방에서 커피를 마시고 있었다. 갑자기, 어떤 예고도 없이 그가 물었다. "신의 소리를 듣고 싶지 않아?" 너무 놀랐기에 망정이지 하마터면 폭소를 터뜨릴 뻔했다.

열렬한 복음주의자들이 정말 어울리지 않는 상황에서 "당신은 '구원'받았다고 생각하세요?" 같은 황당한 질문을 던진다는 건 나도 알고 있었다. 실은 옥스퍼드의 크라이스트 처치(Christ Church, 1532년 헨리 8세가 설립한 세계 유일의 대학 겸 성당 - 옮긴이)에도 그런 사람이 있었다. 그가 눈을 반짝거리며 톰쿼드(Tom Quad, 크라이스트 처치의 명물인 정사각형의 널따란 안뜰 - 옮긴이)에 나타나면 나는 재빨리 반대편으로 달아나곤 했다. 그런데 우정 어린 수다 외에는 어떤 것도 기대할 필요 없는 먼 이국 땅 친구의 숙소에서, 식후의 커피타임에, 또다시 그런 식의 올가미가 던져질 거라고는 생각도 하지 못했다.

아무튼, 나는 짐의 말을 터무니없는 소리라고 생각하여 "난 신을 믿지 않아"라고 일축했다. 짐은 당황하지 않았다. 그는 내가 신을 믿고 안 믿고가 신의 위상을 달라지게 할 일은 전혀 없다고 말했다. 그의 말은 숙련된 복음주의자들이 타깃을 놓치지 않으려고 지어내는 입심 좋은 응답 같았다. 나는 방어적인 심정이 되어 그의 다음 말을 기다렸다.

솔직히 말하면 짐의 쿱 데 푸드레(coup de foudre, 전격적인 사랑 또는 벼락 - 옮긴이)는 불모지나 다름없는 곳에 내려앉은 셈이었다. 어릴 적 우리 부모님은 나를 매주 주일학교와 예배에 보냈는데 어떤 때는 한 주에 세 번이나 보낸 적도 있었다. 두 말 할 것 없이, 활동 과잉인 외동아들의 성화에서 벗어나기 위한 방편이었다. 어느 정도였느냐 하면 나중에 인근의 영국 국교회 성당 성가대에서 노래를 할 때는 결정적인 순간에 기절하는 성향을 내보이기도 했다. 그런 나를 상대로 복음이라니 짐은 한참 잘못 짚은 셈이었다.

자라면서 나에게 종교적인 흥미는 전혀 생기지 않았다. 나는 신앙이 없는 정도가 아니라 신앙을 부인했다. 내 인생에서 종교는 지엽적인 관심사에 지나지 않았다. 당시 내가 정말 신경을 쓴 것은 크리켓 경기에서 이기는 일 ─ 나는 지역 공군팀 주장이었다 ─ 과 영국으로 돌아가 무엇을 할 것인가에 대한 고민이었다.

어떻게 보면 나는 성공의 사다리에서 나름대로 몇 단계의 외형적 상승을 하고 있는 셈이었지만 ─ 옥스퍼드에서의 괜찮은 성적, 미국 유학 장학금 등 ─ 내면에는 막연한 불안, 나 자신과 내 인생에 대해 마음을 놓지 못하는 불편한 느낌이 늘 따라다녔다.

다시 말해 남들 눈에 비치는 것만큼 자신감이 두텁지는 않았다는 것이다.

어쩌면 그래서 내가 신에 관한 짐의 말을 "그 이야기는 더 하지 마"라거나 "진담은 아니지?" 같은 말로 눙쳐버리지 못했을지도 모르겠다. 이유가 어쨌든, 나는 짐의 말에 반박하지 못했다. 침묵을 지키며 묵인하는 듯한 태도를 보이자 짐은 지체 없이 한 발 더 나아갔다.

"우리, 가만히 기다려 보지 않겠어?" 그는 말했다. "예수 그리스도의 생애와 가르침이 얼마나 타협 없는 본보기인가를 생각해 보는 거야. 그리고 신께서 네게 무슨 말씀을 하실지 기다려 보자." 그는 뭔가가 나타나면 메모해 보라면서 종이 한 장과 연필을 건네주었다. 결국 털 깎는 사람 앞에 끌려온 양처럼 나는 꼼짝 없이 앉아서 기다렸다.

물론 아무 기대도 없었다. 20년 남짓한 인생에서 침묵이 쓸모 있는 행위라고 생각할 만한 일은 한 번도 일어난 적이 없었다. 사실은 침묵을 하나의 개념으로서 생각해 본 일 자체가 없었다. 생각을 해보았다고 해도 십중팔구는, 세상에 널린 흥미로운 일들을 다 놔두고 쓸데없이 시간이나 낭비하는 지루하고 무의미한 것으로 치부해 버렸을 것이다.

그런데 정작 나는 오래 기다리지 않았다. 거의 즉시, 관념 하나가 떠오른 것이다. 사실은 관념이라기보다는 내 안에 누군가가 들어 있다가 내게 말을 하는 것 같았다. 게다가 말투가 꽤나

엄했다. 그 말은 "너는 크리켓 경기장의 독재자다. 팀원들에게 사과해라"라는 것이었다.

나는 소스라치게 놀랐다. 독재자니 뭐니 그런 식의 생각은 해본 적도 없었고, 실제로 크리켓 경기장에서도 그렇게 행동한 적이 한 번도 없다고 생각하고 있었기 때문이다. 오로지 승리에만 몰두했을 따름이었다. 그러나 사실은 그 말이 맞았다. 나는 팀에서 유일한 장교였고, 대놓고 하지는 않았지만 실력이 뛰어난 세 명의 호주 인들을 포함해 하위 계급에게 명령하듯 하는 경향이 없지 않았다.

순간 나는 바깥 어딘가에 나보다 더 나를 잘 아는 존재가 있다는 것을 감지했다. 그리고 부모님의 양육 방식과 주일학교에서 보낸 나날들 때문인지, 거의 자동적으로 그 존재를 신이라고 생각했다.

뒤이어 다른 관념도 떠올랐는데, 모두 처음 것처럼 고압적인 어투였다. "옥스퍼드에 가면서 너는 마치 대단한 사람이 된 것처럼 굴었다. 부모님께 사죄의 편지를 써라."

이번에도 나로서는 생각지도 못했던 내용이었다. 그러나 무슨 의미인지는 알 것 같았다. 당시 아버지는 학교의 관리인이었는데, 나이프만 써서 꽤 많은 완두콩을 한입에 집어넣는 독특한 식사 습관이 있었다. 나는 그런 행동이 크라이스트 처치에서도 감춰지지 않을 거라고 생각해 한 번도 부모님을 옥스퍼드로 초대하지 않았다.

그 다음은 학창시절 내가 괴롭혔던 세 명의 남자 아이들 이야기가 나왔고, 이번에도 편지 쓰기를 명 받았다. 이후 함부로 대했던 여자아이들 등등이 이어졌고, 매번 내가 해야 할 일이 제시되었다.

지금 생각하면, 이전부터 나는 커다란 죄책감에 시달리고 있었고, 그날 저녁 짐이 그 부분을 건드리자 내재해 있던 죄책감이 폭발하듯 터져나왔다고 하는 것이 더 합리적인 해석이 아닌가 생각한다. 그러나 기억이란 것이 워낙 이상한 장난을 칠 수도 있는 것이어서 확신할 수는 없지만, 적어도 내가 기억하는 한 당시의 나는 죄책감 같은 것으로 고통받지 않았고, 흔히 말하는 '무언가를 찾고 있었던 것'은 더욱 아니었다. 그래서 그날의 일을 더 이해하기가 어렵다는 것이다.

희한한 것은, 이 책을 쓰기 위해 만난 사람들은 그 이야기를 듣고 한 명도 그것이 착각이나 망상일 거라고 생각하지 않았다. 어쩌면 사실 여부를 의심하면서도 그저 예의상 믿는 척했을 뿐일지도 모르지만, 아무튼 그 이야기를 하고 나면 예외 없이 토론이 더 깊어지기는 했다.

경험상 힌두교도와 기독교도들은 모든 것에 신이 깃들어 있다고 생각하는 경향이 있었다. 반면에 좌선에서 만난 친구 마이크는 내 이야기를 듣더니, 짐의 기묘한 초대가 준 충격 때문에 뇌우반구의 직관 속에서 벌써부터 기다리고 있던 존재와의 접촉이 급격히 이루어진 것이 아니겠느냐는 추측을 내놓았다.

다른 불교도들 역시 마이크처럼 내 마음이 바야흐로 개심을 향해 무르익어 있었고, 그 일이 그런 사실을 인지하게 해주는 열쇠가 되었다는 의견을 지지했다. "당신은 스스로 크리켓 경기장의 악동이라는 걸 깨닫고 있었어요." 아마라바티 수도원 원장인 아마로 비쿠가 말했다. "그런데 그게 다 당신이 지녔던 삶의 조건 아래에 묻혀 있었던 거죠. 당신은 이기고 싶어 했고, 잘 보이고 싶어 했어요. 즉 성공에 대한 욕망과 다른 이들에게 강한 인상을 남기고자 하는 바람이 커서, 직관적 지혜가 표면으로 나올 기회를 얻지 못했던 것입니다."

나는 이 말들을 다 이해했고, 의심할 여지없이 대단히 진실에 가까운 내용들이라는 것도 충분히 알았다. 그러나 여전히 백 퍼센트 만족할 만한 해석들이 아닌 것도 사실이다. 무엇보다 내가 의지와 무관하게 떠올린 그 관념들에 관해 그 전에 전혀 심각하게 생각해 본 적이 없었던 것이다. 그런데 더 중요한 것은 내 마음 속으로 튀어 들어온 그 관념들이 사실은 다른 어딘가에서 온 것 같지가 않았다는 점이다.

그냥 누군가 또는 무엇인가가 내게 말을 하는 것 같았다. 막연히 의미를 전달하거나 불만사항을 일러주기 위해 하는 말도 아니었다. 그 관념들은 그야말로 단호하고 명료했다. 정말로 그것들이 기독교에서 말하는 신과 연관된 것이었을까?

아무튼, 그 관념들은 새로운 삶의 방식을 프로그래밍할 시기에 맞추어 내게 와서 그 시작점이 되어주었다. 종교에 대한 내

무관심을 감안하면 적어도 나 혼자서 머릿속에서 지어낼 수 있는 것들은 아니라고 생각한다.

그렇다고 하여 요즘 같은 시대에 신이 내게 말을 걸었다고 한다면 두뇌에 이상이 있다거나 망상에 빠진 사람으로 치부되기 십상일 것이다. 그러니 그 관념들을 내적 발화(interior locutions, 자신이 화자이자 청자가 되는 형태의 언어적 소통. 일반적으로 신의 계시와는 구분된다 - 옮긴이) 정도로 규정해 두는 편이 가장 낫지 않을까 싶다.

그러나 좋게 말해 회의론자이지, 사실은 이도 저도 아닌 입장인 채로 침묵 속에서 그런 시간을 갖게 된 이후, 나는 어느 의미로는, 무엇을 하라는 지시가 들리면 순종할 정도로는 '믿는 사람'이 되었다. 그리고 역시나 적절한 설명을 할 수 없는 몇 가지 이유로, 그 방을 걸어나올 때 나는 공중을 걷는 느낌이었다. 그것은 무언가를 성취한 것 같은 기분이 아니라 모종의 해방감이었다. 자유, 그리고 아주 새로운 내적 행복 같은 것들이 솟구쳤다.

침묵 속에서 보내는 시간이 그 어떤 것보다도 영속적인 결실을 거둘 수 있게 해준다는 사실을 일단 알게 된 것이다. 이튿날 새벽 나는 홀로 깨어나 다시 한 번 그 음성을 들을 수 있기를 간절히 기원했다.

그리고 이후 며칠 동안은 지시받은 것들을 모두 이행하면서 보냈다. 편지 쓰고, 사과하고, 그 외에도 할 수 있는 최선의 노력을 했다. 크리켓 팀은 적잖이 충격을 받았지만 금세 안정을 되찾았다. 그때부터 나는 아침 일찍 침묵의 시간을 갖는 습관을 들이기 시작했다. 침묵의 시간은 해를 거듭해 이어졌고, 직업을 선택할 때나 아내에게 청혼할 때 등 결정적인 순간마다 중요한 역할을 해주었다.

온갖 결함과 무모함을 지닌 내게, 언제나 침묵은 신뢰할 수 있는 안내자이며 동반자였다. 어떻게 보면 이 책은 침묵에게 바치는 감사의 인사인 셈이다.

즉 침묵이 내 인생에서 큰 의미로 자리잡은 만큼, 다른 사람들도 소위 내적 발화라고 하는 경험을 하는지, 경험한 이들은 어떤 변화를 겪는지 찾아보자고 결심하게 된 것이 이 책을 쓰게 된 직접적 동기이다. 내게 그런 경험을 내린 것이 신의 총애라고 여겨서가 아니라 — 그런 경험을 한 번도 해보지 않았지만 매우 독실한 종교인들을 아주 많이 보아왔다 — 워낙 독특한 경험 덕분에 개인적으로 대단히 관심이 갈 수밖에 없었던 것이다.

놀란 것은, 인생 전체를 자신들의 신에게 바친 사람들 사이에서조차 그런 경험을 했다고 말하는 경우가 매우 드물다는 것이었다. 수사나 수녀들처럼 하루 일과가 거의 침묵 수행으로 이루어지며 적어도 보통 사람들보다는 '신에게 가까울 것'으로 여겨지는 사람들 중에는 당연히 경험자가 꽤 많을 것이라고 짐작하고 있었는데 전혀 그렇지 않았다.

또한 여러 차례 '음성'을 들었다고 주장하는 사람들은 전능한 존재와 특별히 가까운 관계라는 걸 드러내 보이려고 과장하는 것일지도 모른다는 짐작을 하고 있었는데, 실제로는 그 반대의 경우가 더 많다는 것에도 또 놀랐다.

　내가 만난 사람들 중에는 가톨릭과 영국 국교회의 수녀 세 분이 있었는데, 모두들 수십 년 동안 성직에 몸담아 온 사람들이었지만 그들 모두 단 한 차례의 내적 발화를 경험했다고 증언했다. 그나마 한 사람은 수녀가 되기 훨씬 전에 그 일이 일어났다고 했다.

　"개인적으로 신을, 말씀을 통해 안 것은 단 한 번이었습니다." 성 조셉 수도원의 메리 수녀가 한 말이다. 그녀는 런던 래드브로크 그로브에 위치한 카르멜 수녀회의 부원장이다. "그때가 여덟, 아홉 살 때였을 거예요. 특별 예배 주간이었는데, 사제님께서 하나님을 정말 기쁘게 해드릴 수 있는 일이 뭔지 그분께 직접 여쭤보라고 하시는 거예요. 그러면 답을 해주실 거라고 하셨죠. 그 말씀에 끌려, 언니들과 함께 성찬식 앞에 무릎을 꿇고 하느님께서 제게 원하시는 것이 무엇인지 여쭈었어요. 그런데 미처 마음의 준비도 하기 전에 바로 답이 왔어요. 단 한 마디였어요. '기도해라!' 분명한 말이기는 했는데 귀로 들은 것이 아니고, 내 안의 어딘가에서 나온 것도 아니었어요."

　메리 수녀는 당시에는 그냥 재미있는 대답이라고만 생각했다고 한다. 그 나이답게 '어머니를 잘 도와드려라'라든지 '언니와 사이좋게 지내라' 같은 말을 기대하고 있었고, 기도는 이미 하고 있었기 때문에 좀 이상하다고도 여겼지만 곧 잊어버렸다. 그런데 신기하게도 의도하지 않았는데 정신을 차리고 보니 그 '말씀'이 실현되어 있었다.

내가 알기로는 이런 '발화'가 언제 또는 왜 실현되는지는 아무도 모른다. 다만 사람들이 중대한 인생의 기로에서 방황할 때 종종 일어나는 게 아닐까 짐작하는 정도일 뿐이다.

글래스고 출신의 스코틀랜드 인 마일스는 규칙적으로 침묵 기도를 하는 사람이다. 그는 막 삼십대에 접어들 무렵 결혼에 대해 진지하게 생각하던 차에, 마침 모임에서 만난 여자에게 마음이 끌렸다고 한다. 그녀도 그에게 호감을 보이는 것 같았다. 그런데 그런 추측만 했을 뿐, 더 다가가지 못하고 있었는데, 어느 추운 겨울 저녁, 주말 동안 본가에 갔다가 직장으로 복귀하느라 패딩턴 역의 기차 객실에 앉아 있을 때였다. 문득 그녀와 더 친밀한 관계로 발전해 나가야 했던 게 아닌가 하는 생각이 들었다.

그런데 순간, 정말 신기하게도 누군가 다른 사람이 그에게 말을 했다. 날카롭게 찌르는 듯한 그 말은 지금도 또렷이 기억날 정도인데, "너에게는 차선을 선택할 자유가 항상 주어져 있다" 라는 말이었다. "찰나의 순간에 그녀가 내 아내가 될 사람이 아니라는 걸 알겠더군요. 나와 부부의 인연을 맺을 사람이 나타난 건 그로부터 8년이 지나서였습니다."

이처럼, 대단히 많은 경우 내적 발화는 누군가의 말을 듣는 것과 유사한 형태로 나타난다. 그러나 '목소리'와 전혀 다르게, 전혀 예상치 못한 상황에서 사람을 자극하는 것처럼 되풀이해 떠오르는 관념들을 경험하는 이들도 있다. 이런 관념들은 계속해 주의를 환기시켜 이들을(또는 다른 사람들을) 재앙이나 그에 버금가는 심각한 위험에서 구해내는 경우가 많다.

잭디시 조시는 힌두교의 브라만으로, 젊은 시절부터 매일 몇 분씩 침묵 정좌하는 수행을 최우선의 일과로 삼아온 사람이다. 1972년에 그는 건설회사의 현장감독 일을 시작했다. 그가 맡은 일은 벽지 마을에 큰 우물을 조성하는 것이었다. 땅을 파는 기초 공사가 거의 끝난 단계였고 계절풍이 오기 전에 서둘러 우물을 지지할 벽을 올려야 했다.

어느 날 저녁, 해가 지고 그날의 작업이 마무리되었을 때 조시는 말라버린 강의 제방 위를 걷고 있었는데, 자꾸만 현장 인부들의 막사를 당장 더 높은 지대로 이동시켜야 한다는 생각이 머릿속으로 비집고 들어왔다.

그는 그 생각을 밀어내려고 한동안 애를 썼다. 인부들은 115명이나 되었고, 덥고 힘든 하루를 보낸 끝이라 극도로 지쳐 있을 시간이었다. 그러나 그 생각은 집요하게 그를 괴롭혔고, 결국 그는 십장들을 불러모아 이미 칠흑같이 어두워졌지만 막사를 다른 장소로 옮겨야겠다고 말했다.

당연히 그들은 움직이려 하지 않았다. 그러나 조시는 강하게 밀고 나갔다. 마을에서 여분의 랜턴도 조달했다. 결국 서너 시간 만에 막사 전체가 높은 지대로 옮겨졌다.

이튿날 새벽, 요란한 소리와 함께 땅이 흔들리기 시작했다. 동이 트자마자 조시가 나가 보니 굴을 파놓은 현장 근처의 땅이 내려앉아, 인부들의 막사가 있던 자리에 거대한 구멍이 뚫려 있었다. 그는 소스라칠 수밖에 없었다.

나중에 조시는 유사한 경험을 한 차례 더 하게 되었다. 로터리 국제 학생 교환 프로그램의 일환으로 십대 관광객들을 이끌고 북 인도를 여행하고 있을 때였다. 어느 날 저녁, 관광을 마치고 호텔로 돌아가는 길에 가이드가, 저녁식사 후 다시 외출하여 야시장에 가보자는 의견을 내놓았다. 외국인 학생들에게 인도 시장 특유의 홍정을 경험해 볼 수 있게 해준다는 취지였다.

모두들 좋다고 했다. 그러나 조시는 샤워를 하다가 갑자기 외출 계획을 취소시키고 대신에 호텔 정원에서 장기자랑을 하는 쪽으로 일정을 바꿔야 한다는 생각에 사로잡혔다. 이번에도 그렇게 해야 한다는 느낌이 워낙 강해서 어쩔 도리가 없었다. 이튿날 아침, 호텔 숙박료를 계산하다가 그는 프런트 직원에게서 지난 밤 일행이 가보려고 했던 야시장에 대한 이야기를 듣게 되었다.

거기서 공동체 간의 분쟁이 일어나 차량과 재산에 막대한 손실이 있었으며, 그 와중에 폭도들이 상가를 약탈하고 무차별로 관광객을 공격했다는 것이었다. 조시는 앞서의 경험에 이어 또 다시 비슷한 일을 겪자, 마침내 자신을 사로잡는 그 관념이 좋은 의미의 주의를 주는 내면의 목소리라는 결론을 내리게 되었다.

그런가 하면 들으면 깜짝 놀랄 만한 몇몇 유명인들도 도움을 얻기 위해, 특히 커다란 위급 상황에서 침묵에 의지하기도 하는데, 대개는 몇몇 이유로 그 이야기를 좀처럼 입 밖에 내지 않는 경향을 보인다. 윈스턴 처칠이 그런 사람 중 한 명이었다. 조세

핀 버틀러 박사는 2차 세계대전 중 처칠의 측근에서 활동했던 사람으로, 전후에 자신의 경험을 《처칠의 비밀요원(Churchill's Secret Agent)》이라는 책으로 펴냈다.

이 책에 그녀가 수상과 나눈 놀라운 대화가 실려 있다. 그녀가 참석한 어느 회의에서 처칠이 아프리카의 작전 지휘 장군을 바꾸고 싶다는 이야기를 했는데, 전시 내각 전원이 수상이 마음에 두고 있는 사람을 반대하는 상황이었다. 책에서 그녀는 이렇게 썼다. "나는 힘든 일이 닥칠 때마다 늘 기도와 명상을 했고, 그러면 결론이 나왔다고 그에게 말해주었다. 그도 명상을 한다는 걸 나는 진작부터 알고 있었다. 그는 놀란 표정으로 내 쪽을 돌아보더니 '당신 아주 주의 깊은 사람이군. 다들 내가 그냥 꾸벅꾸벅 조는 줄로만 알던데 말이오'라고 말했다."

내가 만난 이들 중에서는 영국의 저명한 랍비 수장인 조너선 색스가 처칠처럼 침묵 수행에 대해 별다른 말을 하지 않는 편인 사람이었다. "유대교에서는 침묵을 많이 하지 않습니다"라고 그는 반어적인 의미의 미소를 띠며 말했다. "그러나 나는 침묵 속에서 신의 뜻에 귀 기울이며 보내는 시간이 많습니다."

조너선 색스는 동석해 있던 여성 보좌에게 물었다. "우리가 안 지 얼마나 됐지요?" "43년 됐습니다"라고 그녀가 대답했다. "그 사이에 내가 이런 이야기를 한 적이 있었나요?" 그가 묻자 그녀는 고개를 저었다. 나에게 말한 것이 그가 침묵 수행에 대해 최초로 언급한 것이었다.

이 책을 쓰면서, 침묵이 온갖 면에서 무한한 힘을 지녔다는 것을 알게 되었다. 침묵은 음악과 드라마 양쪽에서 공히 필요 불가결한 구성 요소이며, 위대한 예술이 잉태되는 정신 공간, 즉 창조의 요람이다. 또 심리치료 전문가와 성직자들 모두에게 값을 헤아릴 수 없을 만큼 귀중한 도구이기도 하다.

신 또는 깨우침을 찾는 사람들은 자기 인식, 극기, 자가 치유에 침묵을 자유롭게 이용할 수 있으며, 좀 더 평범한 수준에서는 일상생활의 소란으로부터 놓여나 고마운 휴식을 얻을 수도 있다.

대부분의 서구인들에게는 침묵이 여전히 제로, 없음, 빈 공간, 지루함의 원천인 채로 남아 있거나 심한 경우에는 악의적이고 비참한 공간으로 여겨진다. 외로움을 심화시키고, 후회나 죄책감을 고조시키며, 증오와 상처를 덧나게 하는 공간으로 여겨지는 것이다.

그러나 우리에게는 선택의 자유의지라는 것이 있다. 물리치든지 부르든지 선택할 재량권이 우리에게 있다는 말이다. 피해 달아날 적으로 여기든, 언제나 곁에서 힘이 되어주는 친구로 여기든 우리가 대하기 나름이다. 만약 친구로 여기겠다고 결정하면, 침묵은 우리에게 모든 것을 선사해 준다. 인생의 질서를 바로잡는 방법, 자신과 타인에 대한 통찰을 제시해 주며, 종교를 믿는 이들에게는 더 넓은 지혜의 문을 두드릴 수 있는 수단이 되어준다.

나는, 일찍이 침묵의 가치를 깨닫고 '필요하고 마땅한' 기법과 재량을 이용해 부단히 침묵 수행을 연마해 온 모든 이들에게, 그리고 그들이 디뎌온 삶의 모든 족적에 경의를 표한다. 그리고 단한 번도 침묵의 풍요로움에 다가가 보지 않은 사람에게는 잃을 것이 없으니 일단 시도해 보라고 이야기해 주고 싶다. 거기에는 쉽고 빠른 길 같은 건 없다. 그러나, 그런 이유로, 침묵이 지닌 가능성을 무시하는 것은 자신만의 유일무이한 내면 우주로 여행을 떠날 기회, 그 크고 알찬 모험의 기회를 스스로에게서 강탈하는 것이나 다름없다.

옮긴이의 말

　책은, '그 순간 나에게 오는 메시지'라고 생각한다. 삶의 수많은 곡절 가운데 하필 그 순간에 내게 와서, 카프카가 말한 '도끼'처럼 내 머리를 후려치고, 내 안의 수많은 무의식 중 어느 하나를 강하게 일깨워, 이전과는 다른 나로 살게 하는 것이라고 생각한다.

　그런 의미에서 이 책도 내게 '도끼'였다. 나이가 들면서 대개 경험하는 괴로움 중에 소음 공해가 있다. 공자가 '이순(耳順)'이라고 한 말의 의미를 나는 '소음으로부터의 놓여남'이라고 이해한다. 세상 모든 것이 소음으로 느껴지는 순간이 누구에게나 찾아올 텐데, 그 시기나 정도는 천차만별일 것이다. 그러나 시끄러움이 주는 괴로움은 누구에게나 마찬가지이다. 나의 경우, 한동안 소음 때문에 고통받다가 문득 깨달은 것은 그 소음이 내 것이라는 사실이었다.

　이 책은 '자신의 소음'을 극복해 낸, 또는 그 과정에 있는 수많은 사람들의 육성록이다. 저자는 소음의 반대편, 즉 침묵을 찾아 세계를 두루 다닌 끝에 침묵을 수행하는 사람들의 온갖 이야기를 보고 듣고 체험하여 글로 옮겼다.

개중에는 이미 어디선가 들어본 이야기도 있고, 대단히 놀라운 이야기도 있고, 그만큼 더 공감 가는 이야기, 덜 공감 가는 이야기가 섞여 있다. 당연히 저자 자신의 경험도 들어 있다. 저자가 왜 침묵을 찾아 세상을 떠돌았는지에 대한 이야기는 마지막에 이르러서야 스릴러물의 반전처럼 다가온다.

누구나 하루의 어느 시간에는 찾게 되는 게 침묵, 고요함, 정적, 외따로 존재함, 혼자 있음 등등이지만, 그 절실함은 다 다르며, 더욱이 타인의 절실함이나 깊이를 이해하기는 참 어려운 노릇이다. 왜냐하면 저자가 누차 발견했듯이 침묵은 '여기'라기보다는 '저기'에 속한 것이며, 바깥이 아니라 가장 안쪽에 존재하는 것이며, 침묵을 얻는 과정은 흡사 죽음에 이르는 과정과도 같기 때문이다. 즉 침묵은 지독한 외로움을 견뎌야 얻어낼 수 있는 귀한 선물이기 때문이다.

사랑하는 이의 말, 숱한 나날 동안 홀릭해 왔던 책 속의 현란한 미사여구, 심지어 음악이나 영화의 소리까지도 다 소음으로 여겨지는 순간에 이 책을 만났다. 깊은 감동이나 기절할 만한 새로운 사실, 숨 넘어갈 정도로 절묘한 문장이 아닌 이 책은 내게 그럼에도 굵직한 쉼표가 되어주었다.

여전히 바쁜 게 좋고, 사람들 속에 섞여 있어야 외롭지 않고, 웃음이 끊이지 않아야 행복하다고 느낀다면 이 책은 그저 소음일 수 있다. 한 순간도 온라인 또는 모바일 커뮤니케이션에서, 트위터와 카카오톡과 페이스북이나 블로그 위에서 떠나지 않는 이들에게는 소음과 침묵의 경계마저도 없을 수 있고, 그런 나날들에서는 침묵이 의미를 지니지 못한다.

그러나 진정으로 행복할 수도 없다. 진정한 행복은 떠들썩함에서는 찾아지지 않기 때문이다. 내가 지금 소란하지는 않은지, 입을 다물고도 끊임없이 떠드는 것은 아닌지 되돌아볼 시간이다. 그럴 때 이 책이 동반자가 되어줄 수 있을 것이다.

박은영